使い方！

● 切り離して、リングでとじてください。
② 音声を聞いて、発音しましょう。
③ 覚えたら OK！ にチェックをつけましょう。
過 過去形　過 過去分詞、　複 複数形
比 比較級—最上級

英語音声

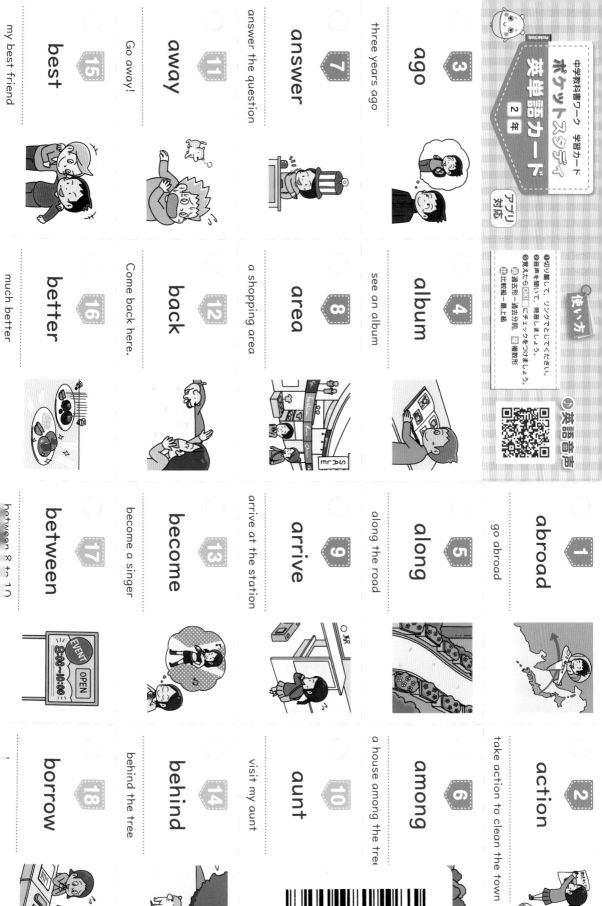

1 abroad
go abroad

2 action
take action to clean the town

3 ago
three years ago

4 album
see an album

5 along
along the road

6 among
a house among the tree

7 answer
answer the question

8 area
a shopping area

9 arrive
arrive at the station

10 aunt
visit my aunt

11 away
Go away!

12 back
Come back here.

13 become
become a singer

14 behind
behind the tree

15 best
my best friend

16 better
much better

17 between
between 8 to 10

18 borrow

JN092899

1 外国に、海外に
外国へ行く

2 行動、アクション
街をきれいにするための行動をとる

3 (今から)〜前に
3年前に

4 アルバム
アルバムを見る

5 〜に沿って
道に沿って

6 〜の中で[に]、〜の間で[に]
木々の中にある家

7 〜に答える／答え、返事
質問に答える

8 区域、地域、場所
ショッピングエリア

9 到着する
駅に到着する

10 おば、おばさん
おばをたずねる

11 去って、はなれて
あっちへ行け！

12 戻って、返して／後ろの、裏の
ここに戻っておいで。

13 〜になる
歌手になる
became - become

14 〜の後ろに
木の後ろに

15 《goodの最上級》最もよい／《wellの最上級》最もよく
私のいちばんの友人
good / well - better - best

16 《goodの比較級》よりよい／《wellの比較級》よりよく
ずっとよい
good / well - better - best

17 〜(と…)の間で
8時から10時の間に

18 〜を借りる
ペンを借りる

19 both

Both Lily and Meg like Tom.

20 bottle

a bottle of water

21 build

build a house

22 call

Call me Cathy.

23 camp

camp in a forest

24 careful

Be careful.

25 case

a pencil case

26 catch

catch a ball

27 change

change the color

28 choose

choose a card

29 clean

clean my room

30 clothes

change clothes

31 cold

cold drink

32 collect

collect stamps

33 contest

a chorus contest

34 continue

continue playing the video game

35 country

large countries

36 course

Can I use your eraser? — Of course.

37 decide

decide to go to university

38 drop

drop my key

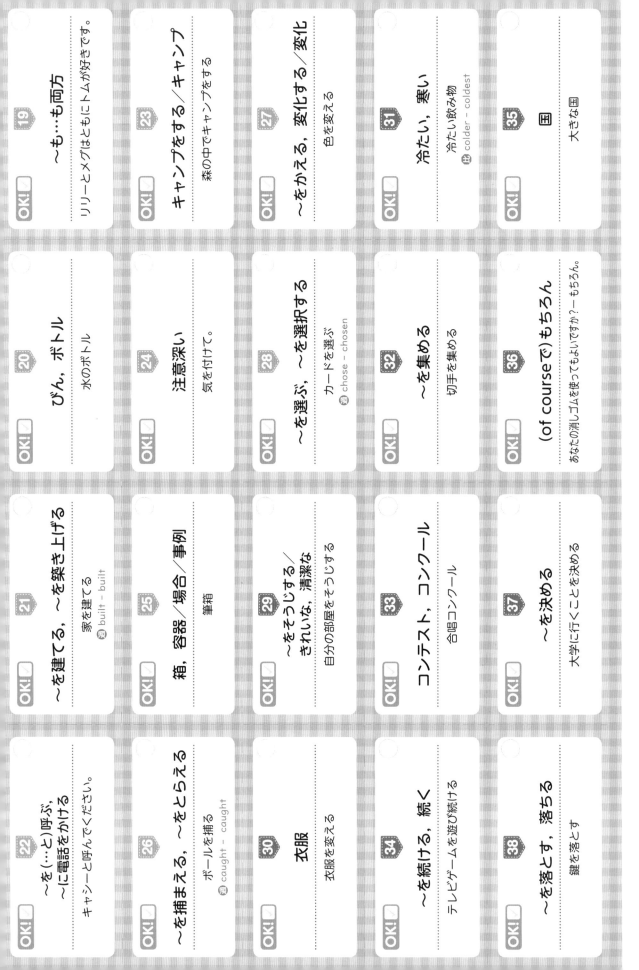

19　OK!
～も…も両方
リリーとメグはともにテニスが好きです。

20　OK!
びん、ボトル
水のボトル

21　OK!
～を建てる、～を築き上げる
家を建てる
通 built - built

22　OK!
～を(…と)呼ぶ、
～に電話をかける
キャシーと呼んでください。

23　OK!
キャンプをする/キャンプ
森の中でキャンプをする

24　OK!
注意深い
気を付けて。

25　OK!
箱、容器/場合/事例
筆箱

26　OK!
～を捕まえる、～をとらえる
ボールを捕る
通 caught - caught

27　OK!
～をかえる、変化する/変化
色を変える

28　OK!
～を選ぶ、～を選択する
カードを選ぶ
通 chose - chosen

29　OK!
～をそうじする/
きれいな、清潔な
自分の部屋をそうじする

30　OK!
衣服
衣服を変える

31　OK!
冷たい、寒い
冷たい飲み物
比 colder - coldest

32　OK!
～を集める
切手を集める

33　OK!
コンテスト、コンクール
合唱コンクール

34　OK!
～を続ける、続く
テレビゲームを遊び続ける

35　OK!
国
大きな国

36　OK!
(of courseで)もちろん
あなたの消しゴムを使ってもよいですか？ーもちろん。

37　OK!
～を決める
大学に行くことを決める

38　OK!
～を落とす、落ちる
鍵を落とす

39 easy	40 example	41 excuse	42 fan
It's easy for me.	show an example	Excuse me.	I'm a soccer fan.

43 far	44 fever	45 few	46 follow
far from here	a high fever	a few coins	follow a rule

47 foreign	48 forget	49 forward	50 front
foreign countries	forget her name	look forward to seeing our grandchild	in front of the house

51 glad	52 guess	53 half	54 hall
I'm glad to see you.	Can you guess?	half of an apple	a concert hall

55 happen	56 hard	57 headache	58 hear
What happened?	work hard	have a headache	hear the news

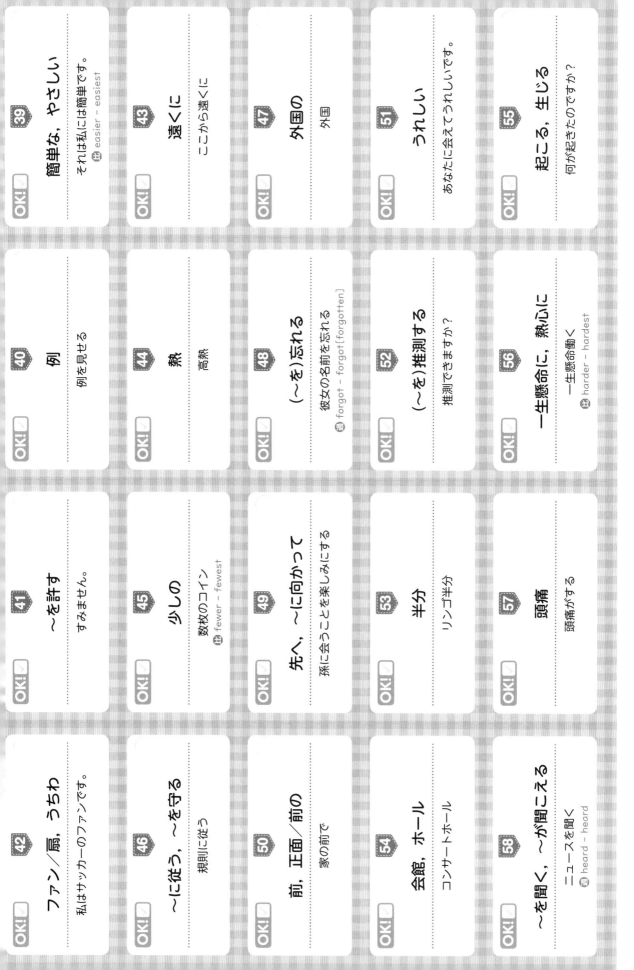

39 OK! 簡単な、やさしい
それは私には簡単です。
比 easier – easiest

40 OK! 例
例を見せる

41 OK! ～を許す
すみません。

42 OK! ファン／扇、うちわ
私はサッカーのファンです。

43 OK! 遠くに
ここから遠くに

44 OK! 熱
高熱

45 OK! 少しの
数枚のコイン
比 fewer – fewest

46 OK! ～に従う、～を守る
規則に従う

47 OK! 外国の
外国

48 OK! （～を）忘れる
彼女の名前を忘れる
変 forgot – forgot[forgotten]

49 OK! 先へ、～に向かって
孫に会うことを楽しみにする

50 OK! 前、正面／前の
家の前で

51 OK! うれしい
あなたに会えてうれしいです。

52 OK! （～を）推測する
推測できますか？

53 OK! 半分
リンゴ半分

54 OK! 会館、ホール
コンサートホール

55 OK! 起こる、生じる
何が起きたのですか？

56 OK! 一生懸命に、熱心に
一生懸命く
比 harder – hardest

57 OK! 頭痛
頭痛がする

58 OK! ～を聞く、～が聞こえる
ニュースを聞く
変 heard – heard

59 heart

My heart is beating fast.

60 history

Japanese history

61 holiday

enjoy a holiday

62 idea

a good idea

63 if

If it is sunny, we can play baseball.

64 important

an important message

65 influence

He is influenced by the movie.

66 information

get information

67 inside

inside the house

68 job

find a job

69 just

It's just three o'clock.

70 last

I slept well last night.

71 late

Don't be late for the class.

72 learn

learn English

73 little

a little milk

74 local

try local food

75 lonely

She felt lonely.

76 lose

lose my way

77 love

I love dogs.

78 magazine

read a magazine

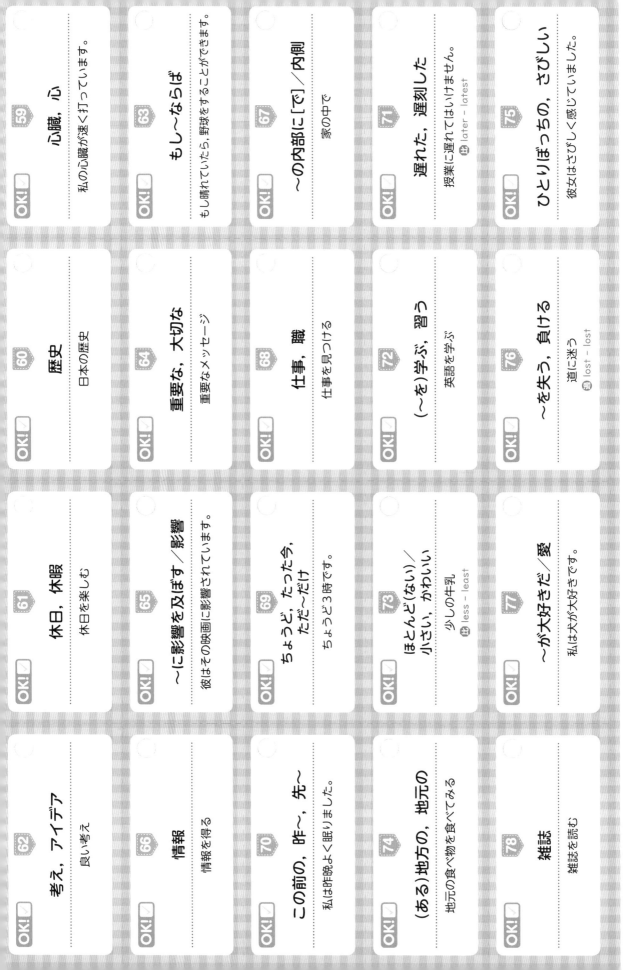

59 心臓、心
私の心臓が速く打っています。

60 歴史
日本の歴史

61 休日、休暇
休日を楽しむ

62 考え、アイデア
良い考え

63 もし〜ならば
もし晴れていたら、野球をすることができます。

64 重要な、大切な
重要なメッセージ

65 〜に影響を及ぼす／影響
彼はその映画に影響されています。

66 情報
情報を得る

67 〜の内部に[で]／内側
家の中で

68 仕事、職
仕事を見つける

69 ちょうど、たった今、ただ〜だけ
ちょうど3時です。

70 この前の、昨〜、先〜
私は昨晩よく眠りました。

71 遅れた、遅刻した later - latest
授業に遅れてはいけません。

72 (〜を)学ぶ、習う
英語を学ぶ

73 ほとんど(ない)／小さい、かわいい less - least
少しの牛乳

74 (ある)地方の、地元の
地元の食べ物を食べてみる

75 ひとりぼっちの、さびしい
彼女はさびしく感じていました。

76 〜を失う、負ける lost - lost
道に迷う

77 〜が大好きだ／愛
私は犬が大好きです。

78 雑誌
雑誌を読む

79 main	80 market	81 meat	82 middle
the main street	a fish market	fresh meat	the middle of a circle

83 miss	84 most	85 national	86 national
miss the train	the most popular	I must finish my homework.	a national holiday

79 main
the main street

80 market
a fish market

81 meat
fresh meat

82 middle
the middle of a circle

83 miss
miss the train

84 most
the most popular

85 must
I must finish my homework.

86 national
a national holiday

87 nature
beautiful nature

88 need
I need some water.

89 only
children under 6 years only

90 outside
It's hot outside.

91 over
all over the world

92 pardon
Pardon me?

93 part
take part in the activity

94 party
a welcome party

95 pass
pass the exam

96 perform
perform a famous play

97 performance
an exciting performance

98 phone
on the phone

79 OK!
主要な、主な
大通り

80 OK!
市場
魚市場

81 OK!
肉
新鮮な肉

82 OK!
真ん中、中央
円の真ん中

83 OK!
～を逃す／
～がいないのをさびしく思う
電車を逃す

84 OK!
いちばん～、最も～／たいていの／
大部分、ほとんど
いちばん人気がある
many / much - more - most

85 OK!
～しなければならない
私は宿題を終わらせないといけません。

86 OK!
国の、国家の
国民の休日

87 OK!
自然
美しい自然

88 OK!
～を必要とする
水が必要です。

89 OK!
ただ～だけ
6歳未満の子ども限定

90 OK!
～の外部で[に]／外側
外は暑いです。

91 OK!
～をこえて、～の上方に／
向こうへ
世界中で

92 OK!
許す
もう一度言っていただけますか？

93 OK!
部分／役、役目
活動に参加する

94 OK!
パーティー
歓迎会

95 OK!
(～を)通り過ぎる、
(～に)合格する、～を手渡す
試験に合格する

96 OK!
(～を)演じる、演奏する
有名な劇を演じる

97 OK!
演技、演奏、公演
わくわくするパフォーマンス

98 OK!
電話
電話で

99 photo	100 pick	101 piece	102 plant
a photo of my father	pick up garbage	a piece of cheese	grow plants

103 point	104 poor	105 power	106 prepare
I understand your point.	a poor boy	This robot is powered by the sun.	prepare for school

107 problem	108 quickly	109 quiet	110 rich
solve a problem	move quickly	Be quiet.	a rich woman

111 right	112 rise	113 role	114 round
Which is the right answer?	The sun rises.	play the role of a prince	a round table

115 sale	116 same	117 sell	118 send
for sale	have the same T-shirt	This store sells flowers.	send an e-mail

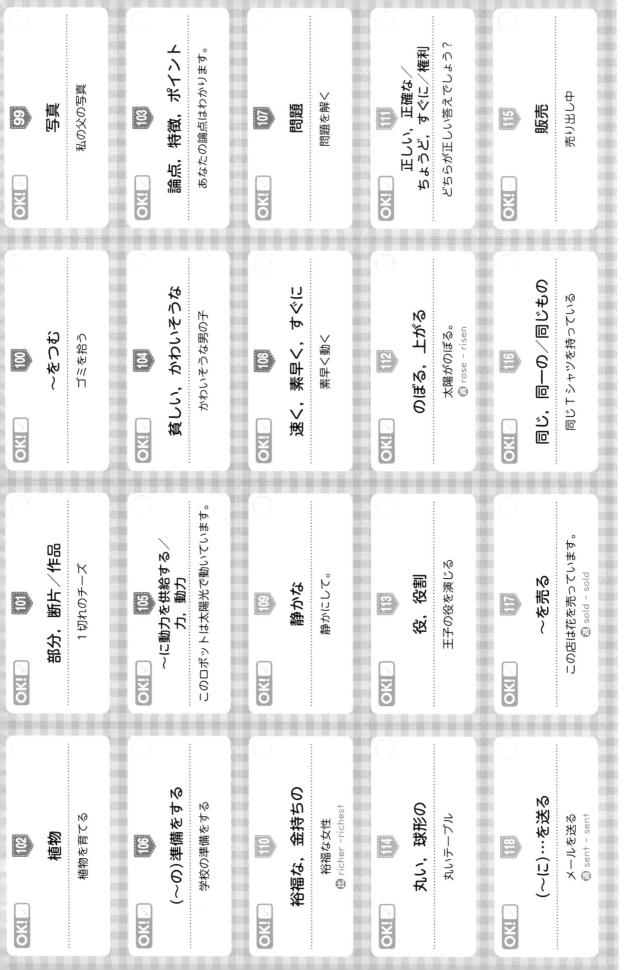

99 写真
私の父の写真

100 ～をつむ
ゴミを拾う

101 部分、断片／作品
1切れのチーズ

102 植物
植物を育てる

103 論点、特徴、ポイント
あなたの論点はわかります。

104 貧しい、かわいそうな
かわいそうな男の子

105 ～に動力を供給する／力、動力
このロボットは太陽光で動いています。

106 (～の)準備をする
学校の準備をする

107 問題
問題を解く

108 速く、素早く、すぐに
素早く動く

109 静かな
静かにして。

110 裕福な、金持ちの
裕福な女性
richer – richest

111 正しい、正確な／ちょうど、すぐに／権利
どちらが正しい答えでしょう？

112 のぼる、上がる
太陽がのぼる。
rose – risen

113 役、役割
王子の役を演じる

114 丸い、球形の
丸いテーブル

115 販売
売り出し中

116 同じ、同一の／同じもの
同じTシャツを持っている

117 ～を売る
この店は花を売っています。
sold – sold

118 (～に)…を送る
メールを送る
sent – sent

119 **serious** — serious damage

120 **set** — set the table

121 **shall** — Shall we dance?

122 **share** — share a cake

123 **should** — You should go home.

124 **show** — Show me the map.

125 **shy** — a shy girl

126 **snow** — It snows a lot.

127 **so** — I was hungry, so I ate pizza.

128 **soon** — I'll be there soon.

129 **spend** — spend two hours

130 **stage** — dance on a stage

131 **start** — start running

132 **story** — an interesting story

133 **such** — such a cute cat

134 **tell** — tell him the truth

135 **than** — taller than Bob

136 **theater** — at the theater

137 **then** — I was listening to music then.

138 **ticket** — buy a ticket

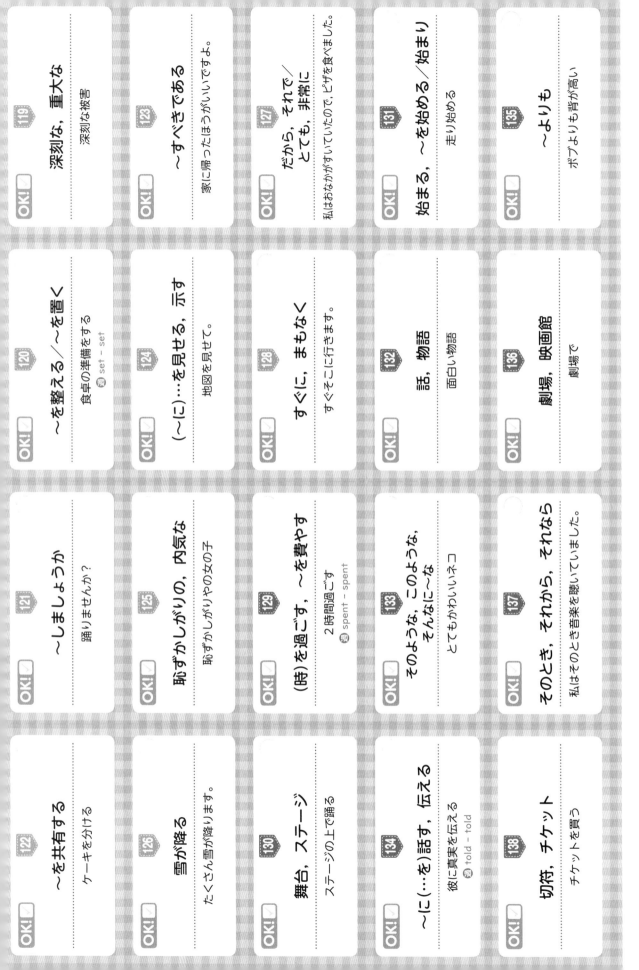

No.	見出し	例
119	深刻な、重大な	深刻な被害
120	～を整える／～を置く	食卓の準備をする　熟 set - set
121	～しましょうか	踊りませんか？
122	～を共有する	ケーキを分ける
123	～すべきである	家に帰ったほうがいいですよ。
124	(～に)…を見せる、示す	地図を見せて。
125	恥ずかしがりの、内気な	恥ずかしがりやの女の子
126	雪が降る	たくさん雪が降ります。
127	だから、それで／とても、非常に	私はおなかがすいていたので、ピザを食べました。
128	すぐに、まもなく	すぐそこに行きます。
129	(時)を過ごす、～を費やす	2時間過ごす　熟 spent - spent
130	舞台、ステージ	ステージの上で踊る
131	始まる、～を始める／始まり	走り始める
132	話、物語	面白い物語
133	そのような、このような、そんなに～な	とてもかわいいネコ
134	～に(…を)話す、伝える	彼に真実を伝える　熟 told - told
135	～よりも	ボブよりも背が高い
136	劇場、映画館	劇場で
137	そのとき、それから、それなら	私はそのとき音楽を聴いていました。
138	切符、チケット	チケットを買う

139 tooth — a toothbrush

140 touch — touch the wall

141 towel — a hand towel

142 tower — a tall tower

143 tradition — Japanese tradition

144 travel — travel by bike

145 try — try sashimi

146 uncle — with my uncle

147 up — get up at 7:00

148 useful — useful tools

149 village — a small village

150 voice — speak in a loud voice

151 volunteer — volunteer work

152 warm — It's warm today.

153 without — without sugar

154 wonderful — What a wonderful present!

155 word — a difficult word

156 work — I work at this shop.

157 worry — Don't worry.

158 wrong — a wrong answer

139 歯 / 歯ブラシ / 頭 teeth

140 〜にさわる、ふれる / 壁にさわる

141 タオル / ハンドタオル

142 塔、タワー / 高いタワー

143 伝統 / 日本の伝統

144 旅行する / 自転車で旅行する

145 (〜を)試みる、やってみる / 刺身を食べてみる

146 おじ、おじさん / おじといっしょに

147 上に、起きて、終わって / 7時に起きる

148 役に立つ / 便利な道具

149 村 / 小さな村

150 声 / 大きな声で話す

151 ボランティア / ボランティア活動

152 あたたかい / 今日はあたたかいです。

153 〜なしで / 砂糖なしで

154 すばらしい、すてきな / なんてすばらしいプレゼントでしょう！

155 言葉、語 / 難しい言葉

156 働く、努力する／仕事、職 / 私はこの店で働いています。

157 心配する、悩む / 心配しないで。

158 誤った、間違った／具合が悪い / 間違った答え

教育出版版 英語2年 もくじ

英語音声

ステージ1 ステージ2 ステージ3

アプリで学習 **Challenge! SPEAKING**　113〜120

プラスワーク　不規則動詞変化表…112

●この本の特長と使い方…2〜3

特別ふろく	定期テスト対策	予想問題	121〜144
		スピードチェック	別冊
	学習サポート	ポケットスタディ(学習カード)　要点まとめシート	
		どこでもワーク(スマホアプリ)　ホームページテスト	
		発音上達アプリ　おん達 Plus	※特別ふろくについて、くわしくは表紙の裏や巻末へ

解答と解説　別冊

この本の特長と使い方

3ステップと予想問題で実力をつける！

確認のワーク ステージ 1

- 文法や表現，重要語句を学習します。
- 基本的な問題を解いて確認します。
- 基本文には音声がついています。

定着のワーク ステージ 2

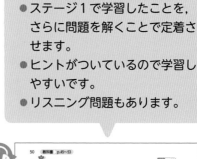

- ステージ1で学習したことを，さらに問題を解くことで定着させます。
- ヒントがついているので学習しやすいです。
- リスニング問題もあります。

➕ 文法のまとめ

- ここまでに学習した文法をまとめて学習します。

➕ Try! READING

- 教科書の長めの文章に対応するページです。読解力をつけます。

実力判定テスト ステージ3

● ステージ1で学習したことが身についたかをテスト形式で確認します。
● リスニング問題もあります。

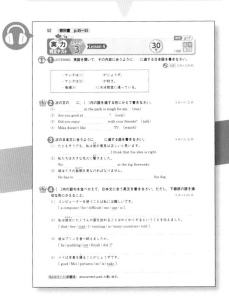

ホームページテスト

● 文理のウェブサイトからテストをダウンロード。たくさん問題を解いて，実力アップ！ リスニング問題もあります。 くわしくは巻末へ➡

 アクセスコード B064330

定期テスト対策 予想問題

● 定期テスト前に解いて，実力を確かめます。
● リスニング問題もあります。

➕ Challenge! SPEAKING

● アプリを使って会話表現の発音練習をします。AIが採点！

くわしくはChallenge! SPEAKINGの最初のページへ➡

🎧 英語音声について

● 英語音声があるものには 🎵 a00 がついています。
● 音声はスマートフォン，タブレット，またはパソコンで聞くことができます。
● また文理のウェブサイトから音声ファイルをダウンロードすることもできます。

▶ スマホで聞く　　　　　　　　［使い方］

▶ パソコンで聞く　https://listening.bunri.co.jp/
▶ ダウンロードする　　［ダウンロード方法］

※この本にはCDはついていません。

音声用アクセスコード　7JPV6

※音声配信サービスおよび「おん達Plus」は無料ですが，別途各通信会社の通信料がかかります。
※お客様のネット環境および端末によりご利用いただけない場合がございます。ご理解，ご了承いただきますよう，お願いいたします。

確認のワーク ステージ**1** Review Lesson Ms. King's Trip with Her Friend ①

解答 p.1 読 聞 書 話

教科書の 要点 未来を表す文 ♪a01

We **are going to** <u>ride</u> down the Shimanami Kaido by bicycle.
〔動詞は原形〕 私たちは自転車でしまなみ海道を走る予定です。

We **will** <u>ride</u> through six islands. 私たちは 6 つの島を走り抜けるでしょう。

要点

● 「〜する予定です，〜するつもりです，〜だろう」と未来のことを言うときには，〈be 動詞 (am, is, are) + going to + 動詞の原形〉または〈will + 動詞の原形〉で表す。

プラス be going to はあらかじめ決まっていた予定や起こりそうな未来を表すのに対して，will はその場で決めた予定や意志，現時点で予測される未来を表す。

例 会話中に京都を訪れようと決めた場合 I will visit Kyoto next week.
京都を訪れる予定があらかじめ決まっていた場合 I am going to visit Kyoto next week.

Words チェック 次の英語は日本語に，日本語は英語になおしなさい。

□(1) view （ ） □(2) second （ ）
□(3) 旅行 _____ □(4) 〜を通り抜けて _____

1 絵を見て例にならい，「私は〜するつもりです」という文を書きなさい。

例 本を読む (1) テレビを見る (2) テニスをする (3) 英語を勉強する

例 I will read a book.

(1) I _____ _____ TV.

(2) I _____ .

(3) _____

ここが ポイント
will は「〜するつもりだ」という主語の意志を表すことができる。

2 次の日本文に合うように，___ に適する語を書きなさい。

(1) 彼女は日本に来る予定です。

She _____ _____ to come to Japan.

(2) ケンは元気になるでしょう。

Ken _____ _____ fine.

ミス注意
(2) be 動詞の原形は be であることに注意する。

 castle：城，museum：博物館，美術館

  **Review Lesson** Ms. King's Trip with Her Friend ②

読 聞
書 話

Review Lesson

教科書の 要点 「〜がある，〜がいる」 ♪ a02

There <u>are</u> so many islands in the sea.　海にはとてもたくさんの島があります。
複数名詞

There <u>is</u> a castle and museum.　城と美術館があります。
単数名詞

要点

● 「〜がある，〜がいる」は〈There is[are]＋名詞 〜.〉で表す。
● There is[are]の直後の名詞(主語)が単数なら is, 複数なら are を使う。
● 疑問文は〈Is[Are] there＋名詞 〜?〉で表し，Yes, there is[are]. / No, there isn't[is not].
　または No, there aren't[are not]. のように答える。

プラス There is[are] 〜. は不特定のもの(人)について使い，the, this, my などがついた特定のもの(人)
には使わない。
　例　Your bag is on the bed.　(あなたのかばんはベッドの上にあります)

① 次の( )内から適する語を選び，○で囲みなさい。

(1) There (is, are) a cat under the chair.

(2) There (is, are) beautiful flowers.

(3) There (is, are) children in the park.

(4) (Is, Are) there a library in your town?

(5) (Is, Are) there oranges in the box?

ミス注意
There is[are]〜. の文
では，直後の名詞が単数
なら is, 複数なら are
を使う。

② 次の文を疑問文に書きかえなさい。

(1) There are many pencils on the desk.

_____ _____ many pencils on the desk?

(2) There is a hospital near here.

_____ _____ a hospital near here?

ここが ポイント
There is[are] 〜. の
there には「そこに」と
いう意味はないので，「そ
こに〜がある」と言いた
いときには文末に there
をつける。
● There is a theater
　there.
　(そこに劇場がありま
　す)

③ 次の日本文に合うように，_____に適する語を書きなさい。

(1) たくさんの窓があります。

_____ _____ a lot of windows.

(2) あなたの部屋に辞書はありますか。

_____ _____ a dictionary in your room?

(3) (2)に「いいえ，ありません」と答えるとき。

No, _____ _____ .

解答 ▶ p.1

確認 のワーク ステージ **1** 〈Review Lesson〉 Ms. King's Trip with Her Friend ③ 読 聞 書 話

 教科書の 要点 「〜しなければならない」 a03

〈動詞の原形〉

You **have to** <u>write</u> a haiku and <u>put</u> it in every day.

あなたは毎日，俳句を書いてそれを投函しなければなりません。

要点1

● 「〜しなければならない」は〈have [has] to＋動詞の原形〉で表す。
● 3人称単数の主語(he, she, it など)のときは has to 〜となる。

〈動詞の原形〉

You **must** <u>write</u> a haiku and <u>put</u> it in every day.

あなたは毎日，俳句を書いてそれを投函しなければなりません。

要点2

● 「〜しなくてはならない」という強い義務を表すときには〈must＋動詞の原形〉で表す。
● must には「きっと〜に違いない」という推量の意味もある。
　例　You must really love haiku!　(あなたは本当に俳句が好きに違いない！)

プラス　否定形の〈don't [doesn't] have to＋動詞の原形〉は「〜する必要はない」，〈mustn't [must not]＋動詞の原形〉は「〜してはならない」という意味になる。
　例　We don't have to run here.　(私たちはここで走る必要はありません)
　　　We mustn't run here.　　　(私たちはここで走ってはいけません)

1 次の日本文に合うように，_____ に適する語を書きなさい。

(1) 私はキッチンを掃除しなければなりません。

　　I _____ _____ clean the kitchen.

(2) 彼は家に帰らなくてはなりません。

　　He _____ go home.

(3) エミは朝早く起きなければなりません。

　　Emi _____ _____ get up early.

ミス注意

(3)〈have [has] to＋動詞の原形〉は，主語が3人称単数であれば has to 〜となるので注意する。

2 〔　〕内の語を並べかえて，日本文に合う英文を書きなさい。

(1) あなたは教室で静かにしなくてはなりません。

　　〔 be / you / quiet / must 〕 in the classroom.

　　_____ in the classroom.

(2) 彼女はきっとイヌが好きに違いありません。

　　〔 must / like / she / dogs 〕.

　　_____

思い出そう

(1) must のあとには動詞の原形が続く。be は be 動詞の原形。

 town：町，people：人々

 確認のワーク ステージ **1** **Review Lesson** Ms. King's Trip with Her Friend ④ 解答 ▶ p.1 読 聞 書 話

教科書の **要点** いくつあるかをたずねる文 ♪ a04

How many <u>tablets</u> are there in this town?　この町に碑はいくつありますか。
　　　　　［名詞の複数形］

—— There are about 600.　だいたい 600 の碑があります。

要点

● 「…に〜はいくつありますか［いますか］」は〈How many＋名詞の複数形＋are there＋場所を表す語句 ?〉で表す。
● 「〜個［人］あります［います］」と答えるときには〈There are［is］＋数.〉で表す。

Wordsチェック 次の英語は日本語に，日本語は英語になおしなさい。

□(1) postbox　　　（　　　　　）　　□(2) guide　　　（　　　　　）

□(3) be famous for 〜　（　　　　　）　□(4) みごとな　＿＿＿＿＿＿＿

□(5) 石　＿＿＿＿＿＿＿　　　　　　□(6) 碑　＿＿＿＿＿＿＿

1 絵を見て例にならい，「…に〜はいくつありますか」という文を書きなさい。

例 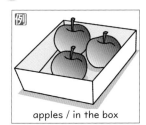 apples / in the box	(1)  pens / on the desk	(2)  birds / in the park	(3)  books / in your bag

例　How many apples are there in the box?

(1)　＿＿＿＿＿＿＿＿＿＿＿＿ pens are there on the desk?

(2)　＿＿＿＿＿＿＿＿＿＿＿＿＿＿ in the park?

(3)　＿＿＿＿＿＿＿＿＿＿＿＿＿＿＿

ここが ポイント

「〜はいくつありますか」と聞くときには，〈How many＋名詞の複数形＋are there …?〉を使う。

2 次の日本文に合うように，＿＿に適する語を書きなさい。

(1)　イヌは何匹いますか。

　　How many dogs ＿＿＿＿＿ ＿＿＿＿＿ ?

(2)　何人いますか。

　　＿＿＿＿＿ ＿＿＿＿＿ people are there?

(3)　(2)に「11 人います」と答えるとき。

　　＿＿＿＿＿ ＿＿＿＿＿ eleven.

まるごと 暗記

How を使った いろいろな疑問文

● How many 〜?
　「〜はいくつありますか」
● How long 〜?
　「〜はどのくらいの長さですか」
● How much 〜?
　「〜はいくらですか」

文法のまとめ
1年生で使った文のしくみを確認しよう。

解答　p.2

読|聞
書|話

まとめ

① have[has] to 〜

● 「〜しなければならない」は〈have[has] to＋動詞の原形〉で表す。

● 否定文は，don't[doesn't] have to 〜で表し，「〜する必要はない」の意味になる。

肯定文 We have to clean our classroom. （私たちは教室を掃除しなければなりません）

否定文 I don't have to read this book. （私たちはこの本を読む必要はありません）

② must 〜

● 「〜しなくてはならない」という強い義務は，〈must＋動詞の原形〉で表す。

● 否定文は，must not[mustn't] 〜で「〜してはならない」という禁止の意味を表す。

肯定文 We must be kind to other people. （私たちは他人に親切にしなくてはなりません）

否定文 We mustn't run in the library. （私たちは図書館で走ってはいけません）

③ be going to 〜

● あらかじめ決まってた予定や，確実に起こりそうな未来のことについて「〜する予定です，〜するつもりです，〜だろう」と言うときは，〈be 動詞(am, is, are)＋going to＋動詞の原形〉で表す。

● be going to の疑問文は，主語の前に be 動詞を置き，〈be 動詞＋主語＋going to＋動詞の原形 〜?〉で表す。答えるときも，be 動詞を使う。

肯定文 He is going to play basketball tomorrow. （明日，彼はバスケットボールをするつもりです）

疑問文 Is your sister going to visit Italy? （あなたのお姉[妹]さんはイタリアへ行く予定ですか）

— Yes, she is. / No, she isn't[is not]. （はい，そうです。/ いいえ，ちがいます）

④ will 〜

● 〈will＋動詞の原形〉は be going to 〜と似た意味で，その場で決めた予定・意志，現時点で予測される未来のことを表す。

● 「〜ではないだろう」という否定の意味は won't[will not] 〜で表す。

肯定文 It will be sunny tomorrow. （明日は晴れるでしょう）

否定文 She won't come here soon. （彼女はすぐにここには来ないでしょう）

⑤ There is[are] 〜.

● 「〜がある，〜がいる」は〈There is[are]＋名詞 〜.〉で表す。

● 疑問文は〈Is[Are] there＋名詞 〜?〉で表し，Yes, there is[are]. / No, there isn't[is not]. または No, there aren't[are not]. のように答える。

主語が単数のとき There is a bag on the bed. （ベッドの上にかばんがあります）

主語が複数のとき There are many people in an amusement park. （遊園地にはたくさんの人がいます）

疑問文 Are there any interesting movies? （何かおもしろい映画はありますか）

疑問文では there の前に be 動詞を置く

— Yes, there are. / No, there aren't[are not].

（はい，あります。/ いいえ，ありません）

練習 -

よく出る 1 次の日本文に合うように，＿＿＿に適する語を書きなさい。

(1) 私は明日 10 時に起きなければなりません。

I ＿＿＿＿＿＿ ＿＿＿＿＿ get up at ten tomorrow.

(2) 彼女は大阪を訪れる予定ですか。

＿＿＿＿＿＿ she ＿＿＿＿＿ to visit Osaka?

(3) 教室に生徒はいますか。

＿＿＿＿＿＿ ＿＿＿＿＿ any students in the classroom?

(4) (3)に「いいえ，いません」と答えるとき。

No,＿＿＿＿＿ ＿＿＿＿＿.

(5) マコトは皿を洗わないでしょう。

Makoto ＿＿＿＿＿ wash the dishes.

> must の否定文は，「〜してはいけない」という禁止の意味を表すよ。

2 〔 〕内の語句を並べかえて，日本文に合う英文を書きなさい。

(1) あなたはここで食べてはいけません。

〔 must / here / you / not / eat 〕.

(2) 来週，私は彼女に会う予定です。

〔 to / going / I / meet / next / am / her 〕 week.

＿＿＿＿＿＿＿＿＿＿＿＿＿＿＿＿＿＿ week.

(3) 私の町には古い寺があります。

〔 is / in / an old temple / there / my town 〕.

(4) 彼は宿題をする必要はありません。

〔 to / his homework / he / have / do / doesn't 〕.

3 次の英文を日本語になおしなさい。

(1) Yuki is going to go home at five o'clock.

(　　　　　　　　　　　　　　　　　　　　　　　　　)

(2) Is there a post office near here?

(　　　　　　　　　　　　　　　　　　　　　　　　　)

レベルUP 4 次の日本文を英語になおしなさい。

(1) 明日は雨が降るでしょう。

(2) 私たちはこのコンピューターを使ってはいけません。 （6 語で）

確認のワーク　ステージ**1**　【Lesson 1】　Service Dogs ①

解答 ▶ p.2 読 聞 書 話

教科書の 要点　「(人)に(もの)をあげる」　♪ a05

人　もの
My father **gave** me this book.　父は私にこの本をくれました。
目的語

要点

- ●「(人)に(もの)をあげる」は give(与える)を使い〈主語＋give＋人＋もの〉の語順で表す。
- ●動詞のあとに置かれた「(人)に」「(もの)を」を目的語という。目的語を2つ続けられる動詞にはほかに，send(〜を送る)，tell(〜を知らせる)，show(〜を見せる)，buy(〜を買う)などがある。

Wordsチェック　次の英語は日本語に，日本語は英語になおしなさい。

□(1) owner　（　　　　　　）　□(2) service　（　　　　　　）
□(3) wear　（　　　　　　）　□(4) blind　（　　　　　　）
□(5) メッセージ　＿＿＿＿＿＿　□(6) 〜を送る　＿＿＿＿＿＿
□(7) 障害物　＿＿＿＿＿＿　□(8) かど　＿＿＿＿＿＿

1 絵を見て例にならい，「私は〜に…をあげました」という文を書きなさい。

例	(1)	(2)	(3)
her / a pen	my mother / some flowers	my father / a bag	him / a cap

例　I gave her a pen.

(1) I ＿＿＿＿＿＿ ＿＿＿＿＿＿ ＿＿＿＿＿＿ some flowers.

(2) I ＿＿＿＿＿＿＿＿＿＿＿＿＿＿＿＿＿＿ .

(3) ＿＿＿＿＿＿＿＿＿＿＿＿＿＿＿＿＿＿＿

2 次の日本文に合うように，＿＿に適する語を書きなさい。

(1) 私は彼にケーキを買いたいです。
I want to ＿＿＿＿＿＿ ＿＿＿＿＿＿ a cake.

(2) 彼女にこれらの写真を見せてください。
Please ＿＿＿＿＿＿ ＿＿＿＿＿＿ these pictures.

(3) 私はあなたに本日のメニューをお知らせします。
I'll ＿＿＿＿＿＿ ＿＿＿＿＿＿ today's menu.

ここがポイント

「(人)に(もの)を〜する」の語順で使われる動詞
- ●give
- ●send
- ●tell
- ●show
- ●buy

blind は[bláind]と発音するよ。i は「アイ」の発音なので注意しよう。

3 〔 〕内の語句を並べかえて，日本文に合う英文を書きなさい。

(1) ケンは私にこの腕時計をくれました。

〔 me / this watch / gave / Ken 〕.

_____

(2) 私はメグに手紙を送りました。

〔 a letter / sent / I / Meg 〕.

_____

(3) 彼女は私にノートを見せてくれました。

〔 me / her notebook / showed / she 〕.

_____

(4) 私はエミに大好きな歌を伝えるつもりです。

〔 tell / will / I / Emi / my favorite song 〕.

_____

4 次の英文を日本語になおしなさい。

(1) Please tell me your name.

( )

(2) My father bought me a nice T-shirt.

( )

5 次の日本文に合うように， ____ に適する語を書きなさい。

(1) 私は，たとえばイヌやネコのような動物が好きです。

I like animals, _____ _____, dogs and cats.

(2) この石は何のためのものですか。

_____ is this stone _____?

(3) あなたはどんな種類の音楽が好きですか。

What _____ _____ music do you like?

WRITING Plus 🖊

次の各問いに対して，(1)は〈give＋人＋もの〉，(2)は〈buy＋人＋もの〉の形を使って，あなた自身の答えを英語で書きなさい。

(1) あなたはお母さんの誕生日に何をあげたいですか。

_____

(2) あなたの両親はあなたの誕生日に何を買ってくれるでしょうか。

ミス注意

(1)〈主語＋動詞＋人＋もの〉の語順のとき，「人」にあたる部分は目的語となるため，「私に」は目的格である me を使う。

ここが ポイント

「〜に」と「〜を」の2つの目的語が続く文

「(人)に(もの)を〜する」は「(人)に」にあたる目的語 →「(もの)を」にあたる目的語の語順になる。「〜に」→「〜を」をそのまま逆にはできないので注意する。

思い出そう

(2) bought は buy の過去形。

Lesson 1　Service Dogs ②　

教科書の 要点　「〜と思う」など　♪ a06

I think (that) many blind people need guide dogs.

接続詞　〈主語＋(助)動詞〉　私は多くの目の不自由な人が盲導犬を必要としていると思います。

I hope (that) it will be sunny tomorrow.　　明日，晴れるといいなと思います。

要点

- 〈think[hope など]＋(that＋)主語＋動詞 〜〉の形で，「〜と思う[〜だといいなと思う]」という意味を表す。
- that は〈(that＋)主語＋動詞 〜〉という形をとり，「〜ということ」という意味のまとまりをつくる接続詞。that 以下が文中の動詞の目的語の役割をする。
- 接続詞 that は会話では省略されることが多い。
- この形をとる動詞にはほかに，know（〜を知っている）や say（〜と言う）などもある。
  - 例　I know (that) he is from America.　（私は彼がアメリカ出身だと知っています）

Wordsチェック　次の英語は日本語に，日本語は英語になおしなさい。

- □(1)　training　（　　　　　）
- □(2)　however　（　　　　　）
- □(3)　努力　（　　　　　）
- □(4)　1000(の)　＿＿＿＿＿＿

1 次の文の（ ）から適する語を選び，記号を○で囲みなさい。

(1)　He says （ ア that　イ it) this song is good.

(2)　I （ ア know　イ want) she is kind.

(3)　I hope （ ア this　イ that) our team will win the game.

> **まるごと暗記**
> 接続詞 that を後ろに置ける動詞
> - think (that) 〜
> - know (that) 〜
> - say (that) 〜
> - hope (that) 〜

2 絵を見て例にならい，「私は〜と思います」という文を書きなさい。

この絵はみごとだ

その料理はおいしい

サッカーは楽しい

この映画はわくわくする

例　I think that this painting is impressive.

(1)　I ＿＿＿＿＿＿ ＿＿＿＿＿ the dish is delicious.

(2)　I ＿＿＿＿＿＿＿＿＿＿＿＿＿＿＿ .

(3)　＿＿＿＿＿＿＿＿＿＿＿＿＿＿＿

> **ここがポイント**
> that のあとには〈主語＋動詞 〜〉の文が続く。

 why：なぜ，どうして，year：年，1 年

確認のワーク ステージ 1 Lesson 1 Service Dogs ③

解答 ▶ p.3

Lesson 1

教科書の 要点　「〜して残念だ」など　♪ a07

I'm sorry (that) I didn't write for some time.

感情を表す形容詞　接続詞　〈主語＋動詞〉

しばらく手紙を書かないですみません。

I was happy (that) you sent me a letter.

あなたが手紙を送ってくれてうれしかったです。

要点

● 感情を表す sorry（残念に思って）や happy（うれしい）のあとに〈(that＋)主語＋動詞 〜〉を続けると、「〜して残念だ」「〜してうれしい」という意味を表す。
● この接続詞 that は省略されることがある。
● 感情を表す形容詞にはほかに，glad（うれしい），sure（確信して）などがある。

Wordsチェック 次の英語は日本語に，日本語は英語になおしなさい。

□(1)　man　　　（　　　　　　）　　□(2)　work　　　（　　　　　　）

□(3)　〜に気づく　（　　　　　　）　　□(4)　〜を導く　＿＿＿＿＿＿＿

1 次の日本文に合うように，＿＿に適する語を書きなさい。

(1)　遅れてしまってすみません。

I'm ＿＿＿＿＿＿＿ I'm late.

(2)　私は彼女がサッカーを好きだと確信しています。

I'm ＿＿＿＿＿＿＿＿＿ she likes soccer.

まるごと 暗記

感情を表す形容詞
● happy（うれしい）
● sorry（残念に思って）
● glad（うれしい）
● sure（確信して）

よく出る 2 〔　〕内の語句を並べかえて，日本文に合う英文を書きなさい。

(1)　私は彼に会うことができてうれしいです。

I am happy 〔 I / that / him / meet / can 〕.

I am happy ＿＿＿＿＿＿＿＿＿＿＿＿＿＿ .

(2)　私は彼がトムだと確信しています。

〔 sure / he / I'm / is / Tom 〕.

＿＿＿＿＿＿＿＿＿＿＿＿＿＿＿＿＿

ここがポイント

(2)〈感情を表す形容詞＋(that＋)主語＋動詞 〜〉では，that が省略されることがある。

3 次の英文を日本語になおしなさい。

(1)　I was glad that I got a new comic book.

（　　　　　　　　　　　　　　　　）

(2)　I'm sorry that I can't help you.

（　　　　　　　　　　　　　　　　）

思い出そう

(1) was は be 動詞 am の過去形。

文法 のまとめ
「(人)に(もの)をあげる」などの文 / 自分の意見や気持ちを伝える文

解答 ▶ p.3

読聞書話

まとめ

① 「(人)に(もの)をあげる」などの文

● give などの動詞を使って〈動詞＋人＋もの〉の語順にすると「(人)に(もの)を〜する」という意味になる。

give(与える) 　My sister gave me this pencil. 　　　　(姉[妹]は私にこのえんぴつをくれました)
　　　　　　　　　　　　　　 「〜に」 「〜を」

buy(買う) 　Ken bought me some flowers. 　　　(ケンは私に花を買いました)

send(送る) 　I'll send you a letter tomorrow. 　　　(明日, 私はあなたに手紙を送るつもりです)

tell(知らせる) 　Please tell me your favorite movie. 　　　(あなたの大好きな映画を教えてください)

② 自分の意見や気持ちを伝える文

● 〈think[know など]＋(that＋)主語＋動詞 〜〉で「〜と思う[〜を知っている]」という意味になる。接続詞 that は「〜ということ」という意味を表し, 省略されることもある。「私は〜ではないと思う」と言いたいときは, that に続く文ではなく, I think の部分を否定形にして I don't think (that) 〜. とする。

I think that basketball is exciting. 　(私はバスケットボールはわくわくすると思います)
　　　　　　 「〜ということ」 〈主語＋動詞〉

I know my father likes fishing very much. 　(私は, 父がつりがとても好きなのを知っています)

I don't think English is difficult. 　　　(私は, 英語は難しくないと思います)

● 感情を表す形容詞(sorry や happy など)のあとに〈(that＋)主語＋動詞 〜〉が続くと「〜して残念だ」「〜してうれしい」という意味になる。この that は省略されることもある。

I'm glad that you are happy. 　(私は, あなたが幸せでうれしいです)

I'm sorry I can't go. 　　　(行けなくてすみません)
　　　　└that が省略されている

練習

よく出る 1 次の日本文に合うように, 　　　に適する語を書きなさい。

(1) 父は私にコンピューターを買いました。

My father 　　　　　　　 me a computer.

(2) 私はメグにこの写真を見せるつもりです。

I'll 　　　　　　　 Meg this photo.

(3) 私は新しいラケットを手に入れてうれしいです。

I'm happy 　　　　　　　 I got a new racket.

(4) あなたの誕生日を教えてください。

Please 　　　　　　　 me your birthday.

(5) 彼女はその本がおもしろいことを知っています。

She knows 　　　　　　　 the book is interesting.

(3)〈主語＋動詞 〜〉の文が続いていることに注目しよう。

2 〔 〕内の語句を並べかえて，日本文に合う英文を書きなさい。

(1) 彼は私にいくつかのキャンディをくれました。

〔 gave / he / me / some candies 〕.

_____

(2) 私はサッカーが楽しいと思います。

〔 that / fun / think / is / I / soccer 〕.

_____

(3) 私はユミにこの箱を送りました。

〔 this box / sent / I / Yumi 〕.

_____

(4) ケンタはその湖が小さいことを知っています。

〔 the lake / knows / small / Kenta / is 〕.

_____

(5) あなたといっしょに行くことができなくて残念です。

〔 sorry / I / can't / with / go / I / you / am 〕.

_____

3 次の英文を日本語になおしなさい。

(1) My mother bought me a dictionary.

(　　　　　　　　　　　　　　　　　　　　　　　　　）

(2) I don't think this food is salty.

(　　　　　　　　　　　　　　　　　　　　　　　　　）

(3) I'm sorry I can't reply.

(　　　　　　　　　　　　　　　　　　　　　　　　　）

(4) Emi knows the temple is very old.

(　　　　　　　　　　　　　　　　　　　　　　　　　）

(5) I thought that he was lucky.

(　　　　　　　　　　　　　　　　　　　　　　　　　）

レベル
UP 4 次の日本文を英語になおしなさい。

(1) 私はウサギがかわいいと思います。

_____

(2) ハナは私にこのかばんをくれました。

_____

(3) 私はパンダを見ることができてうれしいです。

_____

(4) 彼は私にこの腕時計を買ってくれました。

_____

定着のワーク　ステージ2　Review Lesson 〜 Lesson 1　読聞書話

1 LISTENING 対話と質問を聞いて，その答えとして適するものを1つ選び，記号で答えなさい。 ♪101

ア	イ	ウ	エ

（　　　）

2 次の文の（　）から適する語を選び，記号を○で囲みなさい。

(1) I sent （ ア she イ her ） this letter.

(2) I'm sorry （ ア that イ it ） I can't join it.

(3) She bought （ ア me イ mine ） some cookies.

3 〔　〕内の語句を並べかえて，日本文に合う英文を書きなさい。

(1) この町には図書館が2つあります。

〔 in / there / two libraries / are / this town 〕.

_____

(2) 私は彼女が元気だといいなと思います。

〔 is / that / she / hope / I / fine 〕.

_____

(3) 私はあなたに自転車をあげるつもりです。

〔 a bicycle / will / you / I / give 〕.

_____

(4) 今日の気候を教えてください。

〔 me / today's weather / tell / please 〕.

_____

4 次の日本文に合うように，＿＿に適する語を書きなさい。

(1) 彼は仕事をしています。

He is _____ _____.

(2) 訓練は時間がかかりました。

Training _____ _____.

(3) しばらく彼女と会いませんでした。

I didn't meet her for _____ _____.

重要ポイント

1 (1)「彼女に」という意味の目的語にあたる語を選ぶ。

3 (1)「〜がある」は〈There is[are]＋名詞〜.〉。名詞が単数形か複数形かに注意。

(2) hope は「〜だといいなと思う」という意味。

(3)「（人）に（もの）をあげる」は〈give＋人＋もの〉の語順で表す。

テストに◎出る！

〈動詞＋目的語＋目的語〉の語順になる動詞
● give(与える)
● buy(買う)
● show(見せる)
● tell(知らせる)

得点力をUP

(2)「(時間・労力)がかかる，を必要とする」は take を使って表す。
● take effort（努力がいる）

5 次の対話文を読んで，あとの問いに答えなさい。

Bob : ①[this book / gave / my father / me].　It's about service dogs.

Aya : ②What kind of dog is this?

Bob : It's a guide dog.　It wears a harness.

Aya : What is the harness (　③　)?

Bob : A blind person can send messages to the guide dog through
　　　it, ④(＿＿＿＿)(＿＿＿＿), "go" and "stop."

重要ポイント

5 (1)「(人)に(もの)をあ
げる」は〈give＋人＋も
の〉の語順になる。

(2) kind は「種類」の意味。

テストに◎出る!

(3)「～は何のためです
か」という目的をたず
ねる疑問文になる。

(1)　下線部①の〔　〕内の語句を並べかえて，意味の通る英文にしな
さい。

＿＿＿＿＿＿＿＿＿＿＿＿＿＿＿＿＿＿＿＿＿＿

(2)　下線部②を日本語になおしなさい。

＿＿＿＿＿＿＿＿＿＿＿＿＿＿＿＿＿＿＿＿＿＿

(3)　③の(　)内にあてはまる語を，下のア～エから選んで記号を書
きなさい。

　　ア by　　イ with　　ウ for　　エ on　＿＿＿＿

(4)　下線部④が「たとえば」という意味になるように，(　)内に適
する語を書きなさい。

＿＿＿＿＿＿＿＿＿＿＿　＿＿＿＿＿＿＿＿＿

(5)　本文の内容と合うように，(　)内に適する日本語を書きなさい。
　介助犬は(　　　　　　　　　　)をつけており，それを通して
　(　　　　　　　　　　)が介助犬にメッセージを伝えることがで
　きる。

6 次の英語を日本語になおしなさい。

(1)　My grandmother is going to come to my house tomorrow.

　　(　　　　　　　　　　　　　　　　　　　　　　　　)

(2)　I'm sure that many people like donuts.

　　(　　　　　　　　　　　　　　　　　　　　　　　　)

(3)　He knows the street is long.

　　(　　　　　　　　　　　　　　　　　　　　　　　　)

6 (1) be going to ～は「～
する予定です」という意
味。

(2) be sure ～は「～を確信
して」という意味。

(3) know (that) ～ で「～
だと知っている」という
意味。この that は省略
できる。

7 (1)「私は～ではないと
思う」は I don't think
(that) ～で表す。

(2)「きっと～に違いない」
は〈must＋動詞の原形〉
で表す。

レベルUP 7 次の日本文を英語になおしなさい。

(1)　私は野球は楽しくないと思います。

＿＿＿＿＿＿＿＿＿＿＿＿＿＿＿＿＿＿＿＿＿＿

(2)　彼はきっとこれらの花が好きに違いありません。

＿＿＿＿＿＿＿＿＿＿＿＿＿＿＿＿＿＿＿＿＿＿

ちょっと**BREAK**　英語で woof は「ウー」というイヌのうなり声です。では，「ワンワン」は？　➡答えは次のページ

解答　p.5

実力判定テスト　ステージ3　Review Lesson 〜 Lesson 1　30分　/100　読聞書話

1 LISTENING (1)と(2)の対話と質問を聞いて，その答えとして適するものを１つ選び，記号で答えなさい。　♪102　3点×2(6点)

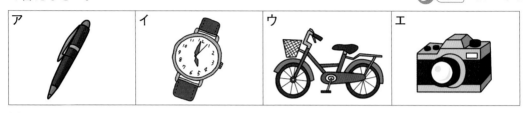

ア　イ　ウ　エ

(1)(　　　)　(2)(　　　)

2 次の文の( )から適する語を選び，記号を○で囲みなさい。　3点×4(12点)

(1)　My sister（ ア has　イ have ）to get up early tomorrow.

(2)　I am sorry（ ア for　イ that ）I can't go.

(3)　I（ ア want　イ hope ）you'll be happy.

(4)　Do you know（ ア that　イ it ）Ken is going to visit America?

3 次の日本文に合うように，＿＿に適する語を書きなさい。　4点×3(12点)

(1)　この部屋には窓はいくつありますか。

　　＿＿＿＿＿＿ many windows ＿＿＿＿＿＿ ＿＿＿＿＿＿ in this room?

(2)　私はしばらくテレビゲームをしません。

　　I don't play the video game for ＿＿＿＿＿＿ ＿＿＿＿＿＿.

(3)　彼女はこの映画を見ないでしょう。

　　She ＿＿＿＿＿＿ watch this movie.

4 〔 〕内の語句を並べかえて，日本文に合う英文を書きなさい。　5点×4(20点)

(1)　母は私にたくさんの手紙を送りました。

　　〔 sent / letters / my mother / me / a lot of 〕.

　　＿＿＿＿＿＿＿＿＿＿＿＿＿＿＿＿＿＿＿＿＿＿＿＿＿

(2)　私はケンがじょうずにギターを弾けるといいなと思います。

　　〔 the guitar / I / Ken / well / hope / play / will 〕.

　　＿＿＿＿＿＿＿＿＿＿＿＿＿＿＿＿＿＿＿＿＿＿＿＿＿

(3)　私はそれがエミのかばんだと思いました。

　　〔 was / thought / I / it / Emi's bag / that 〕.

　　＿＿＿＿＿＿＿＿＿＿＿＿＿＿＿＿＿＿＿＿＿＿＿＿＿

(4)　あなたは来週，京都を訪れる予定ですか。

　　〔 Kyoto / are / going / next / you / visit / to 〕 week?

　　＿＿＿＿＿＿＿＿＿＿＿＿＿＿＿＿＿＿＿＿＿ week?

ちょっとBREAKの答え　bowwow[bauwáu]と言います。

目標 ●人にものをあげたり，伝えたりしたことなどを説明しましょう。自分の意見や気持ちを表現できるようになりましょう。

自分の得点まで色をぬろう！

0 　　　　　　　　　　　　　　60　　80　　100点

😣がんばろう！　　　😐もう一歩　　😊合格！

5 次の対話文を読んで，あとの問いに答えなさい。 (計30点)

Bob : ①There aren't enough guide dogs.

Aya : Why not?

Bob : Because it takes time and effort. These dogs live with puppy walkers for about a year. Then, they need training for another year.

Aya : I see. I hope (②) many blind people will ③be ( ) ( ) have guide dogs.

Bob : I hope so, too. But ④I don't think many people know about this problem.

(1) 下線部①を日本語になおしなさい。 (5点)

　　（ 　　　　　　　　　　　　　　　　　　　　　　　　　　　　）

(2) ②の( )内に適切な1語を書きなさい。 (4点)

よく出る (3) 下線部③が「～できる」という可能の意味を表すように，( )内に適切な語を書きなさい。 (4点)

(4) 下線部④を日本語になおしなさい。 (5点)

　　（ 　　　　　　　　　　　　　　　　　　　　　　　　　　　　）

(5) 本文の内容に合うように，( )にあてはまるように日本語で答えなさい。 3点×4(12点)

　　1. 介助犬は約( )年，パピーウォーカーと暮らす。

　　2. さらに( )年，訓練をしなければならない。

　　3. 介助犬になるまでには時間と( )を要する。

レベルUP 6 次の日本文を英語になおしなさい。 5点×4(20点)

(1) 彼はこの部屋を掃除する必要はありません。 （have を使って）

(2) あなたのお気に入りの本を私に教えてください。 （tell を使って）

(3) 私はバスケットボールはわくわくすると思います。

(4) 彼女はあなたが学生だということを知っています。

確認のワーク ステージ1　Lesson 2　Our Energy Sources ①　読聞書話

教科書の 要点　過去進行形「〜していた」 ♪ a08

I **was making** a cherry pie.　私はチェリーパイをつくっていました。
〈is の過去形＋動詞の -ing 形〉

We **were making** a cherry pie.　私たちはチェリーパイをつくっていました。
〈are の過去形＋動詞の -ing 形〉

要点
●〈be 動詞の過去形（was, were）＋動詞の -ing 形〉で「〜していた」と過去のある時点でしていたことを表す。この形を過去進行形という。

Wordsチェック　次の英語は日本語に，日本語は英語になおしなさい。
□(1)　hour　　（　　　　　　　）　□(2)　scared　　（　　　　　　　）
□(3)　〜を修理する　＿＿＿＿＿＿＿　□(4)　台所　　　＿＿＿＿＿＿＿

1 次の文の（　）から適する語を選び，記号を○で囲みなさい。
(1)　She（ア was　イ is ）making a cake yesterday.
(2)　Ken and I（ア was　イ were ）talking.

ミス注意
(1) yesterday（昨日）は過去を表す文でよく使われる。

2 絵を見て例にならい，「〜は…をしていました」という文を書きなさい。

例	(1)	(2)	(3)
 Jiro / wash the dishes	 I / read a book	 Emma / listen to music	 they / play soccer

例　Jiro was washing the dishes.
(1)　I ＿＿＿＿＿＿＿ ＿＿＿＿＿＿＿ a book.
(2)　Emma ＿＿＿＿＿＿＿＿＿＿＿＿＿＿＿＿ .
(3)　＿＿＿＿＿＿＿＿＿＿＿＿＿＿＿＿＿＿

思い出そう
be 動詞の過去形
am, is は was, are は were となる。

3 次の日本文に合うように，＿＿に適する語を書きなさい。
(1)　彼はそのときにコンピューターを使っていました。
　　He ＿＿＿＿＿＿＿ ＿＿＿＿＿＿＿ a computer then.
(2)　昨日，あなたはピアノを弾いていました。
　　You ＿＿＿＿＿＿＿ ＿＿＿＿＿＿＿ the piano yesterday.

ここがポイント
(1) then は「それから，その後」という意味のほかにも「そのときに」という意味がある。

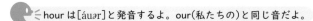 hour は［áuər］と発音するよ。our（私たちの）と同じ音だよ。

解答 p.6

確認のワーク ステージ 1 Lesson 2 Our Energy Sources ② 読 聞 書 話

教科書の 要点 接続詞 when 「〜(する)とき，...」   a09

When I came home, my father was watching TV.

「〜したとき」 〈主語＋動詞〉 カンマ 〈主語＋動詞〉

= My father was watching TV **when** I came home.

〈主語＋動詞〉 「〜したとき」 〈主語＋動詞〉

家に帰ったとき，父はテレビを見ていました。

要点

- when は「〜(する)とき，〜(した)とき」という意味。
- 文のはじめに使うときは When 〜, のように，文の区切りにカンマ(,)をつける。
- when は，〈主語＋動詞 〜〉とあとに続く〈主語＋動詞 〜〉を結びつける接続詞の働きをする。

Wordsチェック 次の英語は日本語に，日本語は英語になおしなさい。

- □(1) electricity （　　　　　　　）
- □(2) cause （　　　　　　　）
- □(3) 事故 ＿＿＿＿＿＿＿
- □(4) まさにそのとおりです

1 次の日本文に合うように，＿＿に適する語を書きなさい。

(1) 父が家に帰ったとき，私は眠っていました。

＿＿＿＿＿＿＿ my father came home, I was sleeping.

(2) 彼は日本に住んでいたとき，日本語を勉強しました。

When he ＿＿＿＿＿＿＿ in Japan, he studied Japanese.

(3) 私が駅に到着したとき，雨が降っていました。

It was raining ＿＿＿＿＿＿＿ I arrived at the station.

ここが ポイント

- when は 2 つの〈主語＋動詞 〜〉の文を結びつける接続詞。
- when を文のはじめに使うときには，文の区切りにカンマ(,)をつける。

2 次の 2 つの文を when を使って例にならい，1 文にしなさい。

例 I moved to America. I was five years old.

→ I moved to America when I was five years old.

(1) It was cold. I got up early.

＿＿＿＿＿＿＿＿＿＿＿＿＿＿＿＿＿＿＿

(2) She wasn't at home. I called her.

＿＿＿＿＿＿＿＿＿＿＿＿＿＿＿＿＿＿＿

(3) My grandfather visited many countries. He was a pilot.

＿＿＿＿＿＿＿＿＿＿＿＿＿＿＿＿＿＿＿

(4) I was watching TV. My sister opened the door.

＿＿＿＿＿＿＿＿＿＿＿＿＿＿＿＿＿＿＿

思い出そう

(4) 「〜していた」と過去のある時点でしていたことを表すときには，〈be 動詞の過去形(was, were)＋動詞の -ing 形〉で表す。

Lesson 2

確認のワーク　ステージ1　**Lesson 2**　Our Energy Sources ③

解答 p.6　読聞書話

教科書の 要点　接続詞 because 「～なので」など　♪a10

I like soccer **because** it is very exciting.
〈主語＋動詞〉　「～なので」（理由）　〈主語＋動詞〉

= **Because** it is very exciting, I like soccer.
〈主語＋動詞〉　カンマ 〈主語＋動詞〉

とてもワクワクするので
私はサッカーが好きです。

要点1

● because は「～なので」の意味で，理由を表す。
● 文のはじめに使うときは Because ～, のように，文の区切りにカンマ(,)をつける。
● because は〈主語＋動詞 ～〉の 2 つの文を結びつける接続詞の働きをする。

If it is fine next Sunday, I will play soccer.
「もし～ならば」（条件）　〈主語＋動詞〉　カンマ　〈主語＋動詞〉

= I will play soccer **if** it is fine next Sunday.
〈主語＋動詞〉　「もし～ならば」（条件）　〈主語＋動詞〉

もし次の日曜日晴れたら，
私はサッカーをします。

要点2

● if は「もし～ならば」の意味の接続詞で，条件を表す。
● 文のはじめに使うときは If ～, のように，文の区切りにカンマ(,)をつける。

プラス If に続く文では，未来のことであっても現在形を使う。
例 If it is sunny tomorrow, let's go hiking. （もし明日晴れたら，ハイキングに行きましょう。）

Wordsチェック　次の英語は日本語に，日本語は英語になおしなさい。

□(1) forever　（　　　）　□(2) most　（　　　）
□(3) air　（　　　）　□(4) less　（　　　）
□(5) last　（　　　）　□(6) 風　＿＿＿＿＿
□(7) 高価な　＿＿＿＿＿　□(8) 意見　＿＿＿＿＿
□(9) ガス　＿＿＿＿＿　□(10) 汚染　＿＿＿＿＿

よく出る **1** 次の日本文に合うように，＿＿に適する語を書きなさい。

(1) 昨日は雨が降ったので，私は服を洗いませんでした。

　＿＿＿＿＿＿ it rained yesterday, I didn't wash my clothes.

(2) もしあなたが忙しいならば，私が手伝います。

　I'll help you ＿＿＿＿＿ you are busy.

(3) 私は眠かったので，早く起きませんでした。

　I didn't get up early ＿＿＿＿＿ I was sleepy.

ここがポイント

because や if を文のはじめに使うときには，文の区切りにカンマ(,)をつける。

　use：～を使う，get：～を得る

2 次の2つの文を if を使って例にならい，1文にしなさい。

例　Please come with me.　You are free.

→ Please come with me if you are free.

(1)　You have to wash your hands.　You make lunch.

_____

(2)　I will go fishing.　It will be sunny tomorrow.

_____

ミス注意

(2)〈if＋主語＋動詞 ～〉では，未来のことでも現在形で表すことに注意。

3 〔　〕内の語句を並べかえて，日本文に合う英文を書きなさい。

(1)　もしあなたが疲れているならば，休憩しなさい。

〔 are / a rest / take / you / if / tired 〕.

_____

(2)　私は魚が好きなので，水族館に行くつもりです。

〔 because / to / like / I'll / go / I / an aquarium / fish 〕.

_____

(3)　もし彼女が来たら，この本を彼女に渡してください。

Please 〔 her / this book / if / comes / she / give 〕.

Please _____ .

ここがポイント

because や if に続く文は〈主語＋動詞 ～〉の形になる。

思い出そう

(3)「(人)に(もの)をあげる」は〈give＋人＋もの〉の語順で表す。

4 次の英文を日本語になおしなさい。

(1)　Because I was listening to music, I didn't notice the sound.

(　　　　　　　　　　　　　　　　　　　　　　　)

(2)　If Emma comes to Japan, I'll go shopping with her.

(　　　　　　　　　　　　　　　　　　　　　　　)

思い出そう

(1)〈be動詞の過去形(was, were)＋動詞の-ing形〉で「～していた」と過去のある時点にしていたことを表す。

5 次の日本文に合うように，＿＿＿に適する語を書きなさい。

(1)　私の考えでは，地球温暖化は大きな問題です。

In my _____, global warming is a big problem.

(2)　私はネコやイヌのような動物が好きです。

I like animals _____ _____ cats and

dogs.

WRITING Plus 🖊

例にしたがって，次の問いに対するあなた自身の答えを，理由もつけて英語で書きなさい。

例　Which do you like, dogs or cats?

―― I like dogs because they are very *friendly.　　　*friendly　親しみのある

Which do you like, summer or winter?

_____

Lesson 2

文法のまとめ　過去にしていたことを伝える文 / 接続詞を使った文

解答▶p.7

読聞書話

まとめ

① 過去のある時点でしていたことを表す文：過去進行形

●〈be 動詞の過去形（was, were）＋動詞の -ing 形〉で「～していた」という過去のある時点でしていたことを表す。

I **was playing** the video game. （私はテレビゲームをしていました）
〈be 動詞の過去形＋動詞の -ing 形〉

Yuki and Masaru **were talking** then. （そのとき，ユキとマサルは話していました）
　主語　　　　　　be 動詞は主語に合わせる

② どんなときのことかを伝える：接続詞 when

●接続詞の when は「～（する[した]）とき」の意味で 2 つの文をつなぐ働きをする。
●文のはじめに when を使うときには，文の区切りにカンマ(,)をつける。

When I was six years old, I moved to America. （私は 6 歳のときにアメリカに引っ越しました）
「～のとき」　　　　　　カンマ

I saw him **when** I went to the library. （私は図書館に行ったときに彼を見ました）

③ 条件や理由を伝える文：接続詞 if, because

●接続詞 if は「もし～ならば」という意味で，条件を表す。
●接続詞 because は「～なので」という意味で，理由を表す。
●文のはじめに if や because を使うときには，文の区切りにカンマ(,)をつける。

条件 **If** she comes, tell her this message. （もし彼女が来たら，このメッセージを伝えて）
　　　「もし～ならば」カンマ

理由 I know him **because** he is my teacher. （彼は私の先生なので，私は彼を知っています）
　　　　　　　「～なので」

Because it was sunny yesterday, we went to the sea.
カンマ（昨日は晴れていたので，私たちは海に行きました）

練習

1 次の日本文に合うように，　　に適する語を書きなさい。

(1) 母が買いものに行ったとき，私は本を読んでいました。

When my mother went shopping, I ＿＿＿＿＿＿ reading a book.

(2) この T シャツは高価なので，私には買えません。

I can't buy this T-shirt ＿＿＿＿＿＿ it is expensive.

(3) もしあなたがその歌手を好きならば，私はこの歌を勧めます。

＿＿＿＿＿＿ you like the singer, I recommend this song.

(4) ボブは 10 歳のときに日本に来ました。

Bob came to Japan ＿＿＿＿＿＿ he was ten years old.

接続詞は 2 つの文をつなぐはたらきをするよ

2 〔 〕内の語句を並べかえて，日本文に合う英文を書きなさい。

(1) 彼女は野菜が好きではないので，サラダは食べません。

She doesn't eat salad 〔 she / like / vegetables / because / doesn't 〕.

She doesn't eat salad _____.

(2) メグと私はそのとき夕食をつくっていました。

〔 making / Meg and I / dinner / were 〕 then.

_____ then.

(3) もしタケシがここに来たら，彼はギターを弾くでしょう。

〔 he / the guitar / comes / if / , / here / play / Takeshi / will 〕.

_____

(4) 私が宿題を終えたとき，母はテレビを見ていました。

〔 finished / my mother / TV / my homework / was / when / I / watching 〕.

_____

(5) もし明日雨が降ったら，私はバスに乗るつもりです。

〔 take / it / will / a bus / rains / I / if / tomorrow 〕.

_____

3 次の英文を日本語になおしなさい。

(1) When I lived in Tokyo, I went to the museum.

(　　　　　　　　　　　　　　　　　　　　　　　　　　)

(2) If you can dance well, please join our team.

(　　　　　　　　　　　　　　　　　　　　　　　　　　)

(3) Many people were taking pictures.

(　　　　　　　　　　　　　　　　　　　　　　　　　　)

(4) I know him because he is my teacher.

(　　　　　　　　　　　　　　　　　　　　　　　　　　)

(5) She was cleaning her room when I visited her.

(　　　　　　　　　　　　　　　　　　　　　　　　　　)

4 (　)内の語句を使って，次の日本文を英語になおしなさい。

(1) もし明日晴れたら，ユキと私はバドミントンをするつもりです。　(sunny, will)

_____

(2) 今日は寒いので，あなたはジャケットを着るべきです。　(a jacket)

_____

(3) 私は12歳のとき，アメリカ合衆国を訪れました。　(the U.S.)

_____

(4) 彼らは公園でサッカーをしていました。　(the park)

_____

文法のまとめ

 ステージ 1 ▶ Useful Expressions 1　校舎案内の表現　解答 ▶ p.8　読 聞 書 話

教科書の 要点　場所をたずねたり答えたりする表現　♪ a11

Where's the teachers' room?　職員室はどこですか。
「〜はどこですか」

―― It's on the second floor.　それは2階にあります。
　　　　　　　[2階]

Go up the stairs and turn right.　階段を上がって，右に曲がってください。
「階段を上がる」　　　「曲がる」

要点
- ●「〜はどこですか」と場所をたずねるときには，Where's[Where is] 〜? で表す。
- ●「〜階にあります」は It's on the 〜 floor. と答える。
- ●道案内でよく使う表現
  - □ turn left[right]「左[右]に曲がる」　□ go straight「まっすぐ進む」　□ near 〜「〜の近くに」
  - □ in front of 〜「〜の前に」　□ on your left[right]「あなたの左側[右側]に」

1 絵を見て例にならい，「〜はどこですか」という文を書きなさい。

the park

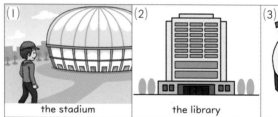
(1) the stadium　(2) the library　(3) the zoo

例　Where is the park?

(1) _____ _____ the stadium?

(2) _____ ?

(3) _____

ここが ポイント
「〜はどこにありますか」は Where's[Where is] 〜?とたずねる。

2 次の日本文に合うように，____に適する語を書きなさい。
(1) 左に曲がってください。
　　_____ left.
(2) それは1階にあります。
　　It's on the _____ floor.
(3) あなたの右側に見えます。

　　You'll see it _____ your right.
(4) スーパーマーケットはどこにありますか。
　　_____ a supermarket?

まるごと暗記
場所を説明するときに
よく使われる表現
- ●「右／左」right / left
- ●「〜のあたりに」
  around 〜
- ●「〜のとなりに」
  next to 〜
- ●「AとBの間に」
  between A and B

 library：図書館，school principal：校長

3 〔 〕内の語句を並べかえて，日本文に合う英文を書きなさい。

(1) 階段を降りて右に曲がってください。

〔 the stairs / right / and / down / turn / go 〕.

_____

(2) それは3番目の部屋です。

〔 the / is / room / third / it 〕.

_____

ミス注意

(2)「～番目」という意味の序数(first, second, third ...) の前には the をつける。

4 次の英文を日本語になおしなさい。

(1) There is a restaurant next to a movie theater.

(_____)

(2) Where's a convenience store?

(_____)

思い出そう

(1) There is [are] ～. で，「～がある，～がいる」という意味。

5 次の日本文に合うように，＿＿に適する語を書きなさい。

(1) まっすぐ進んで，右に曲がってください。

_____ _____ and turn right.

(2) 動物園と美術館の間に公園があります。

There is a park _____ the zoo and the museum.

(3) すみません。

_____ _____ .

思い出そう

(1)「まっすぐ」は straight を使って表す。

WRITING Plus 🖊

次の各問いに対して，下の地図を参考にしながら，あなた自身の答えを英語で書きなさい。あなたは★の場所にいます。

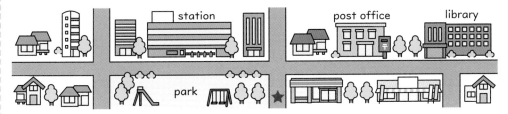

(1) 駅の場所をたずねるとき

_____

(2) 駅の場所を案内するとき

_____

(3) 図書館の場所を案内するとき

_____

Useful Expressions 1

定着のワーク ステージ2　Lesson 2 〜 Useful Expressions 1　読聞書話

🎧 **1 LISTENING** 英語を聞いて，その内容に合うように（　）に適する日本語を書きなさい。

♪ l03

> ・トモミは 13 歳_{さい}で，今は東京に住んでいる。
> ・彼女_{かのじょ}は①（　　　　　　）歳のときに②（　　　　　　　　　　）に住んでいた。

2 日本文に合う英文になるように，（　）から適する語を選び，記号を○で囲みなさい。

(1) 彼女は 20 歳のときに，イタリアを訪れました。
　　She visited Italy（ ア when イ if ）she was twenty.

(2) 雪が降ったので，私は学校に行きませんでした。
　　I didn't go to school（ ア if イ because ）it snowed.

(3) そのとき，私たちは映画を見ていました。
　　We（ ア were イ are ）watching a movie then.

よく出る **3** 〔　〕内の語句を並べかえて，日本文に合う英文を書きなさい。

(1) もし明日雨が降ったら，私はつりに行かないつもりです。
　　〔 go fishing / it / rains / won't / if / I / tomorrow 〕.

_____

(2) その車は高価なので，私は買うことができません。
　　〔 I / because / is / the car / can't / it / expensive / buy 〕.

_____

(3) 階段を降りて，左に曲がってください。
　　〔 the stairs / left / and / turn / go down 〕.

_____

(4) 私が彼_{かれ}を見たとき，彼は本を読んでいました。
　　〔 he / when / was / him / saw / a book / I / reading 〕.

_____

よく出る **4** 次の日本文に合うように，＿＿に適する語を書きなさい。

(1) 私の考えでは，このゲームはおもしろいです。
　　_____ my _____, this game is funny.

(2) マサルはまったくイヌが好きではありません。
　　Masaru doesn't like dogs _____ _____.

(3) 私は確実にそこに行かなければなりません。
　　I have to go there _____ _____.

重要ポイント

テストに◎出る!

接続詞のまとめ
● when → 時を表す
● if → 条件を表す。
● because → 理由を表す。

3 (1) if に続く文では，未来のことでも現在形で表す。

(2) expensive（高価な）

(3) turn（曲がる）

得点力をUP

道案内で使われる表現
● go up the stairs 「階段を上がる」
● go straight 「まっすぐ進む」

(4)「〜していました」と過去のある時点でしていたことを表すときは，〈be 動詞の過去形＋動詞の -ing 形〉にする。

4 (3)〈have[has] to＋動詞の原形〉で「〜しなければならない」という意味。

5 次の英文を読んで，あとの問いに答えなさい。

We had a power outage at our house this evening. It happened around seven thirty.　Mom and I were in the kitchen.　①[were / we / a cherry pie / making].
　Dad（　②　）fixing his computer then.　He ran into the kitchen.　③He looked scared.

(1)　下線部①の〔　〕内の語句を並べかえて，意味の通る英文にしなさい。

_____

(2)　②の（　）内にあてはまる語を書きなさい。

_____

(3)　下線部③の英文を日本語になおしなさい。
　（　　　　　　　　　　　　　　　　　　　　　　　　）

(4)　停電が起きたのは何時何分でしたか。下の（　）にあてはまる数字を書きなさい。
　　1.（　　　　　）時　2.（　　　　　）分ごろ

(5)　次のア〜エのうち，本文の内容に合わないものを１つ選び，記号を答えなさい。
　　ア　停電のとき，私は台所にいた。
　　イ　停電が起きて，父は台所に走ってきた。
　　ウ　停電は，今日の夜に起こった。
　　エ　停電のとき，母は家にいなかった。

6 次の英語を日本語になおしなさい。
(1)　I like this dish because it is delicious.
　（　　　　　　　　　　　　　　　　　　　　　　　　）
(2)　When I was making breakfast, Amy visited me.
　（　　　　　　　　　　　　　　　　　　　　　　　　）
(3)　The kitchen is on the second floor.
　（　　　　　　　　　　　　　　　　　　　　　　　　）

7 次の日本文を英語になおしなさい。
(1)　ケンと私はそのときサッカーを練習していました。

_____

(2)　スーパーマーケットはどこですか。

_____

ちょっと **BREAK**　ball が付くスポーツ名には何がある？　→答えは次のページ

重要ポイント

Lesson 2 ～ Useful Expressions 1

5 (1)〈be 動詞の過去形＋動詞の -ing 形〉の文では，be 動詞を主語に合わせる。

テストに◎出る!
(2) be 動詞の過去形は，
am → was
are → were
となる。

(3) look は「～のように見える」という意味がある。

(4) around は「～ぐらい，およそ～」という意味。

6 (1) because は「～なので」と理由を示す。

(2)〈be 動詞の過去形＋動詞の -ing 形〉で「～していた」と過去のある時点でしていたことを表す。

7 (2)「～はどこですか」は疑問詞 where を使って表す。

解答　p.9

実力判定テスト　ステージ3　Lesson 2 〜 Useful Expressions 1

30分　/100　読聞書話

🎧 **1 LISTENING** 下の地図を見ながら対話を聞いて，2人がこれから向かう目的地の場所として正しいものを，地図の中のア〜エから選び，記号で答えなさい。2人がいる場所は★とします。

🎵 l04 （6点）

the third floor		階段		
ア			イ	
the second floor				
ウ			Tom's classroom	
the first floor				
gym			エ	
		★		

（　　　）

2 次の文の（　）から適する語を選び，記号を〇で囲みなさい。　4点×3（12点）

(1) Ken （ア was イ were ）practicing soccer yesterday.

(2) They （ア was イ were ）studying English then.

(3) I （ア was イ were ）drawing a picture.

3 次の日本文に合うように，＿＿＿に適する語を書きなさい。　4点×2（8点）

(1) 彼は確実にここに来るでしょう。

He will come here ＿＿＿＿＿＿＿ ＿＿＿＿＿＿＿.

(2) 私はそのコンピューターをまったく使いません。

I don't use the computer ＿＿＿＿＿＿＿ ＿＿＿＿＿＿＿.

4 〔　〕内の語句を並べかえて，日本文に合う英文を書きなさい。　5点×4（20点）

(1) そのとき，ユキと私はテレビを見ていました。

〔 were / Yuki and I / TV / watching 〕then.

＿＿＿＿＿＿＿＿＿＿＿＿＿＿＿＿＿＿＿＿＿ then.

(2) もしあなたが早く起きたら，朝食をつくってください。

〔 breakfast / you / early / if / get / , / please / up / make 〕.

＿＿＿＿＿＿＿＿＿＿＿＿＿＿＿＿＿＿＿＿＿

(3) マコトは10歳のとき，奈良に住んでいました。

〔 ten years old / was / in / he / when / Nara / Makoto / lived 〕.

＿＿＿＿＿＿＿＿＿＿＿＿＿＿＿＿＿＿＿＿＿

(4) 彼女は忙しいので，その祭りに参加しないでしょう。

〔 won't / because / is / she / the festival / she / join / busy 〕.

ちょっとBREAKの答え　baseball「野球」, volleyball「バレーボール」, basketball「バスケットボール」などがあるよ。

目標 ●過去にしていたことを説明したり, 理由や条件を示しながら自分の考えを述べたりすることができるようになりましょう。

自分の得点まで色をぬろう!

| ☺がんばろう! | ☺もう一歩 | ☻合格! |
0　　　　　　　　　　　60　　80　100点

5 次の英文を読んで, あとの問いに答えなさい。 (計30点)

　Now we are using renewable energy, too. It comes from sources ①(　　　)(　　　) wind, water, and sunlight. It is clean energy ②[pollution / because / doesn't / it / cause]. ③Some people say they don't want to use it if it is too expensive. (　④　) say it is not dependable because seasons and weather change. ⑤(　　　)(　　　)(　　　), we should use renewable energy more. ⑥If we can use fossil fuels less, it will be good for the earth.

(1) 下線部①が「～のような」という意味になるように, (　)内に適切な語を書きなさい。 (3点)

_____　_____

(2) 下線部②の語を, 意味が通るように並べかえなさい。 (6点)

It is clean energy _____.

(3) 下線部③を日本語になおしなさい。 (7点)

(　　　　　　　　　　　　　　　　　　　　)

(4) ④の(　)にあてはまる語として適切なものを, 次のア～エから選び, 記号を書きなさい。 (3点)

ア Another　イ Others　ウ Some　エ Other　_____

(5) 下線部⑤の(　)が「私の考えでは」という意味になるように, (　)内に適切な語を書きなさい。 (4点)

_____　_____　_____

(6) 下線部⑥を日本語になおしなさい。 (7点)

(　　　　　　　　　　　　　　　　　　　　)

6 (　)内の語句を使って, 次の日本文を英語になおしなさい。 6点×4(24点)

(1) もし明日晴れたら, 私はジョギングに行くつもりです。 (it, sunny)

(2) 私が帰宅したとき, 父は新聞を読んでいました。 (a newspaper)

(3) 郵便局はどこにありますか。 (the)

(4) 私は動物が好きなので, 2ひきのイヌを飼っています。 (animals)

確認のワーク　ステージ **1**　Lesson 3　Design in Our Life ①　読聞書話

解答 ▶ p.10

教科書の 要点　不定詞〈to＋動詞の原形〉「〜すること」　♪ a12

「〜すること」
I want <u>to have</u> green tea.　　私は緑茶が飲みたいです。
〈want to＋動詞の原形〉

要点

● 「〜したい」は〈want to＋動詞の原形〉で表す。
● 〈to＋動詞の原形〉の部分は「〜すること」という意味になり，名詞のような働きをして want（〜がほしい）の目的語になる。〈不定詞の名詞的用法〉
● この形で使える動詞にはほかに，need（〜を必要とする）や try（〜を試す）などがある。
　例　They need to think of their customers. （彼らはお客様のことを考える必要があります）
　　　Companies try to improve their products. （会社は製品を改善させようとしています）

Wordsチェック　次の英語は日本語に，日本語は英語になおしなさい。

□(1)　prefer　　　　（　　　　　　　）　　□(2)　hold　　　　（　　　　　　　）
□(3)　improve　　　（　　　　　　　）　　□(4)　客　　　　　_____
□(5)　会社　　　　_____　　□(6)　製品　　　　_____

1 絵を見て例にならい，「私は〜したいです」という文を書きなさい。

| 例  drink milk | (1)  eat spaghetti | (2)  buy a book | (3)  see a movie |

例　I want to drink milk.
(1)　I _____ _____ eat spaghetti.
(2)　I _____ .
(3)　_____

ここが ポイント

want to 〜「〜したい」
to のあとは必ず動詞の原形になる。

2 次の英文に **to** を入れるとき，適する位置の記号を〇で囲みなさい。
(1)　Yuka　　wants　　go　　to　　Kyoto　　.
　　　　　　ア　　　　イ　　ウ　　エ　　　オ
(2)　You　　need　　rest　　for　　a few days　　.
　　　　　ア　　　イ　　　ウ　　エ　　　　オ
(3)　　I　　like　　read　　books　　.
　　　ア　イ　　　ウ　　　エ　　　オ

まるごと 暗記

〈to＋動詞の原形〉を
目的語にとる動詞
● need 「〜を必要とする」
● want 「〜がほしい」
● try 「〜しようとする」
● like 「〜を好む，〜が好きである」

🔸アメリカでは口語で want to を wanna(ワナ)，going to を gonna(ゴナ)のように発音するよ。

ステージ1 　Lesson 3 　Design in Our Life ②　読 聞 書 話

教科書の 要点　不定詞〈to＋動詞の原形〉「〜するために」　♪a13

〜するために

Some African people use pots **to carry water**.

〈to＋動詞の原形〉

アフリカにはつぼを使って
水を運ぶ人がいます。

要点

● 〈to＋動詞の原形〉の形を用いて，「〜するために」と目的を表すことができる。
　上の文では，to carry water は「水を運ぶために」という意味になる。
● 副詞のような働きをして，動詞や文全体などを修飾する。〈不定詞の副詞的用法〉

Words チェック　次の英語は日本語に，日本語は英語になおしなさい。

□(1) African 　（　　　　　　） 　□(2) carry 　（　　　　　　）

□(3) type 　（　　　　　　） 　□(4) lift 〜 up 　（　　　　　　）

□(5) 何か，あるもの 　_____ 　□(6) 不可能な 　_____

□(7) 重い 　_____ 　□(8) woman の複数形 　_____

1 次の英文に to を入れるとき，適する位置の記号を○で囲みなさい。また，できた英文を日本語になおしなさい。

(1) I 　went to the station 　meet 　my sister 　.
　　ア　　　　　　　　　　　イ　　　ウ　　　　　エ

　私は（　　　　　　　　　　　　　　　　　　　）行きました。

(2) Sam 　bought 　a hat 　give 　it to Lisa.
　　　　ア　　　　イ　　　ウ　　エ

　サムは（　　　　　　　　　　　　　　　　　　）買いました。

ここが ポイント

「〜するために」の
〈to＋動詞の原形〉
● 副詞のように，動詞や
文全体を修飾する。
● 動作の目的を表す。

よく出る 2　〔　〕内の語句を並べかえて，日本文に合う英文を書きなさい。

(1) 私の兄は走るためにその公園に行きます。

　My brother 〔 run / the park / to / goes / to 〕.

　My brother _____.

(2) 彼女（かのじょ）はピアニストになるためにピアノを練習しています。

　〔 the piano / she / practices / a pianist / be / to 〕.

　_____

(3) 私は花の写真を撮（と）るためにこのカメラを使います。

　〔 camera / I / pictures / take / this / to / use 〕 of flowers.

　_____ of flowers.

ミス注意

語群にある動詞のうち，
to のあとにくるのはど
れか考える。to のあと
は動詞の原形。

確認のワーク　ステージ1　**Lesson 3**　Design in Our Life ③　読聞書話

教科書の 要点　不定詞〈to＋動詞の原形〉「〜するための」　♪ a14

「〜するための」

I don't have time **to watch** TV today.　　今日，テレビを見る時間がありません。
　　　　　　名詞　　〈to＋動詞の原形〉

I want something cold **to drink**.　　私は冷たいものを飲みたいです。
　　　　代名詞　　形容詞　〈to＋動詞の原形〉

要点

● 〈名詞＋to＋動詞の原形〉で，「〜するための…」という意味を表す。〈to＋動詞の原形〉が to の直前の名詞に説明を加えて形容詞のような働きをしている。〈不定詞の形容詞的用法〉
● something などの −thing で終わる代名詞を形容詞と不定詞が修飾するときは，〈−thing＋形容詞＋to＋動詞の原形〉の語順となる。

Wordsチェック　次の英語は日本語に，日本語は英語になおしなさい。

□(1)　finger　　（　　　　　　　）　　□(2)　million　　（　　　　　　　）
□(3)　特別な　　_____　　□(4)　役立つ　　_____

①　次の日本文に合うように，____に適する語を書きなさい。

(1)　あなたにもう一度会うチャンスがほしいです。
　　I want another chance _____ _____ you.
(2)　日本には訪れるための場所がたくさんあります。
　　There are many places _____ _____ in Japan.
(3)　何か食べるものを私にください。
　　Give me something _____ _____.

ここがポイント
名詞を修飾する
〈to＋動詞の原形〉
〈to＋動詞の原形〉を名詞や代名詞のあとに置いて，後ろから修飾する。

②〔 〕内の語句を並べかえて，日本文に合う英文を書きなさい。

(1)　何か着るものがほしいです。
　　〔 wear / I / to / something / want 〕.
　　_____
(2)　彼女（かのじょ）は電車の中で読むための雑誌を買いました。
　　〔 a magazine / a train / she / read / bought / in / to 〕.
　　_____
(3)　この市には見るべき場所がいくつかあります。
　　〔 there / places / some / see / to / are 〕 in this city.
　　_____ in this city.

ここがポイント
(1)「何か着るもの」は〈something＋to＋動詞の原形〉で表す。
(3)「見るべき場所」は「見るための場所」と考える。

useful は[júːsfəl]，use[júːz] の se の発音はそれぞれ違（ちが）うよ。

文法のまとめ　不定詞〈to＋動詞の原形〉を使った文

解答 ▶ p.11

読聞書話

まとめ--------------------------------

①　名詞の役割をする不定詞：「〜すること」
- ●「〜したい」は〈want to＋動詞の原形〉で表す。この〈to＋動詞の原形〉は「〜すること」を表し，動詞の目的語となる。
- ●名詞の役割をする不定詞は，want や need，try などのあとに続くことが多い。

I want to visit Kyoto.　　　　　　（私は京都を訪れたいです）
I need to buy some sugar.　　　　　（私は砂糖を買う必要があります）

②　副詞の役割をする不定詞：「〜するために」
- ●「〜するために」を表す〈to＋動詞の原形〉は，副詞の役割をし，動詞や文全体などを修飾する。

My mother went to the supermarket to buy some eggs.　（母は卵を買いにスーパーに行きました）
　　　　　動詞　　　　　　　　　　　　　　動詞を修飾

③　形容詞の役割をする不定詞：「〜するための」
- ●〈名詞＋to＋動詞の原形〉で「〜するための…」を表す。この〈to＋動詞の原形〉は，直前の名詞を修飾して形容詞のような役割をする。
- ●something などの –thing で終わる代名詞を形容詞と不定詞が修飾するときは，〈–thing＋形容詞＋to＋動詞の原形〉の語順となる。

I have no time to play the piano today.　　（今日，私はピアノを弾く時間がありません）
　　　　　名詞　名詞を修飾

I want something hot to drink.　　　　　（私は温かい飲みものがほしいです）

練習--------------------------------

1　次の日本文に合うように，　　　に適する語を書きなさい。

(1)　ミキはもっとたくさん食べる必要があります。

Miki ＿＿＿＿＿＿＿＿ ＿＿＿＿＿＿＿＿ more.

(2)　あなたは次の日曜日に何をしたいですか。

What do you ＿＿＿＿＿＿＿＿ ＿＿＿＿＿＿＿＿ next Sunday?

(3)　サッカーの試合を見る時間です。

It's ＿＿＿＿＿＿＿＿ ＿＿＿＿＿＿＿＿ the soccer game.

(4)　私は何冊か本を買いに書店に行きました。

I went to the bookstore ＿＿＿＿＿＿＿＿ ＿＿＿＿＿＿＿＿ some books.

2　次の文に to をいれるとき，適切な位置の記号を〇で囲みなさい。

(1)　Would　you　like　something　cold　drink?
　　　　　ア　　イ　　ウ　　　　エ　　　オ

(2)　My father　visited　Osaka　meet　my uncle　last week.
　　　　　　　ア　　　イ　　　ウ　エ　　　　オ

(3)　Kyoko　wanted　buy　many clothes　at the department store　．
　　　　　ア　　　イ　　ウ　　　　エ　　　　　　　　　　オ

Lesson 3 〜 文法のまとめ

36

3 次の文の___に，（ ）内の語を必要があれば適する形にかえて書きなさい。ただし，2語になるものもある。

(1) Does Miki want to _____ a doctor? （be）

(2) He needs _____ home soon. （go）

(3) We want _____ TV. （watch）

4 〔 〕内の語句を並べかえて，日本文に合う英文を書きなさい。ただし，1語補うこと。

(1) 彼女は英語の先生になりたいのですか。

〔 she / does / to / an English teacher / want 〕?

_____

(2) 私には公園を散歩する時間がありません。

〔 to / in the park / I / no / walk / time 〕.

_____

(3) 彼は新車を買うために懸命に働いています。

〔 working / buy / is / he / hard 〕 a new car.

_____ a new car.

(4) 何かおもしろい読み物を知っていますか。

〔 read / anything / you / do / to / know 〕?

_____

5 次の英文を，下線部に注意して日本語になおしなさい。

(1) She needs to look for some famous books.

(　　　　　　　　　　　　　　　　　　　　　　　　）

(2) It's time to get up.

(　　　　　　　　　　　　　　　　　　　　　　　　）

(3) We were outside to see stars last night.

(　　　　　　　　　　　　　　　　　　　　　　　　）

(4) Why do you study English so hard? —— To visit New Zealand.

(　　　　　　　　　　　　　　　　　　　　　　　　）

——(　　　　　　　　　　　　　　　　　　　　　　）

UP 6 次の日本文を英語になおしなさい。

(1) 私は今日することがたくさんあります。

_____

(2) 母は音楽を聞くことが好きです。（to を使って）

_____

(3) ケンタは外国の人々と話すために英語を勉強します。

_____

解答 p.11

ステージ 1　Project 1　あなたの夢を語ろう！

読 聞 書 話

文法のまとめ〜 Project 1

教科書の 要点　スピーチでの表現 ①　♪ a15

I'm going to talk about my dream.　私の夢について話します。

要点

● スピーチの最初に「〜について話します」と，テーマについて言うときは，未来を表す be going to を用いて I am going to talk about 〜. で表す。

● スピーチでよく使う表現
- □ I will tell you why. 「理由を言います」
- □ First, 〜 「まずはじめに，〜」
- □ Second, 〜 「次に，〜」

Wordsチェック　次の英語は日本語に，日本語は英語になおしなさい。

- □(1)　work for 〜　（　　　　　　　　）
- □(2)　my own 〜　（　　　　　　　　）
- □(3)　〜の世話をする　＿＿＿＿＿＿＿
- □(4)　会社，職場　＿＿＿＿＿＿＿

1 次の日本文に合うように，＿＿に適する語を書きなさい。

(1) 私の話を聞いてくれてありがとうございました。
Thank you ＿＿＿＿＿＿ ＿＿＿＿＿＿ .

(2) 私はピアニストになりたいです。
I ＿＿＿＿＿ ＿＿＿＿＿ ＿＿＿＿＿ a pianist.

(3) 私の夢が実現することを願っています。
I ＿＿＿＿＿ my dream will ＿＿＿＿＿ ＿＿＿＿＿ .

まるごと 暗記
スピーチを聞いたあとの感想の言い方
- ● Now I know 〜.「今，〜ということがわかった」
- ● I think 〜.「〜と思う」
- ● I hope 〜 will ....「〜が…するといいなと思う」

2 次の文はレイナの夢のスピーチ原稿です。下線部の〔 〕内の語句を並べかえて，意味の通る英文にしなさい。

Hello, everyone.　(1)〔 my / I'm / talk / about / to / dream / going 〕.
I want to be a doctor.　I'll tell you why.
First, my father is a doctor and he helps sick people every day.
(2)〔 like / to / my / I / want / father / be 〕.
Second, I want to help sick people all over the world in the future.
I am going to study English hard.
(3)〔 much / very / you / for / thank / listening 〕.

(1) ＿＿＿＿＿＿＿＿＿＿＿＿＿＿＿＿＿＿＿＿＿＿＿＿＿＿＿

(2) ＿＿＿＿＿＿＿＿＿＿＿＿＿＿＿＿＿＿＿＿＿＿＿＿＿＿＿

(3) ＿＿＿＿＿＿＿＿＿＿＿＿＿＿＿＿＿＿＿＿＿＿＿＿＿＿＿

解答 ▶ p.12

Try! READING　Reading 1　Six Amazing Things about Penguins ①

読 聞 書 話

● 次の英文を読んで，あとの問いに答えなさい。

　　What is special about penguins?　①They are birds, but they cannot fly.　They can swim about 32 kilometers ②（1時間につき）.　③〔 in / penguins / some / even / live 〕 very hot places.

　　Nothing surprising?　How about these?

　　Penguins' legs look short, but ④they are actually long, and penguins do have　5 knees.　Their upper legs are under their feathers.

　　⑤Penguin chicks must stay out of the water.　Their parents bring them food ⑥（～まで） they have waterproof feathers.

Question

(1)　下線部①の英文を日本語になおしなさい。

（　　　　　　　　　　　　　　　　　　　　　　　　　　　　　　　　）

(2)　②，⑥の日本語を，②は2語，⑥は1語の英語になおしなさい。

②　＿＿＿＿＿＿＿　＿＿＿＿＿＿＿

⑥　＿＿＿＿＿＿＿

(3)　下線部③が「とても暑い場所に住むペンギンさえいます」という意味になるように，〔　〕内の語を並べかえなさい。

＿＿＿＿＿＿＿＿＿＿＿＿＿＿＿＿＿＿＿＿＿　very hot places.

(4)　下線部④の they が指すものを本文中の2語で書きなさい。

＿＿＿＿＿＿＿　＿＿＿＿＿＿＿

(5)　下線部⑤の理由を日本語で説明するとき，（　）を補いなさい。

ペンギンのひなは（　　　　　　　　　　　）を持っていないから。

(6)　本文の内容に合うように，次の問いに英語で答えなさい。

1.　How far can penguins swim per hour?

＿＿＿＿＿＿＿＿＿＿＿＿＿＿＿＿＿＿＿＿＿＿＿＿＿＿＿＿＿＿

2.　Are penguins' legs short, or long?

＿＿＿＿＿＿＿＿＿＿＿＿＿＿＿＿＿＿＿＿＿＿＿＿＿＿＿＿＿＿

Word Box BIG

次の英語は日本語に，日本語は英語になおしなさい。

(1)　nothing　　　（　　　　　　　）　　(2)　feather　　　（　　　　　　　）

(3)　stay out of ～　（　　　　　　　）　　(4)　驚くべき　　　＿＿＿＿＿＿＿＿

(5)　上の（方の）　＿＿＿＿＿＿＿　　(6)　実際は，実は　＿＿＿＿＿＿＿＿

解答 ▶ p.12

Reading 1 ▷ Six Amazing Things about Penguins ②

読 聞 書 話

● 次の英文を読んで，あとの問いに答えなさい。

①（ときどき）scientists can figure out the color of ancient penguin feathers. ②They think that one kind had different colors, not black and white.
③[kinds / some / for / penguins / fast / of] their families.　④（例えば）, male emperor penguins fast 　5 to warm their eggs and protect ⑤them.　Their fasting can last for 90 to 120 days!

Question

(1)　①，④の日本語を，①は１語，④は２語の英語になおしなさい。

①　_____

④　_____　_____

(2)　下線部②を they の指す内容を明らかにして日本語になおしなさい。

（　　　　　　　　　　　　　　　　　　　　　　　　　　　　　　）

(3)　下線部③の〔　〕内の語を並べかえて，意味の通る英文にしなさい。

_____ their families.

(4)　下線部⑤が指すものを下から選び，○で囲みなさい。

オスのペンギン　　　　ペンギン　　　　ペンギンの卵

(5)　本文の内容に合うように，次の問いに英語で答えなさい。

1.　What can scientists figure out?

_____

2.　How long do the penguins fast?

_____

Reading 1

Word Box BIG

次の英語は日本語に，日本語は英語になおしなさい。

(1)　figure　（　　　　　）　　(2)　protect　（　　　　　）

(3)　fasting　（　　　　　）　　(4)　ancient　（　　　　　）

(5)　male　（　　　　　）　　(6)　once　（　　　　　）

(7)　巨大な
きょだい　_____　　(8)　〜する間に　_____

解答　p.12

定着のワーク　ステージ2　Lesson 3 〜 Reading 1　読聞書話

🎧 **1 LISTENING** (1)〜(3)の英文を聞いて，それぞれだれが話しているのか，記号で答えなさい。

🎵105

(1)(　　) (2)(　　) (3)(　　)

---

2 次の各組の文がほぼ同じ内容を表すように，＿＿＿に適する語を書きなさい。

(1) {
Because I wanted to ski, I went to Canada.
I went to Canada ＿＿＿＿＿＿ ＿＿＿＿＿＿.
}

(2) {
I must do a lot of homework.
I have a lot of homework ＿＿＿＿＿＿ ＿＿＿＿＿＿.
}

3 次の日本文に合うように，＿＿＿に適する語を書きなさい。

(1) 紅茶とコーヒーのどちらの方が好きですか。

Which do you ＿＿＿＿＿＿, tea ＿＿＿＿＿＿ coffee?

(2) この町にはたくさんの種類のレストランがあります。

There are many ＿＿＿＿＿＿ of restaurants in this town.

(3) 私は誤ってここに来てしまいました。

I came here ＿＿＿＿＿＿ ＿＿＿＿＿＿.

4 〔　〕内の語句を並べかえて，日本文に合う英文を書きなさい。

(1) タロウは将来，獣医になりたいです。

Taro 〔 the future / wants / be / a vet / in / to 〕.

Taro ＿＿＿＿＿＿＿＿＿＿＿＿＿＿.

(2) 私の弟はテニスをするために公園に行きました。

〔 the park / tennis / play / went / to / my brother / to 〕.

＿＿＿＿＿＿＿＿＿＿＿＿＿＿＿＿

(3) 私には彼女にプレゼントをあげる時間がありませんでした。

I didn't 〔 give / time / a present / have / her / to 〕.

I didn't ＿＿＿＿＿＿＿＿＿＿＿＿＿.

重要ポイント

1 答えの文の動詞に注意する。

2 (1)「〜するために」を表す不定詞を使う。

(2)「〜するための」を表す不定詞を使う。

テストに出る！

3つの不定詞の用法
① 「〜すること」
動詞の目的語になる。
② 「〜するために」
動作の目的を表す。
③ 「〜するための」
名詞を後ろから修飾。

3 (1)「〜を好む」はprefer。

4 (1)「〜になりたい」は〈to＋動詞の原形〉を使って表す。

(3)「〜する(ための)時間」と考え，〈to＋動詞の原形〉を使って表す。

5 次の対話文を読んで，あとの問いに答えなさい。

> *Bob :* This is a well-designed plastic bottle.
> *Kenta :* ①(どういう意味ですか)?
> *Bob :* Look at this part of the bottle. It has grooves. ②Thanks to these, we can hold it easily.
> *Kenta :* ③Companies 〔 their / are / to / trying / improve / always 〕 products.
> *Bob :* Right. ④They need to think of their customers.
> *Kenta :* We can see many kinds of well-designed goods around us.

(1) 下線部①の日本語を 4 語の英語になおしなさい。

_____?

(2) 下線部②を日本語にしなさい。

(_____)

(3) 下線部③の〔　〕内の語を並べかえて，意味の通る英文にしなさい。

Companies _____ products.

(4) 下線部④を they の指す内容を明らかにして日本語になおしなさい。

(_____)

6 次の対話が成り立つように，（　）に適する文を下のア～エから選んで記号で書きなさい。

(1) *A :* Can you bring me the box?
　　B : (　　　　)

(2) *A :* Is that girl Shino?
　　B : (　　　　)

　ア　Sure. But it's big!　　イ　Just kidding.
　ウ　Here's some pizza.　　エ　You're right.

7 次の日本文を英語になおしなさい。

(1) クミはたくさんの国を訪れたいです。

_____

(2) 私は母を手伝うために家に帰りました。

_____

(3) 彼(かれ)には本を読む時間がありません。　（no を使って）

_____

(4) 彼女は彼女の夢について話すつもりです。

_____

 BREAK　Let's try to make a hamburger. を日本語になおすと？　　➡答えは次のページ

重要ポイント

5 (1)「～を意味する」は mean。

(3) try to ～ で「～しようとする」。

(4) they, their は前文にある companies「会社」を指している。

6 (1) *A :*「その箱を持ってきてくれませんか」

(2) *A :*「あの少女はシノですか」

得点力をUP

会話でよく使われる表現
- Sure.「もちろん」
- Just kidding.「ほんの冗談だよ」
- Here's ～ .「ここに～があります」
- You're right.「あなたが正しいです」

7 (1)「たくさんの」なので country「国」は複数形になる。

(2)「家に帰る」は go を使って表す。

(4)「～について話す」は talk about ～。

実力 判定テスト　ステージ3　Lesson 3 〜 Reading 1　30分　/100　読 聞 書 話

1 LISTENING (1)と(2)の対話と質問を聞いて，その答えとして適するものを 1 つ選び，記号で答えなさい。

♪ 106　3 点×2（6 点）

(1)　ア　To be blind people.　　　イ　To be a puppy walker.
　　ウ　To be a guide dog.　　　エ　To be a doctor.　　　（　　　）

(2)　ア　To ride a bicycle.　　　イ　To visit his friend's house.
　　ウ　To ride the roller coaster.　　エ　To play soccer.　　（　　　）

2 次の日本文に合うように，＿＿＿に適する語を書きなさい。　3 点×4（12 点）

(1)　雨から雪にかわりました。

The rain ＿＿＿＿＿＿＿＿ ＿＿＿＿＿＿＿＿ snow.

(2)　この製品についてどう思いますか。

What do you ＿＿＿＿＿＿＿＿ ＿＿＿＿＿＿＿＿ this product?

(3)　動物の生活にはいつも驚かされます。

Animal lives are ＿＿＿＿＿＿＿＿ surprising.

(4)　準備はいいですか。それをいっしょに持ち上げよう。

Are you ready?　Let's ＿＿＿＿＿＿＿＿ it ＿＿＿＿＿＿＿＿ together.

3 次の（　）内の指示にしたがって，英文を書きなさい。　5 点×2（10 点）

(1)　Why do you practice soccer so hard?

（to を使って「サッカー選手になるために」と質問に答える文に）

＿＿＿＿＿＿＿＿＿＿＿＿＿＿＿＿＿＿＿＿＿＿＿＿＿＿＿＿＿＿＿＿＿＿

(2)　I have no money.

（「新しいカメラを買うための」という語句を加えた文に）

＿＿＿＿＿＿＿＿＿＿＿＿＿＿＿＿＿＿＿＿＿＿＿＿＿＿＿＿＿＿＿＿＿＿

4 〔　〕内の語句を並べかえて，日本文に合う英文を書きなさい。ただし，1 語補うこと。

(1)　新しいラケットを買うために，彼は懸命に働きました。　4 点×3（12 点）

〔 a new racket / he / buy / hard / worked 〕.

＿＿＿＿＿＿＿＿＿＿＿＿＿＿＿＿＿＿＿＿＿＿＿＿＿＿＿＿＿＿＿＿＿＿

(2)　あなたは将来何になりたいのですか。

〔 do / what / want / you / be 〕 in the future?

＿＿＿＿＿＿＿＿＿＿＿＿＿＿＿＿＿＿＿＿＿＿＿＿＿＿ in the future?

(3)　私は何か熱い食べものがほしいです。

〔 eat / want / to / hot / I 〕.

＿＿＿＿＿＿＿＿＿＿＿＿＿＿＿＿＿＿＿＿＿＿＿＿＿＿＿＿＿＿＿＿＿＿

ちょっとBREAKの答え　「ハンバーガーをつくってみましょう」〈try to＋動詞の原形〉は「〜してみる」。

目標 ●〈to＋動詞の原形〉の3つの用法を理解し，正しく使い分けられるようにしましょう。

自分の得点まで色をぬろう！
| 😩 がんばろう! | 😐 もう一歩 | 😊 合格! |

0　　　　　　　　　　　　　60　　80　　100点

5 次の英文を読んで，あとの問いに答えなさい。 　　　　　　　（計40点）

　　①[is / make / to / this / a / cap] a needle disposal container.　Many doctors and nurses prick their fingers with needles ②(誤って).　③This cap is a tool to stop such accidents.　Just put ④it on an empty beverage can and use it like this.

　　I learned many scientists and designers are ⑤(try) to help people in ⑥developing countries.

(1)　下線部①の〔　〕内の語を並べかえて，意味の通る英文にしなさい。　（6点）

　　_____ a needle disposal container.

(2)　②の（　）内の日本語を2語の英語になおしなさい。　（4点）

　　_____　_____

(3)　下線部③を日本語にしなさい。　（6点）

　　（　　　　　　　　　　　　　　　　　　　　　　　　　　　）

(4)　下線部④が指すものを日本語で答えなさい。　（5点）

　　（　　　　　　　　　　　　　　　）

(5)　⑤の（　）内の語を適する形にかえなさい。　（4点）

　　_____

(6)　下線部⑥を日本語にしなさい。　　　（5点）（　　　　　　　　　　　　　　　）

(7)　本文の内容に合うように，次の（　）内に適する日本語を補いなさい。　5点×2(10点)

　　1.　多くの医者や看護師は，誤って（　　　　　　　）を（　　　　　　　　　　）しまいます。

　　2.　このキャップは（　　　　　　　　　　　　　　　　）に置いて使います。

6 次の英語を日本語になおしなさい。　　　　　　　5点×2(10点)

(1)　Do you know that some penguins fast to warm their eggs?

　　（　　　　　　　　　　　　　　　　　　　　　　　　　　　）

(2)　Millions of people around the world need clean water to drink.

　　（　　　　　　　　　　　　　　　　　　　　　　　　　　　）

レベルUP 7 次の日本文を英語になおしなさい。　　　　　　5点×2(10点)

(1)　私たちは特別展示を見るために美術館に行きました。

　　_____

(2)　私は何か温かい飲みものがほしいです。

　　_____

Lesson 3 ～ Reading 1

確認のワーク　ステージ 1　Lesson 4　Workplace Experience ①　読聞書話

解答 ▶ p.14

教科書の 要点　目的語になる動詞の -ing 形「〜すること」　♪ a16

I enjoyed **working** at a bookstore.　　私は書店で働くのが楽しかったです。
「〜すること」動詞の目的語

I like **listening** to music.　　私は音楽を聞くことが好きです。
動詞の目的語

要点

● 動詞の -ing 形は進行形で使うほかに，「〜すること」という意味を表し，名詞の働きをする。このような動詞の -ing 形を動名詞という。
● enjoy（〜を楽しむ）などの動詞の目的語となり，「〜することを楽しむ」のような意味になる。
● 動詞の -ing 形を目的語にとる動詞にはほかに，finish（〜を終える）などがある。

Words チェック　次の英語は日本語に，日本語は英語になおしなさい。

□(1)　store　　　　（　　　　　　　　）　　□(2)　experience　　（　　　　　　　　）

□(3)　shopkeeper　（　　　　　　　　）　　□(4)　仕事場　　　　＿＿＿＿＿＿＿＿

□(5)　報告書，レポート ＿＿＿＿＿＿＿＿　　□(6)　実在する　　　＿＿＿＿＿＿＿＿

1 絵を見て例にならい，「私は〜することが好きです」という文を書きなさい。

例　料理する　(1) テニスをする　(2) 写真を撮る　(3) コンピューターを使う

例　I like cooking.

(1)　I ＿＿＿＿＿＿＿＿＿＿＿＿＿＿ tennis.

(2)　I ＿＿＿＿＿＿＿＿＿＿＿＿＿＿＿＿＿＿＿＿ .

(3)　＿＿＿＿＿＿＿＿＿＿＿＿＿＿＿＿＿＿＿＿＿

ここがポイント
動詞のあとにくる動詞を -ing 形にする。
(2)(3) e で終わる動詞は，e をとって -ing 形をつける。

2 次の日本文に合うように，＿＿に適する語を書きなさい。

(1)　あなたは宿題をやり終えましたか。
Did you ＿＿＿＿＿＿＿＿ ＿＿＿＿＿＿＿＿ your homework?

(2)　私は歌を歌い始めました。
I ＿＿＿＿＿＿＿＿ ＿＿＿＿＿＿＿＿ a song.

(3)　彼は公園を歩くことを楽しみました。
He ＿＿＿＿＿＿＿＿ ＿＿＿＿＿＿＿＿ in the park.

まるごと暗記
動詞の -ing 形を目的語にとる動詞
● enjoy（〜を楽しむ）
● like（〜を好む）
● finish（〜し終える）
● start（〜し始める）

experience は[ikspíəriəns]と発音するよ。2 つめの e を強く発音するので注意しよう。

確認のワーク　ステージ **1**　**Lesson 4**　**Workplace Experience ②**　 読聞書話

📖 教科書の **要点**　主語になる動詞の -ing 形「〜すること」　 a17

<u>Playing</u> tennis is a lot of fun.　　テニスをするのはとても楽しいです。
主語

要点
● 動詞の -ing 形（動名詞）は主語として使うことができる。
● 動詞の -ing 形が文の主語になると，「〜することは[が]」という意味を表す。

Words チェック　次の英語は日本語に，日本語は英語になおしなさい。

□(1)　care　　（　　　　　　）　　□(2)　require　　（　　　　　　）
□(3)　at first　（　　　　　　）　　□(4)　〜を包む　＿＿＿＿＿＿
□(5)　子ども　＿＿＿＿＿＿　　□(6)　紙　＿＿＿＿＿＿

1 次の文の＿＿に，（　）内の語を適する形にかえて書きなさい。

(1)　＿＿＿＿＿ up early is hard for me.　（get）
(2)　＿＿＿＿＿ many countries is interesting.　（visit）
(3)　＿＿＿＿＿ in the sea is exciting.　（swim）

> **ここが ポイント**
> 動詞の -ing 形が文の主語になると，3 人称単数と同じ扱いになるため，あとに続く動詞の形に注意しよう。

2 次の英文を日本語になおしなさい。

(1)　Speaking English is very interesting.
（　　　　　　　　　　　　　　）とてもおもしろいです。

(2)　He's good at playing basketball.
彼は（　　　　　　　　　　　　　）じょうずです。

(3)　Taking my dog for a walk is my hobby.
イヌを（　　　　　　　　　　　　）私の趣味です。

(4)　Making a delicious cake was difficult.
（　　　　　　　　　　　　　　　）難しかったです。

> 🔍 **ミス注意**
> (2)前置詞のあとに動詞の -ing 形が使われることもある。

> **思い出そう**
> (4) be 動詞の過去形
> am, is → was
> are → were

3 次の日本文に合うように，＿＿に適する語を書きなさい。

(1)　彼女は弟の世話をします。
She ＿＿＿＿＿ ＿＿＿＿＿ of her brother.

(2)　最初は，私は英語を話すことができませんでした。
＿＿＿＿＿ ＿＿＿＿＿, I couldn't speak English.

(3)　あなたの旅行はどうでしたか。
＿＿＿＿＿ did you ＿＿＿＿＿ your trip?

Lesson 4

確認のワーク ステージ **1** Lesson 4 **Workplace Experience** ③

解答 p.14

読聞書話

教科書の **要点** 「(人)に〜ということを伝える[教える]」 a18

Kenta's mother **told** me **that** Kenta was sick in bed.

〈that(接続詞)＋主語＋動詞〉

〜ということ

ケンタのお母さんは，ケンタが病気で寝ていると教えてくれました。

Father **taught** me **that** getting up early is important.

〈that(接続詞)＋主語＋動詞〉

父は早起きの大切さを教えてくれました。

要点

- 〈tell[teach]＋人＋that 〜〉で「(人)に〜ということを伝える[教える]」という意味を表す。
- that(接続詞)以下は〈that＋主語＋動詞 〜〉の形で「〜ということ」の意味を表し，動詞(tell, teach)などの目的語の働きをする。
- 「人」を表す語が代名詞のときは目的格になる。

プラス told や taught など過去形のあとに続く〈that＋主語＋動詞〉の動詞はふつう，文の前半に合わせて過去形にするが，普遍的なことを言うときは現在形で表す。

例 He told me that being kind to others is important.
（彼は他人に親切にすることは大切だと教えてくれました）

Words チェック 次の英語は日本語に，日本語は英語になおしなさい。

□(1) number （   ）　□(2) speed （   ）

□(3) still （   ）　□(4) 必要な ＿＿＿＿＿＿

□(5) 減る ＿＿＿＿＿＿　□(6) つらい，きつい ＿＿＿＿＿＿

1 次の文の( )から適する語を選び，記号を○で囲みなさい。

(1) I told （ア he　イ him ）that I was late.

(2) Jiro told （ア our　イ us ）that he was busy.

(3) He taught （ア me　イ I ）that listening to music is his hobby.

ここがポイント
tell や teach のあとにくる「人」を表す代名詞は，目的格になる。

2 次の日本文に合うように，＿＿に適する語を書きなさい。

(1) 私はエミにこの映画はおもしろいということを伝えました。
I told Emi ＿＿＿＿＿ this movie was interesting.

(2) 彼は私にピアノを弾くことは難しいということを伝えました。
He told ＿＿＿＿＿ that playing the piano is difficult.

(3) ユキは彼女に泳ぐことは楽しいということを教えました。
Yuki taught her ＿＿＿＿＿ ＿＿＿＿＿ is fun.

思い出そう
動詞の -ing 形(動名詞)
名詞の働きをする動詞の -ing 形(動名詞)は「〜すること」という意味を表す。

 enjoy：〜を楽しむ, walk：歩く，散歩する

3 〔 〕内の語句を並べかえて，日本文に合う英文を書きなさい。

(1) 私は彼が13歳であることを知っています。

〔 that / he / years / I / thirteen / know / is / old 〕.

_____

(2) あなたは彼女にこの本が難しいということを伝えましたか。

〔 you / difficult / tell / her / that / was / this book / did 〕?

_____

(3) ケンは私にこのケーキはおいしいということを伝えました。

〔 me / this cake / that / told / delicious / Ken / was 〕.

_____

(4) 英語が役立つということを彼らに教えてください。

Please 〔 that / them / is / English / useful / teach 〕.

Please _____ .

> **思い出そう**
> (1) know (that) ～で「～を知っている」という意味。この that は省略できる。

> **ここが ポイント**
> (4)「～してください」と言うときは〈Please＋命令文.〉で表す。

4 次の英文を日本語になおしなさい。

(1) My mother told me that growing vegetables is fun.

(）

(2) I want to tell him that this picture is nice.

(）

(3) Did she teach you that eating breakfast is important?

(）

(4) Mr. Tanaka taught me that reading books is good.

(）

> **思い出そう**
> (1) vegetable「野菜」
> (2) nice「よい，すてきな」

5 次の日本文に合うように，＿＿＿に適する語を書きなさい。

(1) 私は大きな音に驚きました。

I was _____ _____ big sound.

(2) 昔ここに高い木がありました。

There _____ _____ be a tall tree here.

WRITING Plus ✏

次の(1)(2)のことを友達に伝えたと仮定して，〈tell＋人＋that ～〉を使い「(人)に～を伝えた」という文を英語で書きなさい。(1)(2)の事柄と伝えた相手を明確にすること。

(1) あなたが大切であると思うこと

_____

(2) 自分の好きなこと

_____

Lesson 4

文法 のまとめ 「〜すること」などを表す文

解答▶p.15

読 聞
書 話

まとめ -------

①　動名詞「〜すること」を使った文

●動詞の –ing 形は「〜すること」という意味で，文の**目的語**や**主語**になることができる。

動名詞が目的語　I like playing the piano.　　　　　（私はピアノを弾くのが好きです）

　目的語「〜することを」

動名詞が主語　Using a computer is easy for me.

　主語「〜することは[が]」　　　（コンピューターを使うことは私にとって簡単です）

②　「(人)に〜ということを伝える[教える]」を表す文

●だれにどんなことを伝えたかを表すときには，〈tell＋人＋that 〜〉「(人)に〜ということを伝える」や，〈teach＋人＋that 〜〉「(人)に〜ということを教える」を使う。この that は「〜ということ」の意味の接続詞で，後ろに〈主語＋動詞 〜〉を続ける。that のあとの動詞は文の前半の動詞が過去形の場合は過去形にすることが多いが，普遍的な内容を言うときは現在形になる。

I told him that I was going to visit America.

　「伝えた」「彼に」「〜ということを」(目的語の働き)

　　　　　　　（私は彼にアメリカを訪れる予定だということを伝えました）

My brother taught me that playing video games is interesting.

　「教えた」「私に」「〜ということを」(目的語の働き)

　　　　（兄[弟]は私にテレビゲームはおもしろいということを教えてくれました）

練習 -------

よく出る

1　次の文の＿＿に，（　）内の語を適する形にかえて書きなさい。

-ing の形に
注意しよう。

(1)　I enjoyed ＿＿＿＿＿ to music last night.　（listen）

(2)　＿＿＿＿＿ math is my work.　（teach）

(3)　Emi will finish ＿＿＿＿＿ this book.　（read）

(4)　I stopped ＿＿＿＿＿ a movie.　（watch）

(5)　＿＿＿＿＿ a letter in English is difficult.　（write）

2　次の日本文に合うように，＿＿に適する語を書きなさい。

(1)　私は7時に料理をし終えました。

　　I finished ＿＿＿＿＿ at seven o'clock.

(2)　父は私に釣りが楽しいことを教えてくれました。

　　My father taught me that ＿＿＿＿＿ is fun.

(3)　私はあなたにユキがギターを弾けることを伝えませんでした。

　　I didn't tell you ＿＿＿＿＿ Yuki could play the guitar.

(4)　彼は私にチーズがきらいだと伝えました。

　　He ＿＿＿＿＿ me that he didn't like cheese.

3 〔 〕内の語句を並べかえて，日本文に合う英文を書きなさい。

(1) 私はお皿を洗い終えました。

〔 finished / the dishes / I / washing 〕.

(2) 他人に親切にすることはよいことです。

〔 kind / is / being / to / good / others 〕.

(3) 彼は私に大阪を訪れるつもりだと伝えました。

〔 told / visit / was / that / me / he / going to / Osaka / he 〕.

(4) 田中先生は私たちに英語を話すことはおもしろいということを教えてくれました。

〔 taught / is / us / Ms. Tanaka / English / interesting / that / speaking 〕.

4 次の英文を日本語になおしなさい。

(1) Playing basketball is a lot of fun for me.

(　　　　　　　　　　　　　　　　　　　　　　　　)

(2) She told me that she was going to go to a post office.

(　　　　　　　　　　　　　　　　　　　　　　　　)

(3) My father likes watching soccer games.

(　　　　　　　　　　　　　　　　　　　　　　　　)

(4) Ken showed me that the number of shops is decreasing.

(　　　　　　　　　　　　　　　　　　　　　　　　)

(5) I taught him that listening to music is good to relax.

(　　　　　　　　　　　　　　　　　　　　　　　　)

レベル
UP 5 次の日本文を英語になおしなさい。

(1) 彼女はバイオリンを弾くのがじょうずです。

(2) 彼は私にテニスをするのが楽しいことを教えてくれました。

(3) 昨日，アキラはスキーをして楽しみました。

(4) 私は宿題をやり終えました。

(5) 彼女は私に英語を話すことは難しいということを伝えました。

解答 ▶ p.16

定着のワーク　ステージ2　Lesson 4

読 聞 書 話

1 LISTENING 対話を聞いて，内容に合う絵を選び，記号で答えなさい。　♪ 107

ア　　　　イ　　　　ウ　　　　エ

（　　　）

2 次の動詞の -ing 形を書きなさい。

(1) use ＿＿＿＿＿＿＿　(2) come ＿＿＿＿＿＿＿

(3) swim ＿＿＿＿＿＿＿　(4) run ＿＿＿＿＿＿＿

(5) see ＿＿＿＿＿＿＿　(6) practice ＿＿＿＿＿＿＿

3 〔　〕内の語句を並べかえて，日本文に合う英文を書きなさい。

(1) 私は写真を撮ることが好きです。

〔 like / pictures / I / taking 〕.

＿＿＿＿＿＿＿＿＿＿＿＿＿＿＿＿＿＿＿＿＿

(2) 彼女はピアノを演奏し終えました。

〔 playing / she / the piano / finished 〕.

＿＿＿＿＿＿＿＿＿＿＿＿＿＿＿＿＿＿＿＿＿

(3) あなたはその映画を見ることを楽しみましたか。

〔 enjoy / the movie / did / watching / you 〕?

＿＿＿＿＿＿＿＿＿＿＿＿＿＿＿＿＿＿＿＿＿

4 次の日本文に合うように，＿＿＿に適する語を書きなさい。

(1) がんばって。

Go ＿＿＿＿＿＿＿ ＿＿＿＿＿＿＿.

(2) 彼は妹の面倒を見ました。

He ＿＿＿＿＿＿＿ ＿＿＿＿＿＿＿ of his sister.

(3) 昔ここには博物館がありました。

There ＿＿＿＿＿＿＿ ＿＿＿＿＿＿＿ be a museum here.

(4) 私は図書館で働きたいです。

I'd ＿＿＿＿＿＿＿ ＿＿＿＿＿＿＿ work at a library.

(5) 私はそのグラフに驚きました。

I was ＿＿＿＿＿＿＿ ＿＿＿＿＿＿＿ the graph.

重要ポイント

2 動詞の後ろにそのまま -ing をつけない単語もあるので注意。

3 (1)「〜することが好きだ」は like 〜ing で表す。

(2)「〜することを終える」は finish 〜ing で表す。

(3)「その映画を見ることを」が enjoy の目的語になる。

得点力を UP

-ing 形が後ろにくる動詞

● enjoy 〜ing
「〜するのを楽しむ」

● like 〜ing
「〜するのを好む」

● finish 〜ing
「〜し終える」

● start 〜ing
「〜をし始める」

4 (4) I'd は I would の短縮形。

5 次の対話文を読んで，あとの問いに答えなさい。

Ms. King : ①〔 your report / writing / did / finish / you 〕 about your workplace experience, Aya?

Aya : Yes.　I finished it last evening.

Ms. King : Where did you have your experience?

Aya : At a bookstore.　I really enjoyed ②(work) there and ③I learned a lot through working in a real store.

(1)　下線部①の〔　〕内の語句を並べかえて，意味の通る英文にしなさい。

_____

about your workplace experience, Aya?

(2)　②の（　）内の語を適する形にかえなさい。

_____

(3)　下線部③を日本語になおしなさい。

(　　　　　　　　　　　　　　　　　　　　)

(4)　アヤはどこで職業体験をしましたか。日本語で答えなさい。

(　　　　　　)

6 次の英文を日本語になおしなさい。

(1)　Working at a supermarket was a good experience.

(　　　　　　　　　　　　　　　　　　　　)

よく出る (2)　She taught me that this computer was useful.

(　　　　　　　　　　　　　　　　　　　　)

(3)　Did the shopkeeper teach you that talking with the customers is important?

(　　　　　　　　　　　　　　　　　　　　)

レベルUP 7 次の日本文を英語になおしなさい。

(1)　昨日，私はこの本を読み終えました。

_____

(2)　彼女は私に英語を話すことは難しいということを伝えました。

_____

(3)　あなたは音楽を聞くことを楽しみましたか。

_____

(4)　弟は私にこのテレビゲームはおもしろいということを伝えました。

_____

重要ポイント

5 (3) through は「～を通して」という意味の前置詞。

(4) workplace experience は「職業体験」という意味。

6 (1) -ing 形が主語の文。

テストに出る！

(2)(3)「だれにどんなことを教えたか，伝えたか」を表す文

●〈teach＋人＋that ～〉

●〈tell＋人＋that ～〉

7 (1)「～し終える」は finish ～ing。

(3)「音楽を聞く」は listen to music。

(4)「おもしろい」は interesting。「（人）に～ということを伝える」は〈tell＋人＋that ～〉。

Lesson 4

実力判定テスト　ステージ3　Lesson 4

30分　/100

読 聞 書 話

1 LISTENING　英語を聞いて，その内容に合うように（　）に適する日本語を書きなさい。

108　3点×3（9点）

- ・ケンタは(1)(　　　　　　　)がじょうず。
- ・ケンタは(2)(　　　　　　　)が好き。
- ・毎週(3)(　　　　　　　)に水泳教室に通っている。

2 次の文の＿＿＿に，（　）内の語を適する形にかえて書きなさい。　3点×4（12点）

(1)　＿＿＿＿＿＿＿　in the park is tough for me.　（run）

(2)　Are you good at ＿＿＿＿＿＿＿?　（cook）

(3)　Did you enjoy ＿＿＿＿＿＿＿ with your friends?　（talk）

(4)　Mika doesn't like ＿＿＿＿＿＿＿ TV.　（watch）

3 次の日本文に合うように，＿＿＿に適する語を書きなさい。　4点×3（12点）

(1)　たとえそうでも，私は彼の意見は正しいと思います。

　　＿＿＿＿＿＿＿　＿＿＿＿＿＿＿, I think that his idea is right.

(2)　私たちは大きな花火に驚きました。

　　We ＿＿＿＿＿＿＿　＿＿＿＿＿＿＿ at the big fireworks.

(3)　彼はイヌの面倒を見なければなりません。

　　He has to ＿＿＿＿＿＿＿　＿＿＿＿＿＿＿　＿＿＿＿＿＿＿ his dog.

4 〔　〕内の語句を並べかえて，日本文に合う英文を書きなさい。ただし，下線部の語を適切な形にかえること。　5点×4（20点）

(1)　コンピューターを使うことは私には難しいです。

　　〔 a computer / for / difficult / me / <u>use</u> / is 〕.

　　＿＿＿＿＿＿＿＿＿＿＿＿＿＿＿＿＿＿＿＿＿＿＿＿＿＿＿＿

(2)　私は彼女にたくさんの国を訪れることはわくわくするということを伝えました。

　　〔 that / her / <u>visit</u> / I / exciting / is / many countries / told 〕.

　　＿＿＿＿＿＿＿＿＿＿＿＿＿＿＿＿＿＿＿＿＿＿＿＿＿＿＿＿

(3)　彼はプリンを食べ終えましたか。

　　〔 he / pudding / <u>eat</u> / finish / did 〕?

　　＿＿＿＿＿＿＿＿＿＿＿＿＿＿＿＿＿＿＿＿＿＿＿＿＿＿＿＿

(4)　メイは写真を撮ることがじょうずです。

　　〔 good / Mei / pictures / at / is / <u>take</u> 〕.

　　＿＿＿＿＿＿＿＿＿＿＿＿＿＿＿＿＿＿＿＿＿＿＿＿＿＿＿＿

ちょっとBREAKの答え　amusement park と言います。

目標 ●好きなことなどを動詞の -ing 形を使って表したり，だれがどんなことをしたかを伝えたりできるようになりましょう。

自分の得点まで色をぬろう!
😣がんばろう! 😐もう一歩 😊合格!
0　　　　　　　　　　　　　　60　　80　100点

5 次の対話文を読んで，あとの問いに答えなさい。　　　　　　　　　(計23点)

Bob :　①How did you like your workplace experience?

Aya :　②I really enjoyed it, but some things were hard.　For example, wrapping a book in a paper jacket was difficult ③(　　　　)(　　　　).

Bob : Did you get any help?

Aya : The shopkeeper helped me.　Now ④〔 wrapping / good / at / books / I'm 〕.　How about your experience?

(1) 下線部①を日本語になおしなさい。　　　　　　　　　　　　　　(4点)
(　　　　　　　　　　　　　　　　　　　　　　　　　　　　　　)

(2) 下線部②を，it の内容を明らかにして日本語になおしなさい。　　(4点)
(　　　　　　　　　　　　　　　　　　　　　　　　　　　　　　)

(3) 下線部③が「最初は」という意味になるように(　)に適する語を書きなさい。　(4点)
_____　_____

(4) 下線部④の〔　〕内の語句を並べかえて，意味が通る英文にしなさい。　(5点)
Now _____.

(5) アヤが職業体験で大変だったことは何ですか。日本語で答えなさい。　(6点)
(　　　　　　　　　　　　　　　　　　　　　　　　　　)こと。

Lesson 4

6 次の日本文を英語になおしなさい。　　　　　　　　6点×4(24点)

(1) 私は彼にアメリカを訪れる予定だということを伝えました。
_____

(2) タケシは昨日ダンスをして楽しみました。
_____

(3) ハンナ(Hanna)は彼女の服を洗い終えましたか。
_____

(4) 祖父は私にピアノを弾くことは楽しいということを教えてくれました。
_____

確認のワーク　ステージ **1**　Lesson 5　How to Celebrate Halloween ① 読聞書話

解答 p.17

教科書の 要点 「〜の仕方」「すべきこと」 ♪ a19

I know **how to make** a jack-o'-lantern.
　　　　　ひとまとまりで名詞の働き

私はジャック・オ・ランタンのつくり方を知っています。

I didn't know **what to do** next.
　　　　　ひとまとまりで名詞の働き

私は次に何をしたらいいのかわかりませんでした。

要点

● 〈how to＋動詞の原形〉は「〜の仕方[どのように〜するか]」を表す。
● 〈what to＋動詞の原形〉は「すべきこと[何を〜すべきか]」を表す。
● 〈疑問詞＋to＋動詞の原形〉は名詞の働きをし，動詞(know, tell, ask など)の目的語になる。

Words チェック 次の英語は日本語に，日本語は英語になおしなさい。

□(1)　hole　（　　　　　　　　）　　□(2)　Got it?　（　　　　　　　　）

□(3)　〜を切る　＿＿＿＿＿＿　　□(4)　てっぺん，上　＿＿＿＿＿＿

□(5)　〜を取り出す　＿＿＿＿＿＿　　□(6)　それぞれの　＿＿＿＿＿＿

1 絵を見て例にならい，「私は〜の仕方を知っています」という文を書きなさい。

play the piano

(1) make *onigiri*

(2) read this word

(3) write this *kanji*

例　I know how to play the piano.

(1)　I know ＿＿＿＿＿＿ to make *onigiri*.

(2)　I ＿＿＿＿＿＿＿＿＿＿＿＿＿＿＿ this word.

(3)　I ＿＿＿＿＿＿＿＿＿＿＿＿＿＿＿＿＿ .

ここが ポイント

● 〈how to＋動詞の原形〉
　「どのように〜するか」
　＝「〜の仕方」
● 〈what to＋動詞の原形〉
　「何を〜すべきか」
　＝「すべきこと」

よく出る 2 次の英文の下線部を日本語になおしなさい。

(1)　I will show you <u>what to do next</u>.

　　私はあなたに（　　　　　　　　　　　　）を見せましょう。

(2)　I know <u>how to make a cake</u>.

　　私は（　　　　　　　　　　　　）を知っています。

(3)　We didn't know <u>what to buy</u> at the supermarket.

　　私たちはスーパーで（　　　　　　　　　　　　）

　わかりませんでした。

Not really. は Not の t の音を軽く言おう。「ナッ(ト)リアリィ」と発音するよ。

3 次の日本文に合うように，＿＿＿に適する語を書きなさい。

(1) 私たちは昼食に何を食べるべきかわかりませんでした。

We didn't know ＿＿＿＿＿＿ ＿＿＿＿＿ eat for lunch.

(2) あなたはこの漢字の読み方を知っていますか。

Do you know ＿＿＿＿＿ ＿＿＿＿＿ read this *kanji*?

(3) 何を持ってくるべきか教えてください。

Tell me ＿＿＿＿＿ ＿＿＿＿＿ bring.

(4) あなたのジャック・オ・ランタンを見せてくれますか。

＿＿＿＿＿ you show ＿＿＿＿＿ your jack-o'-lantern?

(5) どのようにカボチャのパイをつくるのですか。

＿＿＿＿＿ ＿＿＿＿＿ you make a pumpkin pie?

まるごと暗記

〈疑問詞＋to＋動詞の原形〉を目的語にとることが多い動詞
know, learn, tell, show, teach, ask など。

思い出そう

〈show＋人＋もの〉
show は目的語を2つとることができる動詞。show のあとに「人」「もの」の順に置いて「(人)に(もの)を見せる」の意味になる。
give, buy, send, tell なども目的語を2つとることができる。

4 〔 〕内の語句をならべかえて，日本文に合う英文を書きなさい。

(1) 私たちはそのスマートフォンの使い方を習いました。

〔 to / we / how / the smartphone / use / learned 〕.

(2) 彼は私にそのゲームのやり方を見せてくれるでしょう。

〔 will / show / the game / he / me / how / play / to 〕.

(3) 私は何を言うべきかわかりませんでした。

〔 to / know / I / didn't / what / say 〕.

5 次の対話が成り立つように，〔 〕に適する文を下のア～ウから選び，記号で答えなさい。

A : How do you make a hole inside the pumpkin?

B : First, cut a hole on top. 〔　　　〕

A : 〔　　　〕 Can you show me how?

B : 〔　　　〕

ア Not really.　イ Of course.　ウ Got it?

表現メモ

会話表現
● I see. 「なるほど」
● Not really. 「いいえ」
● Of course. 「もちろん」
● Really? 「本当に？」
● Got it? 「わかった？」
● Got it! 「わかった！」

WRITING Plus

次の問いに対して，あなた自身の答えを英語で書きなさい。

Can you tell me how to call your name?

Lesson 5

解答 p.18

確認のワーク　ステージ1　Lesson 5　How to Celebrate Halloween ②　読 聞 書 話

教科書の 要点　「〜することは…だ」　♪ a20

It is interesting **to learn** about Halloween.

It は to 以下を指す

ハロウィーンについて学ぶことは
おもしろいです。

to 以下のことを行う人

It is easy for me **to get up** early.

It は to 以下を指す

私にとって早起きをすることは簡単です。

要点

● 〈It is … (for＋人) to 〜.〉で「(人が)〜するのは…である」の意味。it は to 以下のことを指す。「…」には，interesting(おもしろい)や easy(簡単な)などの形容詞がよく使われる。
● to 以下の動作を行う「人」を表すときは，to の前に〈for＋人〉を置く。
● To 〜 is … (for me). のように〈to＋動詞の原形 〜〉を主語にすることも可能だが，主語が長くなるので，it を使って表すことが多い。

Words チェック 次の英語は日本語に，日本語は英語になおしなさい。

□(1)　keep　　　　　　（　　　　　　　　）　□(2)　origin　　　　（　　　　　　　　）

□(3)　外に　　　_____　□(4)　行われる　_____

□(5)　wear の過去形　_____　□(6)　大晦日（おおみそか）_____

1 次の日本文に合うように，＿＿に適する語を書きなさい。

(1)　私にとってこのコンピューターを使うことは簡単です。

　_____ easy _____ me to
　use this computer.

(2)　彼（かれ）にとって相撲（すもう）を見るのはおもしろいです。

　_____ interesting _____ him
　_____ see sumo.

(3)　彼女（かのじょ）はその場所を恐（おそ）れていました。

　She was _____ _____ the place.

ここがポイント

〈It is … (for＋人) to 〜.〉の文
to のあとには動詞の原形を続けて，主語 it の内容を表す。

ここがポイント

〈for＋人〉は「(人)にとって」の意味になり，to 以下の動作を行う人を指す。

よく出る 2 次の文を（ ）内の指示にしたがって書きかえなさい。

(1)　It is hard to practice the piano every day.（for her を加えて）

　_____

(2)　It is easy for me to speak English.（否定文に）

　_____

(3)　It is interesting for Ken to play soccer.（疑問文に）

　_____

 put：〜を置く，fun：楽しさ，おもしろさ

解答 p.18

確認のワーク　ステージ1　Lesson 5　How to Celebrate Halloween ③　読聞書話

教科書の 要点 「(人)に〜の仕方を教える」

Bob taught me how to make a jack-o'-lantern.
　　　　　人　「〜の仕方」

ボブがジャック・オ・ランタンの
つくり方を教えてくれました。

要点

● 「(人)に〜の仕方を教える」は〈teach＋人＋how to 〜〉で表す。
● 動詞のあとに続く「(人)に」「〜の仕方を」は動詞の**目的語**となっている。目的語が2つ続けられる動詞には teach(〜を教える)のほか，tell(〜を話す)，ask(〜をたずねる)，show(〜を見せる)などがある。
● 〈疑問詞＋to＋動詞の原形〉でさまざまな「〜すべきか」を表せる。
　when to 〜「いつ〜すべきか」　where to 〜「どこで〜すべきか」　what to 〜「何を〜すべきか」

Words チェック 次の英語は日本語に，日本語は英語になおしなさい。

□(1)　be different from 〜 （　　　　　　　　　）　□(2)　church　　（　　　　　　　　　）
□(3)　同じような　_____　□(4)　戻る　_____

1 〔　〕内の語を並べかえて，日本文に合う英文を書きなさい。

(1)　私たちは彼女に次は何をするべきかたずねるべきです。
　〔 her / should / what / ask / we / to / do 〕 next.
　_____ next.

(2)　彼は私にどこでコンピューターを使うべきか教えました。
　〔 me / he / where / use / to / taught 〕 a computer.
　_____ a computer.

(3)　日本ではどのように新年を祝うのか私に教えてくれませんか。
　〔 me / to / you / can / how / tell 〕 celebrate New Year in Japan?
　_____ celebrate New Year in Japan?

ここがポイント
〈teach＋人＋how to〜〉
「(人)に〜の仕方を教える」の文は，「人」と how to 〜 が teach の2つの目的語となっている。
このように目的語を2つとる動詞には teach, ask, tell, show などがある。

2 次の日本文に合うように，_____ に適する語を書きなさい。

(1)　ハロウィーンについてもっと私に話してくれませんか。
　Can you _____ me _____ about Halloween?

(2)　その日本の慣習はあなたの国と異なっていますか。
　Is the Japanese custom _____ _____
　that of your country?

(3)　母は私にいつ走り始めるべきかたずねました。
　My mother asked me _____ _____ start
　running.

ここがポイント
(3) 「いつ〜すべきか」は〈when to＋動詞の原形〉で表す。

Lesson 5

文法 のまとめ　不定詞のさまざまな使い方　解答 p.19 　読聞書話

まとめ

①　「～の仕方」や「すべきこと」などを述べる文
- 〈how[what]＋to＋動詞の原形〉は「どのように[何を]～すべきか」を表す。
- know や tell などの動詞の目的語として使われることが多い。
  I know **how to play** the guitar.　　　　（私はギターの弾き方を知っています）
  I don't know **what to say** to my friend.　（私は友達に何を言うべきかわかりません）

②　「～することはおもしろい[難しい・不可能だ]」などを述べる文
- 〈It is ...（for＋人）to＋動詞の原形 ～.〉は「（人が）～するのは…である」を表す。
- It is のあとには easy，difficult，dangerous などの形容詞がくることが多い。
  It is easy <u>to use</u> a smartphone.　（スマートフォンを使うことは簡単です）
  　　　　　　　　　　　　it は to 以下の内容を指す

  It is important for me <u>to do</u> the homework everyday.
  　　　　　　　　　　　　（私にとって毎日宿題をすることは重要です）

③　だれかに「～の仕方，何をすべきか」などを教える文
- 〈teach＋人＋how to ～〉は「（人）に～の仕方を教える」を表す。
- teach 以外にも tell，ask，show などの動詞を使うことができる。
- 〈疑問詞＋to＋動詞の原形〉でさまざまな「～すべきか」を表すことができる。
  when to ～　「いつ～すべきか」　　where to ～　「どこで～すべきか」
  what to ～　「何を～すべきか」
  That lady **asked me how to get** to our school.
  （あの女性は私に私たちの学校への行き方をたずねました）

練習

1 次の文の（　）内から適する語句を選び，○で囲みなさい。

(1)　I know (how / how to / what) make a cake.

(2)　It is dangerous (for me / me / I) to go there alone.

(3)　Can you tell me when (visit / visiting / to visit) your house?

(4)　Is it difficult for you (swim / to swim / swimming) in the river?

(5)　(This / He / It) is exciting for him to play baseball.

(6)　My teacher (teach / taught / teaching) me how to write haiku.

> 不定詞の使い方は
> かんぺきかな？

2 次の各組の文がほぼ同じ内容を表すように，＿＿＿に適する語を書きなさい。

(1) {
　To listen to music is fun.
　It's ＿＿＿＿＿＿ ＿＿＿＿＿＿ listen to music.
}

(2) {
　To make curry is hard for Kate.
　It's ＿＿＿＿＿＿ for Kate ＿＿＿＿＿＿ curry.
}

3 次の日本文に合うように，＿＿＿に適する語を書きなさい。

(1) この英単語の読み方を教えてください。

Tell me ＿＿＿＿＿＿＿＿ ＿＿＿＿＿＿＿＿ read this English word.

(2) ほかの国について学ぶことは大切です。

It's important ＿＿＿＿＿＿＿＿ ＿＿＿＿＿＿＿＿ about other countries.

(3) カボチャの切り方を私に見せてくれますか。

Can you ＿＿＿＿＿＿＿＿ ＿＿＿＿＿＿＿＿ how to cut the pumpkin?

(4) 私にとってこのレポートを終わらせることは大変でした。

It ＿＿＿＿＿＿＿＿ hard ＿＿＿＿＿＿＿＿ me to finish this report.

(5) 私はあなたの誕生日に何を買えばいいのかわかりません。

I don't know ＿＿＿＿＿＿＿＿ ＿＿＿＿＿＿＿＿ ＿＿＿＿＿＿＿＿ for your birthday.

4 〔 〕内の語句を並べかえて，日本文に合う英文を書きなさい。

(1) ハロウィーンパーティーを開くことは楽しいです。

〔 is / Halloween party / have / to / fun / a / it 〕．

_____

(2) 駅までの行き方を私に教えてくれませんか。

〔 tell / me / get / how / to / to / can / you 〕 the station?

_____ the station?

(3) 私にとってその宿題をすることは簡単ではありませんでした。

〔 for / to / not / was / me / do / it / easy 〕 the homework.

_____ the homework.

5 次の英文を日本語になおしなさい。

(1) Is it easy to train guide dogs?

（ ）

(2) My American friend taught me how to write an email.

（ ）

(3) Can you show me how to make a scary *mask for the party?   *mask　マスク

（ ）

UP 6 次の日本文を（ ）内の指示にしたがって英語になおしなさい。

(1) どこへ行くべきかを私に教えてください。 （to を使って）

_____

(2) 私にとって本を読むことはおもしろいです。 （it を主語にして）

_____

(3) マキは私に踊り方を見せてくれました。 （to を使って）

_____

文法のまとめ

ステージ **2** Lesson 5

読 聞 書 話

🎧 **1** LISTENING 対話と質問を聞いて，その答えとして適するものを1つ選び，記号で答えなさい。

♪ l09

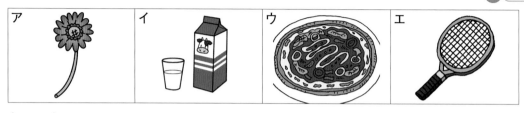

| ア | イ | ウ | エ |

(　　　)

2 次の文の（　）内から適する語を選び，○で囲みなさい。

(1) Please show me (how / where / where to) go.

(2) Mr. Brown told us what (read / reading / to read).

(3) Tell me when (go / going / to go) to your house.

(4) (This / It / That) was fun (to / for / by) me to play soccer.

3 次の文を，(1)(2)の指示にしたがって書きかえなさい。

Eating breakfast is important for us.

(1) to ではじめてほぼ同じ内容の文に。

＿＿＿＿＿＿＿＿＿＿＿＿＿＿＿＿＿

(2) (1)の文を，it を主語にしてほぼ同じ内容の文に。

＿＿＿＿＿＿＿＿＿＿＿＿＿＿＿＿＿

4 次の日本文に合うように， に適する語を書きなさい。

(1) そのネコを遠ざけてください。

Please ＿＿＿＿＿＿ the cat ＿＿＿＿＿＿.

(2) ジェーンの誕生日会は今夜7時から行われます。

Jane's birthday party will ＿＿＿＿＿＿ ＿＿＿＿＿＿

from 7 o'clock tonight.

(3) 映画の前にチケットを取り出すことを忘れないでください。

Don't forget to take ＿＿＿＿＿＿ your ticket before the

movie.

(4) そのパーティーは7月の最後の日です。

The party is ＿＿＿＿＿＿ the last day of July.

(5) 夏の間に何をする予定ですか。

What are you going to do ＿＿＿＿＿＿ summer?

(6) 手を洗ったあとで，夕飯を食べることができます。

＿＿＿＿＿＿ washing your hands, you can eat dinner.

重要ポイント

2 (1)〜(3) show や tell は目的語を2つとることができる動詞。

(4)〈It is ... (for＋人) to 〜.〉の文。

3 動名詞の主語を〈to＋動詞の原形〉で置きかえ，さらに〈It is ... (for＋人) to 〜.〉の形にする。

テストに出る！

〈疑問詞＋to＋動詞の原形〉

●how to 〜
「〜の仕方[どのように〜するか]」

●what to 〜
「すべきこと[何を〜すべきか]」

〈It is ... (for＋人) to 〜.〉

「(人が)〜するのは…である」

得点力をUP

take を使った表現

●take place
「行われる，起こる」

●take out 〜
「〜を取り出す」

●take off 〜
「〜を脱ぐ」

5 次の対話文を読んで，あとの問いに答えなさい。

Aya : That's a big pumpkin, Bob.　Is that （　①　） Halloween?

Bob : Of course!　②〔 you / how / do / know / to / make 〕 a jack-o'-lantern?

Aya : Not really.　Can you show me how?

Bob : Sure.　（　③　）, cut a hole on top, and ④（〜を取り出す） the seeds and pulp.

Aya : ⑤How do you carve the face?

Bob : It's easy.　（　③　） you draw the face, and then cut out each part.

(1)　①，③の（　）内に入る語を下記から選んで書きなさい。

first	then	for

　①＿＿＿＿＿＿＿＿　③＿＿＿＿＿＿＿＿

(2)　下線部②の〔　〕内の語を並べかえて，意味の通る英文にしなさい。

＿＿＿＿＿＿＿＿＿＿＿＿＿＿＿ a jack-o'-lantern?

(3)　④の（　）内の日本語を 2 語の英語になおしなさい。

＿＿＿＿＿＿＿　＿＿＿＿＿＿＿

(4)　下線部⑤の質問に日本語で答えなさい。

最初に（　　　　　　　　　　），次に（　　　　　　　　　　）。

重要ポイント

5 (2)〈疑問詞＋to＋動詞の原形〉にする。

(4) How do you 〜?「どのようにして〜ですか」

得点力をUP

手順を表す表現
● first, 〜「最初に，〜」
● then 〜「そして〜」
● lastly, 〜「最後に，〜」

6 〔　〕内の語句を並べかえて，日本文に合う英文を書きなさい。

(1)　私は何と言えばいいのかわかりません。

〔 don't / what / say / I / to / know 〕.

＿＿＿＿＿＿＿＿＿＿＿＿＿＿＿＿＿

(2)　友達と海で泳ぐことは楽しいです。

〔 the sea / it / in / swim / is / fun / to 〕 with my friends.

＿＿＿＿＿＿＿＿＿＿ with my friends.

(3)　彼女（かのじょ）は私に折り紙のつくり方を教えてくれました。

〔 me / she / make / how / to / taught 〕 *origami*.

＿＿＿＿＿＿＿＿＿ *origami*.

6 (1) what to 〜「何を〜すべきか」の形を使う。

(2)〈It is … (for＋人) to 〜.〉「（人が）〜するのは…である」

(3)「〜の仕方」は how to 〜。

7 次の日本文を英語になおしなさい。

(1)　子どもたちにとって遊ぶことは重要です。（it を主語にして）

＿＿＿＿＿＿＿＿＿＿＿＿＿＿＿＿＿

(2)　私は放課後にどこへ行けばいいか知っています。

＿＿＿＿＿＿＿＿＿＿＿＿＿＿＿＿＿

7 (1)「〜すること」は不定詞〈to＋動詞の原形〉で表す。

(2)「放課後」は after school。

Lesson 5

1 LISTENING (1)～(4)の英文を聞いて，その内容に合う絵を1つ選び，記号で答えなさい。

♪ L10 4点×4(16点)

(1)( )

(2)( )

(3)( )

(4)( )

2 次の日本文に合うように，＿＿＿に適する語を書きなさい。

4点×3(12点)

(1) 昔々，アイルランドの人々は邪悪な霊を怖がっていました。

Irish people were ＿＿＿＿＿＿＿＿ of evil spirits long time ago.

(2) ハロウィーンはただのパーティーだと信じている人々もいます。

Some people ＿＿＿＿＿＿ ＿＿＿＿＿＿ Halloween is just a party.

(3) 私は家でコンピューターを使い始めました。

I ＿＿＿＿＿＿ ＿＿＿＿＿＿ a computer at home.

3 〔 〕内の語句を並べかえて，日本文に合う英文を書きなさい。ただし，1語を補うこと。

4点×3(12点)

(1) 彼女にとってイヌを散歩させることは楽しみです。

〔 fun / walk / is / her / for / to / her dog 〕.

＿＿＿＿＿＿＿＿＿＿＿＿＿＿＿＿＿＿＿＿＿＿＿＿＿＿＿

(2) 私は彼にどこに机を運べばいいかたずねました。

〔 I / carry / asked / the desk / to / him 〕.

＿＿＿＿＿＿＿＿＿＿＿＿＿＿＿＿＿＿＿＿＿＿＿＿＿＿＿

(3) 私はどの映画を見るべきかわかりません。

〔 which / don't / see / I / know / movie 〕.

＿＿＿＿＿＿＿＿＿＿＿＿＿＿＿＿＿＿＿＿＿＿＿＿＿＿＿

ちょっとBREAKの答え s, c, p の順に多いとされています。soccer, cup, play など。

目標 ●⟨to＋動詞の原形⟩のさまざまな使い方を理解しましょう。動名詞との使い分けにも気をつけましょう。

自分の得点まで色をぬろう！

😣がんばろう！　　😊もう一歩　😄合格！

0　　　　　　　　　　　60　　　80　　100点

4 次の英文を読んで，あとの問いに答えなさい。 (計 42 点)

Halloween ①（行われる） on the last day of October.　October 31st was Irish New Year's Eve.　Irish people believed that the spirits of dead people appeared on this day.　②<u>They were afraid of evil spirits, too.</u>　They wore scary costumes.　（ ③ ） doing so, they wanted to trick evil spirits.　Also, ④<u>they put turnip lanterns outside their homes</u> to keep the evil spirits away.

(1) ①の（ ）内の日本語を，2 語の英語になおしなさい。　　(5 点)

＿＿＿＿＿＿＿＿＿　＿＿＿＿＿＿＿＿＿

(2) 下線部②の英文を They を明らかにし，日本語になおしなさい。　(8 点)

（　　　　　　　　　　　　　　　　　　　　　　　　　　　　　）

(3) ③の（ ）に適する語をア～エから選び，記号で答えなさい。　(5 点)

ア in　　イ for　　ウ to　　エ by　　　　　　　　（　　　）

(4) 下線部④について，そのようにする理由は何ですか。日本語で答えなさい。　(6 点)

（　　　　　　　　　　　）を（　　　　　　　　　　　）ため。

(5) アイルランドの人々は大晦日（おおみそか）についてどのようなことを信じていましたか。日本語で答えなさい。　(6 点)

（　　　　　　　　　　　）がこの日に（　　　　　　　　　　　）ということ。

(6) 本文の内容に合うように次の問いに答えるとき，＿＿＿＿に適する語を書きなさい。

1. When was Irish New Year's Eve?　　　　6 点×2(12 点)

―― It was ＿＿＿＿＿＿＿＿＿ ＿＿＿＿＿＿＿＿＿ .

2. What did Irish people wear on their New Year's Eve?

―― They wore ＿＿＿＿＿＿＿＿＿ ＿＿＿＿＿＿＿＿＿ .

レベルUP 5 （ ）内の語を使って，次の日本文を英語になおしなさい。　6 点×3(18 点)

(1) 私はいつ彼にこの贈（おく）りものを渡せばいいのか知りません。　(give, gift)

＿＿＿＿＿＿＿＿＿＿＿＿＿＿＿＿＿＿＿＿＿＿＿＿＿＿＿＿＿＿

(2) 外国に行くことは私たちにとって難しいことではありません。　(it, hard, abroad)

＿＿＿＿＿＿＿＿＿＿＿＿＿＿＿＿＿＿＿＿＿＿＿＿＿＿＿＿＿＿

(3) どこで昼食を食べるべきか私たちに教えてくれませんか。　(tell, eat, lunch)

＿＿＿＿＿＿＿＿＿＿＿＿＿＿＿＿＿＿＿＿＿＿＿＿＿＿＿＿＿＿

Lesson 5

解答 p.21

確認のワーク ステージ **1** | Lesson 6 | **Castles and Canyons** ①

読 聞 書 話

📖 教科書の 要点　比較 「〜より…だ」「いちばん…だ」　♪ a22

（原級）The Great Buddha is tall.　　　　　　　大仏は高いです。

er をつける

（比較級）The Great Buddha is **taller than** our school. 大仏は私たちの学校よりも高いです。

est をつける　　　　　　　　　　　「〜よりも」

（最上級）This is **the tallest** Great Buddha **in** Japan.　これは日本でいちばん高い大仏です。

「〜の中で」

要点
- 2つのものや人を比べて「〜より…だ」というときは〈形容詞［副詞］＋er〉（比較級）を使い，〈比較級＋than 〜〉で表す。
- 3つ以上のものや人を比べて「〜の中でいちばん…だ」というときは〈形容詞［副詞］＋est〉（最上級）を使い，〈the＋最上級＋in［of］〜〉で表す。
- 変化する前の形容詞・副詞の形を原級という。

Words チェック 次の英語は日本語に，日本語は英語になおしなさい。

□(1) than （　　　　　　　）　□(2) Here we are. （　　　　　　　）

□(3) 正確に ＿＿＿＿＿＿＿　□(4) 巨大な ＿＿＿＿＿＿＿

1 次の各語の①比較級，②最上級を＿＿に書きなさい。

(1) small　①＿＿＿＿＿　②＿＿＿＿＿

(2) large　①＿＿＿＿＿　②＿＿＿＿＿

(3) old　①＿＿＿＿＿　②＿＿＿＿＿

ここがポイント

比較級・最上級のつくり方
ふつう比較級は er, 最上級は est をつける。
①語尾が e → r[st] のみをつける。
cute-cuter-cutest
②語尾が y → y を i に変えて er[est] をつける。
busy-busier-busiest
③語尾が〈短母音＋子音字〉→子音字を重ねて er[est] をつける。
big-bigger-biggest

よく出る **2** 絵を見て次の各文の＿＿に適する語を書きなさい。

(1) Aya 13歳　Alice 10歳　Mei 14歳
(2) Tom　Ken　Bob
(3) ↓私のネコ　↓タクのネコ　ミワのネコ→

(1) ① Aya is ＿＿＿＿＿＿＿ Mei.

　　② Mei is ＿＿＿＿＿ ＿＿＿＿＿ of the three.

(2) ① Ken is ＿＿＿＿＿＿＿ Tom.

　　② Bob is ＿＿＿＿＿ ＿＿＿＿＿ of the three.

(3) ① My cat is ＿＿＿＿＿ ＿＿＿＿＿ of the three.

　　② Miwa's cat is ＿＿＿＿＿ ＿＿＿＿＿ Taku's.

ミス注意

🔍 **in と of の使い分け**
- 〈in＋ある集団，地域を表す語句〉
- 〈of＋all や複数のものを表す語句〉

there is の短縮形は there's は [ðərz] と発音するよ。

ステージ **1**　Lesson 6　Castles and Canyons ②

教科書の 要点 — more, most を使った比較　♪ a23

原級	This book is interesting.	この本はおもしろいです。

more を置く ↓ 「〜よりも」

| 比較級 | This book is **more interesting than** that one. | この本はその本より おもしろいです。 |

most を置く ↓

| 最上級 | Himeji Castle is **the most popular in** Japan. | 姫路城は日本でいちばん 人気があります。 |

「〜の中で」

要点

● 比較的つづりの長い形容詞・副詞を使って「〜より…だ」と言うときは，〈more＋形容詞[副詞]＋than 〜〉(比較級)で表す。

● 比較的つづりの長い形容詞・副詞を使って「〜の中でいちばん…だ」と言うときは，〈the most＋形容詞[副詞]＋in[of] 〜〉(最上級)で表す。

● more, most をつけて比較級・最上級をつくる形容詞の例

2音節の語	例	famous(有名な)，useful(役に立つ)，careful(注意深い)
3音節以上の語	例	beautiful(美しい)，difficult(難しい)，important(重要な)，popular(人気のある)，interesting(おもしろい)

Wordsチェック 次の英語は日本語に，日本語は英語になおしなさい。

□(1) powerful （　　　　　　　）　□(2) history （　　　　　　　）

□(3) 耳にする ＿＿＿＿＿＿＿　□(4) 〜の間で ＿＿＿＿＿＿＿

1 次の文の＿＿＿に，（　）内の語を適する形にかえて書きなさい。

(1) Shin is ＿＿＿＿＿＿ ＿＿＿＿＿＿ than Taro.
　　　　　　　　　　　　　　　　　　　　（careful）

(2) This movie is ＿＿＿＿＿ ＿＿＿＿＿ than that one.
　　　　　　　　　　　　　　　　　　　　（exciting）

(3) Curry is the ＿＿＿＿＿＿＿ of all dishes
　　for me.　　　　　　　　　　　　　　（delicious）

よく出る 2 次の文を（　）内の語句を加えて比較の文に書きかえなさい。

(1) This camera is expensive.　（than that one）

＿＿＿＿＿＿＿＿＿＿＿＿＿＿＿＿＿＿＿＿

(2) This question is difficult.　（of all）

＿＿＿＿＿＿＿＿＿＿＿＿＿＿＿＿＿＿＿＿

(3) He is a popular musician.　（in this country）

＿＿＿＿＿＿＿＿＿＿＿＿＿＿＿＿＿＿＿＿

まるごと暗記

音節数以外での見分け方
more, most をつける語には語尾にも規則性がある。

● ing で終わる語
● ful で終わる語
● ous で終わる語
● ly で終わる語
（early などの例外もある）

ここがポイント

● 〈more＋形容詞[副詞]＋than 〜〉
「〜より…だ」

● 〈the most＋形容詞[副詞]＋in[of] 〜〉
「〜の中でいちばん…だ」

Lesson 6

 ステージ **1** ▶Lesson 6◀ **Castles and Canyons ③**

解答▶ p.21

 教科書の 要点 「〜と同じくらい…だ」など ♪ a24

Kyoto is **as popular as** Nara.　　　京都は奈良と同じくらい人気です。
　　　　　　　原級

要点1

● 「〜と同じくらい…だ」と2つのものを比べて程度が同じことを言うときは，〈as＋形容詞[副詞]の原級＋as 〜〉で表す。

I **like** summer **the best**.　　　私は夏がいちばん好きです。

要点2

● 「〜がいちばん好きだ」と言うときは like 〜 the best で表す。

プラス 不規則に変化する形容詞・副詞に注意。　go(よい)- better- best　　well(よく)- better -best
比較級で「〜よりも…が好きだ」というときは like … better than 〜 で表す。

Words チェック 次の英語は日本語に，日本語は英語になおしなさい。

□(1) because of 〜　（　　　　　　）　□(2) scenery　　（　　　　　　）
□(3) 〜を感じる　_____　□(4) 岩，石　　_____

1 絵を見て例にならい，「A は B と同じくらい〜だ」という文を書きなさい。

my dog / your dog

Mike / Ryo

I 14歳 / Tom 14歳

this bag / that bag

例　My dog is as small as your dog.

(1) Mike is _____ tall _____ Ryo.

(2) I am _____ Tom.

(3) This bag _____ .

ここがポイント

「〜と同じくらい…だ」
形容詞を原級のまま〈as＋形容詞＋as〉の形ではさむ。

2 次の文を「〜がいちばん好きだ」の文に書きかえなさい。

(1) I like fall.

_____

(2) My brother likes pizza.

_____

ここがポイント

「〜がいちばん好きだ」
well の最上級 best をつけて like 〜 the best の形で表す。

 world：世界，place：場所

文法のまとめ　比較（ひかく）の表現

読 聞
書 話

まとめ

① 「〜より…だ」の文

● 2つのものや人を比べて「〜より…だ」は〈比較級（形容詞［副詞］＋er）＋than 〜〉で表す。

● 比較的つづりの長い形容詞［副詞］の比較級は，〈more＋形容詞［副詞］〉で表す。

Canada is larger than Japan.　　　　　（カナダは日本よりも大きいです）

　　　　　　比較級 「〜よりも」

Math is more difficult than English to me.　（私にとって数学は英語よりも難しいです）

② 「いちばん〜だ」の文

● 3つ以上のものや人を比べて「〜の中でいちばん…だ」は〈the＋最上級（形容詞［副詞］＋est）＋in［of］〜〉で表す。

● 比較的つづりの長い形容詞［副詞］の最上級は，〈the most＋形容詞［副詞］〉で表す。

●「〜の中で」は〈in＋ある集団・地域を表す語句〉や〈of＋all や複数のものを表す語句〉で表す。

He can swim the fastest of the five boys.　（彼は5人の男子の中でいちばん速く泳げます）

　　　　　　　　最上級 「〜の中で」

Who is the most famous singer in Japan?　（日本でいちばん有名な歌手はだれですか）

③ 比較級，最上級のつくり方

	原級	比較級	最上級
er, est をつける	tall	taller	tallest
e で終わる語は，r, st だけをつける	large	larger	largest
y で終わる語は，y を i にかえて er, est をつける	happy	happier	happiest
子音字を重ねて er, est をつける	big	bigger	biggest
more, most を前に置く	famous	more famous	most famous

④ 「〜と同じくらい…だ」の文

● 2つのものを比べて「〜と同じくらい…」は〈as＋形容詞［副詞］の原級＋as 〜〉で表す。

Shin can speak English as well as Juri.

（シンはジュリと同じくらい英語をじょうずに話します）

⑤ better, best を使った比較級，最上級の文

● better, best は，不規則に変化する good, well の比較級，最上級。

●「〜よりも…が好きだ」は like … better than 〜，「〜がいちばん好きだ」は like 〜 the best。

I like cats better than dogs.　（私はイヌよりもネコが好きです）

I like baseball the best.　　　（私は野球がいちばん好きです）

練習

よく出る **1** 次の文の＿＿＿に，（　）内の語を必要があれば正しい形にかえて書きなさい。ただし，2語になるものもある。

(1)　This box is the ＿＿＿＿＿＿ of the three.　（big）

(2)　This building is the ＿＿＿＿＿＿ in Australia.　（famous）

(3)　I think this bike is the ＿＿＿＿＿＿.　（good）

Lesson 6 〜 文法のまとめ

2 次の文の___に適する語を書きなさい。

(1) I like *sushi* better _____ *tempura*.

(2) Miki is the tallest girl _____ her class.

(3) This is the most expensive watch _____ the five.

(4) Tetsuya practices baseball as hard _____ Yuta.

(5) Which is smaller, my dog _____ your dog?

3 次の日本文に合うように，___に適する語を書きなさい。

(1) ジュディはお姉さんよりも早く学校へ行きます。

Judy goes to school _____ _____ her sister.

(2) 私はこの映画がすべての中でいちばん好きです。

I like this movie _____ _____ of all.

(3) 英語を話すことは書くことと同じくらい重要です。

Speaking English is _____ _____ _____ writing it.

(4) 彼は日本でもっともすばらしいサッカー選手です。

He is _____ _____ soccer player in Japan.

4 次の文を（　）内の指示にしたがって書きかえるとき，___に適する語を書きなさい。

(1) Tom is younger than Kenta. Kenta is older than Jin. （２つの文を１つの文に）

Kenta is _____ _____ _____ the three.

(2) I like summer the best. （この文が答えとなる疑問文に）

_____ season do you like the _____ ?

(3) I like swimming better than volleyball. （この文が答えとなる疑問文に）

_____ do you like _____ , swimming _____ volleyball?

(4) This song is famous. （ than that one を加えて比較級の文に）

This song is _____ _____ than that one.

5 〔　〕内の語句を並べかえて，日本文に合う英文を書きなさい。ただし，１語不要な語があります。

(1) オーストラリアでは１月はいちばん暑い月です。

〔 month / most / the / is / January / in / hottest 〕 Australia.

_____ Australia.

(2) キング先生は私の姉と同じくらい若いです。

〔 my / is / younger / Ms. King / as / as / sister / young 〕.

_____

(3) すべての教科の中で数学がいちばんおもしろいです。

〔 the / math / all / most / subjects / interesting / of / is / best 〕.

_____

📖 教科書の 要点　要望を伝える表現　♪ a25

It's **too expensive** for me.　　　　それは私には高価すぎます。

Do you have any **cheaper** ones?　　もっと安いものはありませんか。

要点

● サイズや値段について「それは私には〜すぎます」と言うときは，〈It is too＋形容詞＋for me.〉で表せる。

● ほかの商品を見たくて「もっと〜のものはありますか」と言うときは，〈Do you have any＋形容詞の比較級＋ones?〉で表せる。

Words チェック　次の英語は日本語に，日本語は英語になおしなさい。

□(1)　cheap　　　（　　　　　　　）　　□(2)　shirt　　　（　　　　　　　）

□(3)　高価な　　_____　　□(4)　〜を勧める　_____

① 次の日本文に合うように，_____ に適する語を書きなさい。

(1)　それは私には小さすぎます。

　　It is _____ small _____ me.

(2)　もっと大きいものはありますか。

　　Do you have _____ _____ ones?

(3)　すみません，帽子を探しています。

　　Excuse me, I _____ looking _____ a cap.

(4)　そのシャツを試着してみてもよいでしょうか。

　　May I _____ the shirt _____ ?

(5)　これはいかがですか。

　　_____ _____ this one?

まるごと 暗記

反対の意味になる形容詞

● small ⇔ big（large）
　（小さい）（大きい）

● long ⇔ short
　（長い）（短い）

● cheap ⇔ expensive
　（安い）（高い）

● dark ⇔ light
　（暗い）（明るい）

② 次の対話が成り立つように，_____ に適する語を書きなさい。

(1)　A : May I help _____ ?

　　B : Yes, I'm looking for a nice T-shirt.

(2)　A : How _____ this one?

　　B : Well, it's too expensive for me.

　　　Do you have any _____ ones?

(3)　A : I want a pink shirt for my mother.

　　B : Sure. I _____ this one.

ことばメモ

複数形で表す
身につけるもの

● pants（ズボン）

● shorts（半ズボン）

● shoes（靴）

● glasses（メガネ）

文法のまとめ 〜 Useful Expressions 2

解答 ▶ p.22

定着のワーク ステージ **2** **Lesson 6** 〜 **Useful Expressions 2** 読 聞 書 話

🎧 **1** LISTENING 対話を聞いて，トムが好きなものを 2 つ選び，記号で答えなさい。 ♪ 11

ア　　　　　　イ　　　　　　ウ　　　　　　エ

（　　）（　　）

よく出る **2** 次の文を（ ）内の指示にしたがって書きかえるとき，＿＿に適する語を書きなさい。

(1) Ai runs fast. （than Kana を加えて）

Ai runs ＿＿＿＿＿＿＿ than Kana.

(2) Mt. Fuji is a beautiful mountain. （in Japan を加えて）

Mt. Fuji is ＿＿＿＿＿＿ ＿＿＿＿＿＿ ＿＿＿＿＿＿

mountain in Japan.

(3) I'm 14 years old.　Ren is 14 years old, too.

（ほぼ同じ意味を表す文に）

I'm ＿＿＿＿＿＿ ＿＿＿＿＿＿ ＿＿＿＿＿＿ Ren.

(4) I like tennis the best of all sports.

（この文が答えとなる疑問文に）

＿＿＿＿＿＿ ＿＿＿＿＿＿ do you like the best?

よく出る **3** 〔 〕内の語句を並べかえて，日本文に合う英文を書きなさい。ただし，1 語補うこと。

(1) あなたのかばんは私のかばんよりも大きいですか。

〔 mine / your bag / than / is 〕?

＿＿＿＿＿＿＿＿＿＿＿＿＿＿＿＿＿＿＿＿＿

(2) この俳優はあの音楽家と同じくらい有名です。

〔 as / that *musician / this actor / as / is 〕.　*musician 音楽家

＿＿＿＿＿＿＿＿＿＿＿＿＿＿＿＿＿＿＿＿＿

(3) この小説は今年すべての中でもっともよいです。

〔 of / the / this novel / is / all 〕 this year.

＿＿＿＿＿＿＿＿＿＿＿＿＿＿＿ this year.

(4) もっと大きいものはありますか。

〔 any / do / bigger / have 〕 ones?

＿＿＿＿＿＿＿＿＿＿＿＿＿＿＿ ones?

重要ポイント

2 (1)比較級を用いた文に。

(2)最上級を用いた文に。

(3)「〜と同じくらい…」

(4)「あなたはどのスポーツがいちばん好きですか」

テストに◎出る！

いろいろな比較の変化

●er, est の変化をする
old-old**er**-old**est**
hot-hot**ter**-hot**test**
pretty-prett**ier**
-prett**iest**

●more, most を前に置くのはつづりが長い語

●不規則に変化する
good[well]-**better**
-**best**

3

得点力を**UP**

比較の 3 つの形

●「〜よりも…」
〈比較級＋than 〜〉

●「〜の中でいちばん…」
〈the＋最上級（＋in[of] 〜）〉

●「〜と同じくらい…」
〈as＋形容詞[副詞]＋as 〜〉

4 次の対話文を読んで，あとの問いに答えなさい。

Emily : ①〔 tallest / is / in / this / Japan / Great Buddha / the 〕?
Kenta : No, some others are much ②(tall) than this one.
Emily : I see. I love Kamakura. It's one of ③(もっとも古い) towns
in Japan, so ④there are many interesting temples and shrines.

(1) 下線部①が「これは日本でいちばん背が高い大仏ですか」という意味になるように，〔　〕内の語句を並べかえなさい。

_____

(2) ②の（　）内の語を適する形にかえなさい。

_____

(3) ③の（　）内の日本語を，2 語の英語になおしなさい。

_____ _____

(4) 下線部④の英文を日本語になおしなさい。

（　　　　　　　　　　　　　　　　　　　　　　　　　　　　　）

5 次の日本文に合うように，＿＿に適する語を書きなさい。

(1) もっと安いものはありますか。

Do you have _____ _____ ones?

(2) 私は水泳より野球が好きです。

I _____ baseball _____ swimming.

(3) 東京は海外の人々の間で人気があります。

Tokyo is popular _____ people from abroad.

(4) もしあなたが日本に来たら，富士山を見るべきです。

_____ you come to Japan, you _____ see
Mt. Fuji.

UP 6 次の日本文を英語になおしなさい。

(1) この本はあの本よりもおもしろいです。

_____

(2) 今日，彼女は最高に幸せです。

_____

(3) 彼は 3 人の中でもっともじょうずにピアノを弾きます。

_____

(4) 私はシンジ（Shinji）と同い年です。

_____

重要ポイント

4 (1)「日本で」は文の最後に置く。

(2)あとに than があることに注意。

(4) temple「寺」
shrine「神社」

5 (2) like を使わない言い方。

得点力をUP

among と between
「(同質の集団などの) 間で」というときは among，「(2 つのもの)の間で」というときには between を使う。

Lesson 6 ～ Useful Expressions 2

6 (1)つづりの長い形容詞は er，est はつかない。

(2)「最高に」→「もっとも，いちばん」と考える。

(3)「じょうずに」well の比較級，最上級は不規則に変化する。

(4)〈as＋形容詞の原級＋as〉

ちょっと BREAK　「未来」は future ですが，「過去」は英語で何と言うでしょうか？　　➡答えは次のページ

実力判定テスト **ステージ 3** **Lesson 6 〜 Useful Expressions 2**

30分　/100

解答 ▶ p.23

読 聞 書 話

1 LISTENING (1)〜(4)の絵やグラフについてそれぞれア〜ウの英文を聞いて，内容を適切に表しているものを1つ選び，その記号を書きなさい。　♪ l12 2点×4(8点)

(1) Tom 14 歳　Ken 14 歳
(2) Yuki　Mami　Kumi
(3) Taro　Ken　Hide
(4) 野球25%　サッカー45%　テニス30%

(1)(　　　)　(2)(　　　)　(3)(　　　)　(4)(　　　)

2 次の日本文に合うように，＿＿に適する語を書きなさい。　4点×5(20点)

(1) 東京スカイツリーはどのくらいの高さですか。

＿＿＿＿＿＿ ＿＿＿＿＿ is Tokyo Skytree?

(2) 私たちは日本の古い寺や神社に興味があります。

We are ＿＿＿＿＿＿ ＿＿＿＿＿＿ old Japanese temples and shrines.

(3) それは読書するよりもっとおもしろそうに見えます。

It ＿＿＿＿＿＿＿ interesting than reading books.

(4) 出身地が東京なので，東京について話をさせてください。

＿＿＿＿＿＿ ＿＿＿＿＿ tell you about Tokyo because I'm from Tokyo.

(5) 数学のテストは難しかったです。英語はさらにもっと難しかったです。

Math test was hard. English test was ＿＿＿＿＿ ＿＿＿＿＿ difficult.

3 次の各組の文がほぼ同じ内容を表すように，＿＿に適する語を書きなさい。　4点×3(12点)

(1) { I like this movie better than that one.
   { I ＿＿＿＿＿ this movie to that movie.

(2) { There are a lot of hotels around this station.
   { There are ＿＿＿＿＿ hotels around this station.

(3) { My bag is older than Kana's.
   { Kana's bag is ＿＿＿＿＿ than ＿＿＿＿＿.

4 〔 〕内の語を並べかえて，日本文に合う英文を書きなさい。ただし，1語補うこと。

(1) 私にとって英語は韓国語よりも難しいです。　5点×2(10点)

〔 is / Korean / than / English / difficult 〕 to me.

＿＿＿＿＿＿＿＿＿＿＿＿＿＿＿＿＿ to me.

(2) レナはクラスでいちばん速く泳ぎます。

〔 her / swims / in / Rena / class / the 〕.

＿＿＿＿＿＿＿＿＿＿＿＿＿＿＿＿＿＿＿＿

ちょっとBREAKの答え　「過去」は英語で past と言います。「現在」は present です。

●比較の表現を理解して使用し、さまざまな場所などについて説明できるようにしましょう。

目標

自分の得点まで色をぬろう!

がんばろう!	もう一歩	合格!

0　　　　　　　　　　60　　　80　　100点

⑤ 次の対話文を読んで、あとの問いに答えなさい。　　　　　　　　　(計 30 点)

Bob : ①〔 more / castles / food / interesting / Japanese / than / are / Japanese 〕 to me.

Kenta : Incredible!　I prefer eating to sightseeing.

Aya : Let's do an Internet search on castles.　This site ②(say) Himeji
Castle is ③(もっとも人気のある) castle in Japan.

Bob : I want to see Himeji Castle.　I heard it's the most beautiful of
all the castles.

Aya : I prefer Kumamoto Castle.　④It looks more powerful than
Himeji Castle.

(1) 下線部①が「私にとって日本の城は日本食よりももっとおもしろいです」という意味に
なるように、〔　〕内の語を並べかえなさい。　　　　　　　　　　(6 点)

＿＿＿＿＿＿＿＿＿＿＿＿＿＿＿＿＿＿＿＿ to me.

(2) ②の(　)内の語を適する形にかえなさい。　　　　　　　　　　(3 点)

＿＿＿＿＿＿＿

(3) ③の(　)内の日本語を、3 語の英語になおしなさい。　　　　　　(4 点)

＿＿＿＿＿　＿＿＿＿＿　＿＿＿＿＿

(4) 下線部④を、It の内容を明らかにして日本語になおしなさい。　　(5 点)

(　　　　　　　　　　　　　　　　　　　　)

(5) 本文の内容と合うように、次の問いに英語で答えなさい。　　6 点×2(12 点)

1.　Which does Kenta like better, eating or sightseeing?

―― ＿＿＿＿＿＿＿＿＿＿＿＿＿＿＿

2.　Why does Bob want to see Himeji Castle?

―― ＿＿＿＿＿＿＿＿＿＿＿＿＿＿＿

⑥ 次の日本文を英語になおしなさい。　　　　　　　　　　　　5 点×4(20 点)

(1) ジュディ(Judy)はふだん、スーザン(Suzan)よりも忙しいです。

(2) 私はこの辞書がいちばん役に立つと思います。

(3) 私は姉と同じくらい懸命に勉強します。

(4) 父はサッカーよりも野球のほうが好きです。

Lesson 6 ～ Useful Expressions 2

確認のワーク ステージ **1** Lesson 7 ▶ The Gift of Giving ①

解答 ▶ p.24

教科書の 要点 受け身「〜される[されている]」 ♪ a26

This card **was printed** in 1843. このカードは 1843 年に印刷されました。
〈be 動詞＋動詞の過去分詞形〉

This card **was sent** by Henry Cole. このカードはヘンリー・コールによって送られました。
〈be 動詞＋動詞の過去分詞形〉

要点

● 主語が「〜される[されている]」は〈be 動詞＋動詞の過去分詞形〉で表す。この形を受け身という。
● 規則動詞の場合，動詞の過去分詞形は過去形と同じ。
  例 cook – cooked – cooked, practice – practiced – practiced, carry – carried – carried
● 不規則動詞の場合は，不規則に変化する。
  例 make – made – made, build – built – built, read – read – read, know – knew – known
    sing – sang – sung, sell – sold – sold, write – wrote – written

Words チェック 次の英語は日本語に，日本語は英語になおしなさい。

□(1) print （　　　　　　　　） □(2) in the middle of 〜（　　　　　　　　）
□(3) お互いに ＿＿＿＿＿＿＿ □(4) send の過去分詞形 ＿＿＿＿＿＿＿

1 次の各語の①過去形，②過去分詞形を＿＿に書きなさい。

(1) visit ① ＿＿＿＿＿ ② ＿＿＿＿＿
(2) try ① ＿＿＿＿＿ ② ＿＿＿＿＿
(3) solve ① ＿＿＿＿＿ ② ＿＿＿＿＿
(4) study ① ＿＿＿＿＿ ② ＿＿＿＿＿
(5) have ① ＿＿＿＿＿ ② ＿＿＿＿＿
(6) put ① ＿＿＿＿＿ ② ＿＿＿＿＿

まるごと暗記
動詞の変化のパターン
● 規則動詞…過去形と過去分詞形が同じ形。
● 不規則動詞…主に４つ。
①過去形と過去分詞形が同じ。
②原形と過去分詞形が同じ。
③原形，過去形，過去分詞形がすべて異なる。
④原形，過去形，過去分詞形がすべて同じ。

2 絵を見て例にならい，「…は〜される」という文を書きなさい。

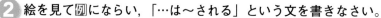

例

my dog / wash

(1)

this window / open

(2)

these dishes / use

(3) タカ！

the boy / call Taka

例 My dog is washed every week.

(1) This window ＿＿＿＿＿＿＿＿＿＿ every morning.
(2) These dishes ＿＿＿＿＿＿＿＿＿ every day.
(3) The boy ＿＿＿＿＿＿＿＿＿＿＿＿＿ .

ここが ポイント
受け身の文の形
〈be 動詞＋動詞の過去分詞形〉の be 動詞は，主語と時制に合わせる。

read[ríːd]は過去形も過去分詞形も同じ形 read[réd]だよ。ただし発音は違うので注意しよう。

3 次の英文を下線部に注意して日本語にしなさい。

(1) This song <u>is sung</u> by a lot of children.

(　　　　　　　　　　　　　　　　　　　　　)

(2) These buildings <u>were built</u> forty years ago.

(　　　　　　　　　　　　　　　　　　　　　)

ここがポイント

受け身の文は，される「人」や「もの」などを主語とし，「～される」「～された」ことを表す。

4 〔　〕内の語を並べかえて，日本文に合う英文を書きなさい。

(1) その手紙は祖母が送ってくれました。

〔 sent / was / letter / the / by 〕 my grandmother.

_____ my grandmother.

(2) このテーブルは去年再利用されました。

〔 table / recycled / this / was 〕 last year.

_____ last year.

(3) これらの窓は昨日洗われました。

〔 were / windows / washed / these 〕 yesterday.

_____ yesterday.

(4) あの野球選手はアメリカで愛されています。

〔 player / loved / is / America / in / baseball / that 〕.

_____

ここがポイント

● 「～される，されている 」〈am[is, are] ＋動詞の過去分詞形〉
● 「～された，されていた 」〈was[were] ＋動詞の過去分詞形〉

5 次の日本文に合うように，_____に適する語を書きなさい。

(1) イヌは道の真ん中に立っています。

The dog is standing in _____ _____ of the road.

(2) 私の友達はお互いに顔を見合わせました。

My friends looked at _____ _____.

(3) あなたは中国語を話すことはできますか。

_____ you _____ Chinese?

(4) 今，彼らは何をしていますか。

What _____ they _____ now?

6 右のメモはリョウが読んだ本の情報です。
例にならい，メモの内容に合うよう_____に適する語を書きなさい。

例 This book was written by Bob Brown.

(1) This book is _____ by young people.

(2) This book was _____ in 1990.

(3) This book is _____ to everyone.

(4) This book was _____ by my father.

(5) This book is _____ on the Internet.

・Bob Brown によって書かれた。
・若い人に読まれている。
・1990 年に印刷された。
・みんなに知られている。
・お父さんから送られたもの。
・インターネットで売られている。

Lesson 7

解答 ▶ p.24

確認のワーク　ステージ1　Lesson 7　The Gift of Giving ②　

教科書の 要点　受け身の疑問文と否定文　♪ a27

肯定文 This photo **was taken** in Osaka.　この写真は大阪で撮られたものです。

疑問文 **Was** this photo **taken** in Osaka?　この写真は大阪で撮られたものですか。
〔主語の前〕

　　— Yes, it **was**. / No, it **wasn't**.　—はい，そうです。/ いいえ，ちがいます。
　　Where was this photo **taken**?　この写真はどこで撮られたものですか。

要点

● 受け身の疑問文は〈be 動詞＋主語＋動詞の過去分詞形 〜？〉で表す。
● be 動詞を使い，Yes, 〜 was[were]. / No, 〜 wasn't[weren't]. のように答える。
● 疑問詞を使った疑問文は，〈疑問詞＋be 動詞＋主語＋動詞の過去分詞形 〜？〉となる。
● 否定文は〈主語＋be 動詞＋not＋動詞の過去分詞形 〜.〉で表す。
　否定文 English isn't used in this country. （この国では英語は使われていません）

Wordsチェック　次の英語は日本語に，日本語は英語になおしなさい。

□(1)　support　（　　　　　　　）　□(2)　fee　（　　　　　　　）
□(3)　participation　（　　　　　）　□(4)　ランナー，走者　＿＿＿＿＿
□(5)　take の過去分詞形（　　　　）　□(6)　hold の過去分詞形＿＿＿＿＿

1 次の文を疑問文に書きかえ，（　）内の語を使って答えなさい。

(1)　These cars were made in America.　（ Yes ）
　　＿＿＿＿＿＿ these ＿＿＿＿＿＿ made in America?
　　—— Yes, ＿＿＿＿＿＿ ＿＿＿＿＿＿.

(2)　The room is used every day.　（ No ）
　　＿＿＿＿＿＿＿＿＿＿＿＿＿＿＿＿＿ every day?
　　—— No, ＿＿＿＿＿＿ ＿＿＿＿＿＿.

ここがポイント
受け身の疑問文と答え
〈be 動詞＋主語＋動詞の過去分詞形 〜？〉の形でたずね，be 動詞を使って答える。

2 次の文を否定文に書きかえるとき，＿＿＿に適する語を書きなさい。

(1)　My father's watch was fixed.
　　My father's watch ＿＿＿＿＿＿ ＿＿＿＿＿＿.

(2)　This store is opened at ten.
　　This store ＿＿＿＿＿＿ ＿＿＿＿＿＿ at ten.

(3)　These books are read among young people.
　　These books ＿＿＿＿＿＿＿＿＿＿＿＿＿＿＿＿.

まるごと暗記
受け身の否定文
〈主語＋be 動詞＋not＋動詞の過去分詞形 〜.〉の形。

　hospital：病院，castle：城

③ 〔 〕内の語句を並べかえて，日本文に合う英文を書きなさい。

(1) そのキャンディはあの店では売られていません。

〔 isn't / sold / candy / the 〕in that store.

_____ in that store.

(2) これらの小説はたくさんの国で読まれていません。

〔 novels / aren't / in / countries / these / read / many 〕.

_____

(3) このコンピューターはどこでつくられましたか。

〔 made / computer / where / this / was 〕?

_____

(4) それらのオレンジは海外から持ってこられるのですか。

〔 those / from / brought / oranges / are / abroad 〕?

_____

まるごと 暗記

原形と過去形と過去分詞形が同じ形の不規則動詞
- cut-cut-cut
- put-put-put
- read[riːd]-read[red]-read[red]

read は，原形と同じ形でも過去形・過去分詞形は発音が異なることに注意。

④ 次の文を（ ）内の指示にしたがって書きかえなさい。

(1) The box was found fifty years ago. （疑問文に）

_____

(2) This book was written by Mori Ogai. （否定文に）

_____

(3) These chairs were made last week. （下線部をたずねる文に）

_____

ここが ポイント

疑問詞を使った受け身の疑問文
「下線部をたずねる文」にするには，下線部が何（時，場所など）を示すのかを見極め，疑問詞を選ぶ。

⑤ 次の日本文に合うように，＿＿に適する語を書きなさい。

(1) どのように写真を撮りましたか。

_____ _____ you take the picture?

(2) この箱は何のためですか。

_____ is this box _____?

(3) 彼は世界中を旅行したいと思っています。

He wants to take a trip _____ _____ the world.

WRITING Plus ✏️

次の各問いに対して，あなた自身の答えを英語で書きなさい。

(1) Is breakfast made by your mother every day?

_____

(2) When was your house built?

_____

Lesson 7

確認のワーク　

ステージ 1　Lesson 7　The Gift of Giving ③

📖 教科書の 要点　助動詞を使った受け身　🎵 a28

「〜べき」
Money should be spent wisely.　お金は賢(かしこ)く使われるべきです。
〈助動詞＋be＋動詞の過去分詞形〉

要点

● 「〜されるべきだ」「〜されることができる」「〜されるだろう」を表すときは，〈助動詞(should, can, will)＋be＋動詞の過去分詞形〉の形を使う。

● 助動詞のあとの be 動詞は，常に原形の be となる。
Computers can be used at school.　（コンピューターは学校で使用することができます）
The song will be sung at the party.　（その歌はパーティーで歌われるでしょう）

Wordsチェック 次の英語は日本語に，日本語は英語になおしなさい。

□(1)　result　（　　　　　）　□(2)　else　（　　　　　）

□(3)　anyone　（　　　　　）　□(4)　themselves　（　　　　　）

□(5)　professor　（　　　　　）　□(6)　以前に　＿＿＿＿＿＿

□(7)　お金　＿＿＿＿＿＿　□(8)　〜を集める　＿＿＿＿＿＿

□(9)　spend の過去分詞形　＿＿＿＿＿＿　□(10)　do の過去分詞形　＿＿＿＿＿＿

1 次の文の＿＿に，適する語を書きなさい。

(1)　The experiment will ＿＿＿＿＿＿ done in a year.

(2)　Basketball should ＿＿＿＿＿＿ played in a school gym.

(3)　Mt. Fuji can ＿＿＿＿＿＿ seen from Tokyo.

ここがポイント

〈助動詞＋受け身〉の文
助動詞のあとの be 動詞は必ず原形の be になることに注意。

● 〈can be＋動詞の過去分詞形〉
「〜されることができる」

● 〈should be＋動詞の過去分詞形〉
「〜されるべきだ」

● 〈will be＋動詞の過去分詞形〉
「〜されるだろう」

よく出る **2** 次の日本文に合うように，＿＿に適する語を書きなさい。

(1)　宿題は明日までには終えるべきです。
The homework ＿＿＿＿＿＿ be ＿＿＿＿＿＿ by tomorrow.

(2)　ボランティアはだれでもすることができます。
Volunteer ＿＿＿＿＿＿ be ＿＿＿＿＿＿ by anyone.

(3)　この部屋は今晩までに掃除(そうじ)されるでしょう。
This room ＿＿＿＿＿＿ ＿＿＿＿＿＿ ＿＿＿＿＿＿ by tonight.

(4)　ここでスマートフォンを使うことはできません。
Smartphones ＿＿＿＿＿＿ be ＿＿＿＿＿＿ here.

 year：年，1 年，night：夜

 受け身の文

読聞書話

まとめ

① 受け身の文

● 「(主語が)～される[されている]」という文を受け身の文といい，〈be 動詞＋動詞の過去分詞形〉で表す。

● be 動詞は主語や時制によって am, is, are, was, were を使い分ける。

肯定文 Many stars are seen in this area.　　（この地域では多くの星が見られます）
　　　　　　　　be 動詞　動詞の過去分詞形

疑問文 Are many stars ____ seen in this area?　（この地域では多くの星が見られますか）
主語の前

　　　　— Yes, they are. / No, they aren't.　（はい，見られます。/ いいえ，見られません）

否定文 Many stars are not seen in this area.　（この地域では多くの星が見られません）

● 疑問詞(What, When, Where, Who, Which, How)は文頭に置く。

Where are many stars seen?　　（どこで多くの星が見られますか）

● 「～によって」と行為者を明示する必要がある場合は，by ～を使う。「だれが」という行為者を特に述べる必要のない場合は省略されることが多い。

This dish was *broken by Susan.　（この皿はスーザンによって割られました）

*broken　break(～を壊す)の過去分詞形

② 過去分詞形

● 規則動詞：語尾に ed をつける(過去形と同じ)

● 不規則動詞：不規則に変化する。主なパターンは以下の 4 つ。

変化のパターン	原形	過去形	過去分詞形
A–A–A 型	cut	cut	cut
A–B–A 型	run	ran	run
A–B–B 型	make	made	made
A–B–C 型	see	saw	seen

③ 助動詞を使った受け身の文

● 〈助動詞(should, can, will)＋be＋動詞の過去分詞形〉で「～されるべきだ」「～されることができる」「～されるだろう」を表すことができる。

Tokyo Tower can be seen from this station.　（東京タワーはこの駅から見ることができます）
Dictionaries should be used during English lesson.　（英語の授業中には辞書が使われるべきです）
This museum will be visited by many people.　　（この博物館は多くの人が訪れるでしょう）

Lesson 7 ～文法のまとめ

練習

よく出る **1** 次の文の____に，( )内の語を適する形にかえて書きなさい。

(1) The song is _____ in Japan.　(love)

(2) This tent was _____ by him.　(build)

(3) These sandwiches were _____ two hours ago.　(make)

(4) Tokyo Tower will be _____ from here.　(see)

80

2 次の文の＿＿＿に適する語を書きなさい。

(1) These rooms ＿＿＿＿＿ cleaned by Mr. White every week.

(2) This bike ＿＿＿＿＿ used by Bob yesterday.

(3) Those flowers ＿＿＿＿＿ put on the table by Mrs. Ito yesterday.

(4) English ＿＿＿＿＿ spoken in Singapore.

(5) Baseball should not ＿＿＿＿＿ played in this park.

3 次の日本文に合うように，＿＿＿に適する語を書きなさい。

(1) そのワンピースは中国から持ってこられる予定です。

The dress will ＿＿＿＿＿ ＿＿＿＿＿ from China.

(2) この古いお寺は1300年前に建てられたそうです。

I hear this old temple ＿＿＿＿＿ ＿＿＿＿＿ 1300 years ago.

(3) この俳句は芭蕉によって書かれたものですか。

＿＿＿＿＿ this haiku ＿＿＿＿＿ ＿＿＿＿＿ Basho?

4 次の文を（ ）内の指示にしたがって書きかえなさい。

(1) The famous singer painted this picture. （下線部を主語にして受け身の文に）

＿＿＿＿＿＿＿＿＿＿

(2) This system is fixed by engineers. （疑問文に）

＿＿＿＿＿＿＿＿＿＿

(3) She was helped by him with her homework. （否定文に）

＿＿＿＿＿＿＿＿＿＿

(4) These apples were eaten last night. （下線部をたずねる文に）

＿＿＿＿＿＿＿＿＿＿

5 〔 〕内の語を並べかえて，日本文に合う英文を書きなさい。

(1) サッカーは多くの国で行われていますか。

〔 many / played / soccer / is / in / countries 〕?

＿＿＿＿＿＿＿＿＿＿

(2) 時間は賢明に使われるべきです。

〔 be / wisely / should / used / time 〕.

＿＿＿＿＿＿＿＿＿＿

UP 6 次の日本文を，（ ）内の語を適切にかえて英語になおしなさい。

(1) あの車は私の兄によって洗われました。 (wash)

＿＿＿＿＿＿＿＿＿＿

(2) この国では英語は話されません。 (speak)

＿＿＿＿＿＿＿＿＿＿

確認のワーク ステージ1 **Project 2** 行ってみたい名所を紹介しよう！ 読聞書話

📖 **教科書の** 要点 名所を紹介する表現 ♪ a29

It is 3,776 meters high. それは 3,776 メートルの高さです。

要点 ....

● 場所を紹介するときのいろいろな表現
　□ Let me introduce 〜.「〜を紹介します」　　□ There is [are] 〜.「〜があります」
　□ It is located 〜.「〜に位置します」　　□ It is famous for 〜.「〜で有名です」
　□ We can enjoy 〜.「〜を楽しむことができます」
　□ I'm looking forward to 〜.「〜を楽しみにしています」

Words チェック 次の英語は日本語に，日本語は英語になおしなさい。

□(1) climb （　　　　　　　）　　□(2) someday （　　　　　　　）
□(3) 美しさ （　　　　　　　）　　□(4) 混雑した ＿＿＿＿＿＿

よく出る **1** 次の日本文に合うように，＿＿＿に適する語を書きなさい。

(1) 北海道を紹介します。
　　Let me ＿＿＿＿＿＿ Hokkaido.

(2) 東京タワーは 333 メートルの高さです。
　　Tokyo Tower is 333 ＿＿＿＿＿＿＿＿＿＿ .

(3) 横浜は神奈川県に位置しています。
　　Yokohama ＿＿＿＿＿＿＿＿＿＿＿＿ in Kanagawa.

思い出そう
何かについて紹介するときの表現
スピーチなどで何かを紹介したいとき，Let me introduce 〜. のほかにも，I'm going to talk about 〜. を使うことができる。

2 〔　〕内の語句を並べかえて，日本文に合う英文を書きなさい。

(1) 東京スカイツリーは 634 メートルの高さです。
　　〔 is / meters / Tokyo Skytree / 634 / high 〕.

　　＿＿＿＿＿＿＿＿＿＿＿＿＿＿＿＿＿＿＿

(2) 私たちはそこで観光を楽しむことができます。
　　〔 can / we / sightseeing / enjoy 〕 there.

　　＿＿＿＿＿＿＿＿＿＿＿＿＿＿＿ there.

(3) 沖縄は美しい海で有名です。
　　〔 its / beautiful / is / for / Okinawa / famous / beaches 〕.

　　＿＿＿＿＿＿＿＿＿＿＿＿＿＿＿＿＿＿＿

(4) 私はニューヨークに行くことを楽しみにしています。
　　〔 New York / to / looking / I'm / going / forward / to 〕.

　　＿＿＿＿＿＿＿＿＿＿＿＿＿＿＿＿＿＿＿

📝 **表現メモ**
高さを表す high と tall
high は山や塔などの人ではないものに，tall は人の背の高さなどを表すときによく使われる。

文法のまとめ 〜 Project 2

解答▶p.26

Try! READING

Reading 2　Stone Soup ①

読 聞
書 話

●戦争から故郷へ帰る途中の3人の兵士が食べるものを求めてある村に立ち寄りますが，兵士を恐れた村人は食料を隠してしまいます。次の英文を読んで，あとの問いに答えなさい。

The soldiers stopped at ①(　　　) house (　　　) (　　　) and asked (　②　) food, but ③the villagers' answer was always the same.　They all said, "We don't have any food."

The three soldiers talked ④(いっしょに).　Then a soldier ⑤called out, "Good people!　You have no food.　Well then, we'll just make stone soup."　The villagers all looked (　⑥　) the soldiers.　"Stone soup?"

COPYRIGHT(C) "Stone Soup" by Marcia Brown Arranged through Japan UNI Agency, Inc., Tokyo.

Question

(1) 下線部①が「家を次々に」という意味になるように，(　)に適する語を書きなさい。
_____ house _____ _____

(2) ②，⑥の(　)内に適する語をア〜エから選び，記号で答えなさい。
ア　at　イ　from　ウ　by　エ　for　　　　②(　　　)　⑥(　　　)

(3) 下線部③の具体的な内容を表す1文を，本文中から抜き出して書きなさい。
_____

(4) ④の(　)内の日本語を英語になおしなさい。
_____

(5) 下線部⑤の英語を日本語になおしなさい。　　　　　　(　　　　　　　　)

(6) 本文の内容に合うものには○，そうでないものには×を書きなさい。
1.　兵士の1人が村人に「石のスープ」をつくると言った。　　(　　)
2.　村人はみんな「石のスープ」のことをよく知っていた。　　(　　)

Word Box BIG

次の英語は日本語に，日本語は英語になおしなさい。

(1) war　　　　　　(　　　　　)　(2) hide　　　　　(　　　　　)
(3) ourselves　　　(　　　　　)　(4) soldier　　　　(　　　　　)
(5) on one's way home(　　　　)　(6) fill 〜 with ...(　　　　　)
(7) 見知らぬ人　　_____　(8) 〜の味がする　_____
(9) 村　　　　　　_____　(10) 空腹な　　　　_____
(11) hide の過去形　_____　(12) we will の短縮形_____

解答 p.26

Reading 2 **Stone Soup ②**

読 聞
書 話

● 食べるものがないと言う村人たちに，3人の兵士は「石のスープ」をつくることを提案します。次の英文を読んで，あとの問いに答えなさい。

"First we'll need a large pot," the soldiers said.　The villagers brought a very large pot.　①The soldiers filled it with water and heated it up.　Then they found three large stones and put them into the pot.　They also put in salt and pepper and said, "Stones like these make good soup, but with carrots and cabbages, it will taste even better."　Villagers brought them some carrots and cabbages.　　5

"Beef and potatoes will make the most wonderful dinner out of this soup."　The villagers brought their potatoes and beef ②(すぐに).

"And," said the soldiers, "a little milk will be nice. The king asked for soup like that at a dinner with us."　　10

The villagers looked at ③(お互いに).　The soldiers knew the king himself!　Of course they brought their milk.　④(ついに) the soup was ready.

COPYRIGHT(C) "Stone Soup" by Marcia Brown Arranged through Japan UNI Agency, Inc., Tokyo.

Question

(1) 下線部①を，it の指す内容を明らかにして日本語になおしなさい。

(　　　　　　　　　　　　　　　　　　　　　　　　　　　　　)

(2) ②〜④の（　）内の日本語を，それぞれ2語の英語になおしなさい。

② ＿＿＿＿＿＿ ＿＿＿＿＿＿　③ ＿＿＿＿＿＿ ＿＿＿＿＿＿

④ ＿＿＿＿＿＿ ＿＿＿＿＿＿

(3) 本文の内容に合うように，「石のスープ」の材料をつぼに入れた順に正しく並べかえ，記号で答えなさい。

ア　水　　　　　　　イ　牛乳　　　　　　ウ　塩とこしょう
エ　3つの大きな石　　オ　ジャガイモと牛肉　カ　ニンジンとキャベツ

(　　　)→(　　　)→(　　　)→(　　　)→(　　　)→(　　　)

(4) 本文の内容に合うように次の問いに答えるとき，＿＿＿に適する語を書きなさい。

1.　How many stones did the soldiers use for the "Stone Soup"?

—— They used ＿＿＿＿＿＿ ＿＿＿＿＿＿.

2.　Who brought the vegetables to the soldiers?

—— ＿＿＿＿＿＿ ＿＿＿＿＿＿ did.

Reading 2

解答 ▶ p.27

定着のワーク ステージ **2** **Lesson 7** 〜 **Reading 2**

読 聞
書 話

🎧 **1** LISTENING 対話と質問を聞いて，その答えとして適するものを1つ選び，記号で答えなさい。

🎵 113

ア	イ	ウ	エ
岩手県		北海道	祭

(　　　)

重要ポイント

👑 **2** 次の文の＿＿＿に，（ ）内の語を適する形にかえて書きなさい。

(1) A new smartphone is ＿＿＿＿＿＿ at this store. （sell）

(2) This cap was ＿＿＿＿＿＿ by him. （buy）

(3) These pictures can be ＿＿＿＿＿＿ in Japan. （take）

2 すべて受け身の文で，不規則動詞の過去分詞形。

(1)(2)過去形と過去分詞形が同じ形。

(3)原形，過去形，過去分詞形がすべて異なる形。

3 次の文の（ ）内から適する語を選び，○で囲みなさい。

(1) He is (call, calls, called) Mike.

(2) Basketball (didn't, isn't, wasn't) played at the gym yesterday.

(3) Many animals will (be, are, were) saved by her.

3 (1)前の is に注意。

(2)時を表す語句に注意。

(3)〈助動詞＋受け身〉の文。

👑 **4** 次の文を，ほぼ同じ内容を表す受け身の文に書きかえなさい。

(1) Tom made this table.

＿＿＿＿＿＿＿＿＿＿＿＿＿＿＿＿＿＿＿＿＿

(2) She uses the bike every day.

＿＿＿＿＿＿＿＿＿＿＿＿＿＿＿＿＿＿＿＿＿

(3) The girl wrote the story last Saturday.

＿＿＿＿＿＿＿＿＿＿＿＿＿＿＿＿＿＿＿＿＿

(4) We should solve the problems.

＿＿＿＿＿＿＿＿＿＿＿＿＿＿＿＿＿＿＿＿＿

(5) He will bring these magazines.

＿＿＿＿＿＿＿＿＿＿＿＿＿＿＿＿＿＿＿＿＿

5 次の日本文に合うように，＿＿＿に適する語を書きなさい。

(1) 私は夏だけではなく秋も好きです。

I like not ＿＿＿＿＿＿ summer ＿＿＿＿＿＿ fall.

(2) 助けが必要な人々をどのように助けたのですか。

How did you save people ＿＿＿＿＿＿ ＿＿＿＿＿＿ ?

テストに◎出る!

受け身の文への書きかえ

He loves her.

She is loved by him.

①もとの文の目的語を受け身の文の主語にする。

②もとの文の動詞を〈be 動詞＋動詞の過去分詞形〉の形にする。

③もとの文の主語を by に続けて受け身の文の過去分詞形のあとに置く。主語が主格の代名詞の場合，受け身の文では目的格の代名詞になる。

6 次の対話文を読んで，あとの問いに答えなさい。

Ms. King : ① This card was sent by Henry Cole.

Bob : And ② it was sent to his friend John.

Ms. King : Right. In the middle of the card, a family is celebrating Christmas. ③ What are the people on the left and right doing?

Kenta : ④ (わかりました)! They are helping each other.

(1) 下線部①を疑問文に書きかえなさい。

_____

(2) 下線部②の it の内容を明らかにして日本語にしなさい。

(　　　　　　　　　　　　　　　　　　　　)

(3) 下線部③の質問の答えとなる１文を，本文中から抜き出して書きなさい。

_____

(4) ④の(　)内の日本語を，３語の英語になおしなさい。

_____ _____ _____ !

よく出る 7 〔　〕内の語句をならべかえて，日本文に合う英文を書きなさい。ただし，１語補うこと。

(1) その新しいビルは建てられる予定です。
〔 the / be / building / new / will 〕.

_____

(2) この本は多くの国で読まれていますか。
〔 book / countries / in / is / many / this 〕?

_____

(3) その絵は 300 年前に描かれました。
〔 the picture / three hundred / drawn / ago / years 〕.

_____

(4) あの窓は５時までに閉められるべきです。
〔 be / that window / by / closed / 5 o'clock 〕.

_____

レベルUP 8 次の日本文を英語になおしなさい。

(1) その腕時計は彼女の祖母によって見つけられました。

_____

(2) その店は来年までに建てられる予定です。

_____

ちょっとBREAK 「時差ボケ」は英語で何と言うでしょうか？ ➡答えは次のページ

重要ポイント

6 (1) be 動詞の文の疑問文と同じつくり方。
(2)前文にヒントがある。
(3)次の発言を参照する。

7 (1)〜(3)受け身の文。動詞の過去分詞形は不規則動詞。
(3)「300 年前」とあることに注意。
(4)〈助動詞＋受け身〉の文

得点力をUP

前置詞 by
受け身の文で使われる by は，行為者を表す「〜によって」の意味である場合が多い。
by にはほかにも，「〜までに」や「〜のそばで」などの意味がある。

8 (1)「〜によって」とあるので，行為者を示す語句を入れる。
(2)「〜される予定」は〈will be＋動詞の過去分詞形〉で表すことができる。

Lesson 7 〜 Reading 2

1 LISTENING (1)〜(3)の英文を聞いて，その内容に合う絵を1つ選び，その記号を書きなさい。

♪ l14 3点×3(9点)

(1)(　　　　)

(2)(　　　　)

(3)(　　　　)

2 次の日本文に合うように，＿＿＿に適する語を書きなさい。 3点×4(12点)

(1) ヴィクトリアの滝はジンバブエとザンビアの間に位置しています。

Victoria Falls ＿＿＿＿＿＿ ＿＿＿＿＿＿ between Zimbabwe and Zambia.

(2) ベニスは「水の都」で有名です。

Venice is ＿＿＿＿＿＿ ＿＿＿＿＿＿ "City of Water."

(3) 私たちのための食べ物はありますか。

＿＿＿＿＿＿ ＿＿＿＿＿＿ any food for us?

(4) 彼らはお互いに顔を見合わせました。

They looked at ＿＿＿＿＿＿ ＿＿＿＿＿＿.

3 次の文の＿＿＿に，（　）内の語を適する形にかえて書きなさい。 3点×5(15点)

(1) It was ＿＿＿＿＿＿ hundred years ago. （write）

(2) Our town can be ＿＿＿＿＿＿ from here. （see）

(3) These books were ＿＿＿＿＿＿ for me yesterday. （buy）

(4) The classroom should be ＿＿＿＿＿＿ by students. （clean）

(5) The picture was ＿＿＿＿＿＿ by my father last weekend. （draw）

4 次の文を（　）内の指示にしたがって書きかえなさい。 4点×2(8点)

(1) The question is answered very easily. （can を加えて）

＿＿＿＿＿＿＿＿＿＿＿＿＿＿＿＿＿＿＿＿＿＿＿＿＿＿＿＿＿＿

(2) Mei should write the report. （ほぼ同じ内容を表す受け身の文に）

＿＿＿＿＿＿＿＿＿＿＿＿＿＿＿＿＿＿＿＿＿＿＿＿＿＿＿＿＿＿

ちょっとBREAKの答え jet lag（ジェット機による（時間の）ずれ）と言います。

目標 ●受け身の形を理解して，正しく使えるようになりましょう。また，自分の感想や経験を説明できるようにしましょう。

自分の得点まで色をぬろう!

⊗がんばろう!	⊕もう一歩	⊕合格!

0　　　　　　　　　　　60　　80　　100点

5 次の英文を読んで，あとの問いに答えなさい。 (計 36 点)

Not only ①(～の最後に) the year but throughout the year, a lot of money is ②(collect) to help people in need.　For example, when a natural disaster occurs, money is ③(donate) to others ④(必要としている). ⑤[be / wisely / should / money / spent].

In 2011 an American professor did an ⑥experiment. He gave students five dollars each.　They had to spend the money by 5:00 p.m. that day.　Each student was ⑦(call) that night and asked ⑧two questions.　"How did you spend the money?"　"How happy do you feel now?" The results were surprising.

(1) ①，④の(　)内の日本語を，①は 4 語，④は 2 語の英語になおしなさい。 3 点×2(6 点)

① _____ _____ _____ _____

④ _____ _____

(2) ②，③，⑦の(　)内の語を適する形にかえなさい。 3 点×3(9 点)

② _____ ③ _____ ⑦ _____

(3) 下線部⑤が「お金は賢明に使われるべきです」という意味になるように，〔　〕内の語を並べかえなさい。 (5 点)

_____

(4) 下線部⑥の英語を日本語にしなさい。 (　　　　　　　　　) (4 点)

(5) 下線部⑧の「2 つの質問」を日本語で具体的に書きなさい。 6 点×2(12 点)

(　　　　　　　　　　　　　　　　　　　　　　　　　　)

(　　　　　　　　　　　　　　　　　　　　　　　　　　)

レベルUP 6 次の日本文を英語になおしなさい。 5 点×4(20 点)

(1) その国では英語と中国語が話されています。

_____

(2) 私たちの家は 12 月までに建てられる予定です。　(will を使って)

_____

(3) この本は日本人によって書かれましたか。

_____

(4) ((3)に答えて)はい，そうです。

_____

解答　p.28

確認のワーク **ステージ1** Lesson 8　*Rakugo* in English ①

読聞書話

教科書の 要点　〈疑問詞＋主語＋動詞〉を含む間接疑問　♪ a30

I don't know.　When is your birthday?

↓　　　　疑問文の語順

I don't know when your birthday is.　あなたの誕生日がいつか知りません。

目的語の働き　　　肯定文の語順

要点

● 疑問詞で始まる疑問文を別の文に組み込み，動詞の目的語として使うことがある（間接疑問）。その場合，疑問詞以下は〈疑問詞＋主語＋動詞 〜〉の語順となる。

● 疑問文に組み込む場合も同様に，動詞の目的語の位置に〈疑問詞＋主語＋動詞 〜〉の語順で入れる。　例　Where does she live? → Do you know where she lives?

プラス　疑問詞が主語の疑問文では，〈疑問詞（＝主語）＋動詞 〜〉で語順は変わらない。

疑問文　　　Who wrote this letter?

例 間接疑問　I know who wrote this letter.　（だれがこの手紙を書いたのか知っています）

〈疑問詞（＝主語）＋動詞〉

Wordsチェック　次の英語は日本語に，日本語は英語になおしなさい。

□(1)　perform　（　　　　　　　　）　□(2)　be into 〜　（　　　　　　　　）

□(3)　種類　＿＿＿＿＿＿＿＿＿　□(4)　〜だろうかと思う　＿＿＿＿＿＿＿＿＿

1 次の日本文に合うように，＿＿＿に適する語を書きなさい。

(1)　私はあなたが何を持っているのか知っています。

　　I know ＿＿＿＿＿＿ ＿＿＿＿＿＿ have.

(2)　あなたは彼女がなぜ遅れたのか知っていますか。

　　Do you know ＿＿＿＿＿ she ＿＿＿＿＿ late?

(3)　私がどこに行くべきか教えて。

　　Tell me where ＿＿＿＿＿＿ ＿＿＿＿＿＿ go.

ここが ポイント

間接疑問

〈主語＋動詞＋疑問詞＋主語＋動詞 〜〉の語順。

よく出る 2 次の英文を日本語になおしなさい。

(1)　I know when he came.

　　私は（　　　　　　　　　　　　）知っています。

(2)　Please tell me which is better.

　　私に（　　　　　　　　　　　　）教えてください。

(3)　I don't know what she will make.

　　私は（　　　　　　　　　　　　）知りません。

まるごと 暗記

疑問詞

● what「何」
● when「いつ」
● where「どこ」
● who「だれ」
● which「どれ」
● why「なぜ」
● how「どのようにして」

next：次の，visit：〜を訪れる

3 〔 〕内の語句を並べかえて，日本文に合う英文を書きなさい。

(1) 私はあなたが何を考えているのかわかりません。

〔 thinking / what / don't / I / you / know / are 〕.

_____

(2) コウタがどうやって学校へ来るか知っていますか。

〔 Kota / how / you / to / comes / know / do 〕 school?

_____ school?

(3) だれが入ってくるでしょうか。

〔 in / wonder / I / who / come / will 〕.

_____

まるごと暗記

〈疑問詞＋主語＋動詞
〜〉を目的語にとる動詞
know, wonder, tell,
ask, understand など。

4 次の日本文に合うように，2つの文を1文にしなさい。

(1) 私はクミがどこに住んでいるのか知りません。

I don't know. Where does Kumi live?

_____

(2) 何があなたを悲しくさせるのでしょうか。

I wonder. What makes you sad?

_____

(3) 彼女（かのじょ）はあなたがなぜ彼女に電話をかけたか知っていますか。

Does she know? Why did you call her?

_____

ミス注意

(1) Where 〜? の文の主
語が3人称単数なの
で，間接疑問の動詞に
s をつける。

(2) 疑問詞 what が主語の
文を間接疑問にするの
で，〈疑問詞（＝主語）
＋動詞〉で語順は変わ
らない。

(3) Why 〜? が過去の文
なので，間接疑問の動
詞を過去形にする。

5 次の日本文に合うように，＿＿に適する語を書きなさい。

(1) 彼（かれ）はあなたが正しいことを知っています。

He _____ _____ you are right.

(2) 彼女はなぜ授業に遅れたのでしょうか。

I _____ _____ she was late for the class.

(3) それ以上に，私たちは彼が心配です。

_____ _____ that, we worry about him.

6 Word Box　アキラはエマ（Emma）に質問した答えをメモに書き入れています。例にならい，アキラがエマについてすでに知っていることと，まだ知らないことを表す英文を完成させなさい。

例　Akira knows what sport Emma plays.

(1) Akira knows _____ Emma was

_____ .

(2) Akira doesn't know _____ Emma is from.

(3) Akira doesn't know _____ food Emma

_____ .

エマへの質問と答え	
スポーツ	テニス
誕生日	10月12日
出身地	？
好きな食べ物	？

教科書の 要点 〈動詞＋人＋間接疑問〉　♪ a31

Kenta told me how difficult the test was.
　　　　　　目的語（（人）に）　　目的語の働き（〜を）

ケンタはそのテストがどのくらい難しかったか教えてくれました。

要点

- ●〈動詞＋人＋how[what など] 〜〉の形で「（人）にどのくらい[何が]〜なのかを…する」を表す。
- ●動詞には ask(〜をたずねる), tell(〜を話す) などの目的語を2つとれる動詞が使われる。「人」と疑問詞以下は動詞の目的語となる。

Words チェック　次の英語は日本語に, 日本語は英語になおしなさい。

□(1)　foreign　（　　　　　　　）　　□(2)　introduce　（　　　　　　　）

□(3)　奇妙な, 不思議な（きみょう）＿＿＿＿＿　□(4)　ゲスト, 客　＿＿＿＿＿

1 絵を見て例にならい, 「ジュリは〜がどのくらい…だったか私に教えてくれました」という文を書きなさい。

English test / easy

the movie / interesting

the cake / delicious

the game / exciting

例　Juri told me how easy the English test was.

(1)　Juri ＿＿＿＿＿＿＿ me how interesting the movie was.

(2)　Juri ＿＿＿＿＿ ＿＿＿＿＿ ＿＿＿＿＿ delicious the cake was.

(3)　Juri ＿＿＿＿＿＿＿＿＿＿＿＿＿＿＿＿＿＿＿ .

ここが ポイント
「（人）にどのくらい〜なのかを伝える」は〈tell＋人＋how 〜〉で表す。

2 次の日本文に合うように, ＿＿ に適する語を書きなさい。

(1)　私は彼（かれ）に何が起こったのかたずねてみます。
　　　I'll ＿＿＿＿＿ him ＿＿＿＿＿ happened.

(2)　私に次にどこへ行くべきか教えて。
　　　＿＿＿＿＿ me ＿＿＿＿＿ I should go next.

(3)　彼女（かのじょ）はその少女に何歳（さい）たずねるつもりです。
　　　She'll ＿＿＿＿＿ the girl ＿＿＿＿＿ old she is.

思い出そう
〈動詞＋A＋B〉のように目的語を2つとる動詞
- ●ask(AにBをたずねる)
- ●teach(AにBを教える)
- ●tell(AにBを伝える)
- ●show(AにBを示す)

複数形の experiences は(イ)ス, countries はイズ, と発音するよ。

③ 次の英文を日本語になおしなさい。

(1) Can you tell me where the teacher is?

(   )

(2) I'll ask them what they eat every morning.

(   )

(3) Please tell me how difficult the test was.

(   )

④ 〔 〕内の語句を並べかえて，日本文に合う英文を書きなさい。

(1) 私はその公園がどのくらいわくわくしたか彼に話しました。

I 〔 him / told / how / the park / exciting / was 〕.

I _____.

(2) 彼女にどこに住んでいるのかたずねてください。

Please 〔 where / ask / she / her / lives 〕.

Please _____.

(3) 私はあの男性に何時なのか聞くつもりです。

〔 it / ask / I'll / what / that man / time / is 〕.

_____

⑤ 次の日本文に合うように，_____ に適する語を書きなさい。

(1) 私の親友を紹介させてください。

_____ me _____ my best friend.

(2) 京都に滞在中に多くの寺を訪れました。

_____ staying in Kyoto, we visited many temples.

(3) 彼は私たちに落語はいかにおもしろいか話してくれるでしょう。

He'll _____ us _____ interesting *rakugo* is.

(4) 彼らに大きな拍手をしてください！

Please _____ them a big _____!

(5) それは夢のようでした

It was _____ a _____.

WRITING Plus 🖉

次の各問いに対して，あなた自身の答えを英語で書きなさい。

(1) Please tell me what you are going to do after school.

_____

(2) Please tell me where you want to visit in the future.

_____

ここが ポイント

〈ask [tell] など＋人 〜〉に続く間接疑問の形

● 〈疑問詞＋主語＋動詞 〜〉

例 I don't know where you run.
（あなたがどこを走るか知りません）

● 〈疑問詞（＝主語）＋動詞 〜〉

例 I don't know who runs.
（だれが走るのか知りません）

● 〈疑問詞(how) … 主語＋動詞 〜〉

例 I don't know how fast you run.
（あなたがどれくらい速く走るか知りません）

表現メモ

hand を使った表現

● a big hand 「大きな拍手」
● shake hands 「握手する」
● clap hands 「手をたたく」

Lesson 8

確認のワーク ステージ**1** Lesson 8 *Rakugo* in English ③ 読 聞 書 話

教科書の **要点** 感嘆文「なんて〜なんだ！」 ♪ a32

What an easy job!	なんて簡単な仕事なんでしょう。
How nice!	なんてすてきなんでしょう。

要点

● 驚いたことなどを感情をこめて伝えるとき，〈What＋（a[an]＋）形容詞＋名詞！〉「なんて〜な…だ！」や〈How＋形容詞！〉「なんて〜なんだ！」のような文で表す。このような文を感嘆文という。

プラス What an easy job it is! や How easy the job is! のように〈主語＋動詞〉をともなうこともある。

Words チェック 次の英語は日本語に，日本語は英語になおしなさい。

- □(1) recently （　　　　　　） □(2) present （　　　　　　）
- □(3) 戦う ＿＿＿＿＿＿ □(4) 集まる ＿＿＿＿＿＿
- □(5) 注目，注意 ＿＿＿＿＿＿ □(6) 野生の ＿＿＿＿＿＿

1 絵を見て例にならい，「なんて〜な…だ！」という文を書きなさい。

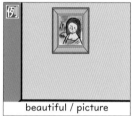   

| 例 beautiful / picture | (1) cute / cat | (2) old / house | (3) interesting / story |

例 What a beautiful picture!

(1) What a ＿＿＿＿＿＿ cat!

(2) What ＿＿＿＿＿＿＿＿＿＿＿ !

(3) ＿＿＿＿＿＿＿＿＿＿＿

ここが ポイント

感嘆文
● 〈what＋（a[an]＋）形容詞＋名詞！〉
「なんて〜な…だ！」。
● 〈How＋形容詞！〉
「なんて〜なんだ！」。
what を使う感嘆文は，what のあとに〈形容詞＋名詞〉がくる。名詞が単数の場合は形容詞の前に a[an] を置く。複数の場合は置かない。

2 次の日本文に合うように，＿＿に適する語を書きなさい。

(1) なんてかわいいのでしょう。
＿＿＿＿＿＿ cute!

(2) 皆さま，ショーを紹介します。
Ladies and ＿＿＿＿＿＿, we present our show!

(3) なんてわくわくする映画なのでしょう。
＿＿＿＿＿＿ ＿＿＿＿＿＿ exciting movie!

(4) なんて怖いのでしょう。
＿＿＿＿＿＿ ＿＿＿＿＿＿ !

 zoo：動物園，mouth：口

疑問文が別の文の中に含まれた文／感嘆文

解答 ▶ p.30

読 聞
書 話

まとめ

① 間接疑問

●疑問詞で始まる疑問文を別の文の中に組み込むと，疑問詞以下は〈疑問詞＋主語＋動詞 ～〉の語順となり，動詞の目的語の働きをする（間接疑問）。

I don't know.　Where does Kate live?

→ I don't know where Kate lives.　　　（ケイトがどこに住んでいるのか知りません）

Do you know when your English lesson is?　　（英語の授業はいつなのかわかりますか）

●〈動詞＋人＋how[what など] ～〉の形で「（人）にどのくらい[何が]～なのかを…する」を表す。動詞は ask，tell などがよく使われる。

Please tell me what your favorite food is.　（あなたの大好きな食べ物が何か教えてください）

I'll ask her how long it takes to get to the station.

（私は彼女に駅までどのくらいの時間がかかるかたずねるつもりです）

② 感嘆文

●驚いたことなどを感情をこめて伝える文を感嘆文という。「なんて～な…だ！」は〈What＋(a [an]＋)形容詞＋名詞！〉と表す。「なんて～なんだ！」は〈How＋形容詞！〉と表す。

What a big house!　（なんて大きな家なのでしょう！）

How small!　　　（なんて小さいのでしょう！）

練習

1 次の文の（ ）内から適する語句を選び，○で囲みなさい。

(1) Tell me where (you live / live you / do you live).

(2) Do you know who (did built / building / built) the house?

(3) (How / What / Where) a nice place!

2 次の日本文に合うように，＿＿＿に適する語を書きなさい。

(1) なんて難しいのでしょう。

＿＿＿＿＿＿ difficult!

(2) 私は彼の電話番号は何かたずねるつもりです。

I'll ask him ＿＿＿＿＿ his phone number ＿＿＿＿＿.

(3) 私は昨日あなたが何をしたのか知っています。

I know ＿＿＿＿＿ you ＿＿＿＿＿ yesterday.

(4) 私たちはだれが夕食をつくったのかわかりません。

We don't know ＿＿＿＿＿ ＿＿＿＿＿ the dinner.

(5) 昨夜，私は映画を見ました。なんておもしろい物語なのでしょう。

I watched a movie last night. ＿＿＿＿＿ ＿＿＿＿＿ funny story!

(6) どこへ行くべきか私に教えてください。

Please tell me ＿＿＿＿＿ I should ＿＿＿＿＿.

Lesson 8 ～ 文法のまとめ

定着のワーク　ステージ 2　Lesson 8

読 聞 書 話

🎧 **1 LISTENING** 対話を聞いて，マイが見せたものは何かを選び，記号で答えなさい。 ♪ 115

 ア　 イ　 ウ　 エ

（　　　）

2 次の 2 つの文を 1 文に書きかえなさい。

(1) I don't know.　What's his favorite sport?

_____

(2) Please tell me.　When did you go to bed last night?

_____

(3) We can't tell you.　Where did they go?

_____

3 次の日本文に合うように，_____ に適する語を書きなさい。

(1) 来週，英語のテストがあります。

_____ is going to be an English test next week.

(2) 特別なショーを私に紹介させてください。

_____ _____ present the special show.

(3) 私の先生は私に教室に入るように言いました。

My teacher told me to go _____ the classroom.

(4) あなたは今晩，宿題をしなければなりませんか。

Do you _____ to do your homework tonight?

(5) 祖母はその庭を歩きまわることが好きです。

My grandmother likes to walk _____ the garden.

4 〔　〕内の語句を並べかえて，日本文に合う英文を書きなさい。ただし，不要な語が 1 語あります。

(1) 彼女は自分が何をするべきかわかりません。

She 〔 do / know / she / what / doesn't / should / to 〕.

She _____ .

(2) なんて親切な人々なのでしょう！

〔 people / nice / a / what 〕!

_____

重要ポイント

2 疑問詞のあとの動詞が過去形なのか現在形なのか注意する。間接疑問文は〈疑問詞＋主語＋動詞〜〉の語順にする。

得点力をUP

have to と must
両方とも「〜しなければならない」という意味だが，否定文では **don't[doesn't] have to 〜** は「〜する必要はない」，**must not 〜** は「〜してはいけない」と，意味が異なる。

4 (2)「なんて〜な…だ！」は〈What＋(a[an]＋)形容詞＋名詞!〉で表す。名詞が複数形の場合は a[an]は不要。

❺ 落語家の桂かい枝さんについてアヤとボブが話しています。次の対話文を読んで，あとの問いに答えなさい。

Aya : Mr. Katsura Kaishi is coming to our school.

Bob : Really?　He performs *rakugo* ①（英語で）, right?

　　　②〔 when / coming / he's / know / you / do 〕?

Aya : Next Monday.　Did you know that he went to many countries to perform *rakugo*?

Bob : ③I wonder （　　　）（　　　）（　　　）（　　　）（　　　）.
　　　More than that, ④I want to know which *rakugo* he is going to tell us.

(1)　①の（　）内の日本語を，2語の英語になおしなさい。

　　_____　_____

(2)　下線部②の〔　〕内の語句を並べかえて，意味の通る英文にしなさい。

　　_____

(3)　下線部③が「彼はいくつの国を訪れたのだろうかと思います」という意味になるように，_____に適する語を書きなさい。

　　I wonder _____　_____

　　_____　_____ .

(4)　下線部④の英文を日本語になおしなさい。

　　（　　　　　　　　　　　　　　　　　　　　　）

(5)　本文の内容と合うように次の問いに答えるとき，_____に適する語を書きなさい。

　　Does Bob know about Mr. Katsura Kaishi?

　　—— _____ , he _____ .

❻ 次の英文を日本語になおしなさい。

(1)　Please tell me when you will come here.

　　（　　　　　　　　　　　　　　　　　　　　　）

(2)　What a difficult book!

　　（　　　　　　　　　　　　　　　　　　　　　）

(3)　Reina doesn't know why I went to the park.

　　（　　　　　　　　　　　　　　　　　　　　　）

(4)　I wonder how he goes to school.

　　（　　　　　　　　　　　　　　　　　　　　　）

重要ポイント

❺ (1)〈in＋言語名〉で表す。

(2)〜(4)いずれも，疑問文が別の文の中に含まれた形の英文。まず疑問詞はどれになるか，どんな意味かを考える。

テストに◎出る!

〈疑問詞＋主語＋動詞 〜〉を目的語にとる動詞 know, wonder, tell, ask, understand など。

❻ (1)〈tell＋人＋〜〉で「(人)に〜を話す」。

(2)〈What＋(a[an]＋)形容詞＋名詞!〉で驚きを表す感嘆文。

(4)I wonder 〜. で「私は〜だろうかと思う[〜でしょうか]」。

Lesson 8

実力判定テスト　ステージ3　Lesson 8

解答　p.31

30分　/100　読聞書話

1 LISTENING　(1)〜(3)の対話と質問を聞いて，その答えとして適するものを1つ選び，記号で答えなさい。　♪ l16　3点×3(9点)

(1) ア　Bobby.
イ　James.
ウ　Lisa.
エ　His sister.　（　　）

(2) ア　Only Japanese food.
イ　Only Italian food.
ウ　Chinese food.
エ　Japanese and Italian food.　（　　）

(3) ア　About beautiful flowers.
イ　About their grandmother.
ウ　About a picture.
エ　About their summer vacation.　（　　）

2 次の日本文に合うように，＿＿に適する語を書きなさい。　3点×4(12点)

(1) 来週の月曜日から学校が始まることを知っていますか。

Do you ＿＿＿＿＿＿ ＿＿＿＿＿＿ school starts from next Monday?

(2) 何人の人々がパーティーに来るでしょうか。

I ＿＿＿＿＿＿ how many people are coming to the party.

(3) 皆さん，注意してお聞きください。

Ladies and ＿＿＿＿＿＿ boys and ＿＿＿＿＿＿, listen carefully.

(4) どちらのチームが試合に勝つと思いますか。

Can you guess ＿＿＿＿＿＿ team will win the game?

3 次の文の（ ）内から適する語句を選び，○で囲みなさい。　3点×4(12点)

(1) Can you tell me what (do you like / you like / like to do).

(2) I wonder (what / when / who) he wants to do this weekend.

(3) (How / What / Where) big!

(4) My teacher doesn't know (who / what / where) made this lunch.

4 〔 〕内の語句を並べかえて，日本文に合う英文を書きなさい。　4点×3(12点)

(1) なんて彼は親切な学生なのでしょう。

〔 student / a / kind / what 〕 he is!

＿＿＿＿＿＿＿＿＿＿＿＿＿＿＿＿＿＿＿＿＿ he is!

(2) その町にスーパーマーケットが1つしかないことを知っていますか。

Do you know that 〔 supermarket / the town / is / there / in / only / one 〕?

Do you know that ＿＿＿＿＿＿＿＿＿＿＿＿＿＿＿＿＿?

(3) 私は，何の音楽がいちばん人気があったかをあなたに話しましょう。

I'll 〔 popular / you / most / what / the / tell / music 〕 was.

I'll ＿＿＿＿＿＿＿＿＿＿＿＿＿＿＿＿＿＿＿.

ちょっとBREAKの答え　くしゃみをすると魂が抜け出すという迷信から，Bless you! と言います。

目標

自分の得点まで色をぬろう！

😣がんばろう！　　😊もう一歩　　😄合格！

0　　　　　　　　　60　　80　100点

5 落語家の桂かい枝さんはアヤの中学校を訪問し，海外での経験を話しています。次の英文を読んで，あとの問いに答えなさい。 (計35点)

Thank you, Aya and everybody.　I have some very strange experiences to tell you about today!　①(ある日), I performed *rakugo* at a school in New York.　I usually perform on a stage, but that school didn't have ②one.　People there got me a round, one-legged table, and I had to perform *rakugo* on ③it.　④I can [difficult / how / it / tell / was / you].　It was like walking on a tightrope while telling a *rakugo* story.

(1) ①の(　)内の日本語を，2語の英語になおしなさい。 (6点)

_____ _____

(2) 下線部②，③が指すものを，それぞれ具体的に日本語で書きなさい。 7点×2(14点)

②(　　　　　　　　　　　　　　　)

③(　　　　　　　　　　　　　　　)

(3) 下線部④の[　]内の語を並べかえて，意味の通る英文にしなさい。 (6点)

I can _____.

(4) 本文の内容に合うように次の問いに答えるとき，＿＿＿に適する語を書きなさい。

1. What is Mr. Katsura Kaishi talking about? 3点×3(9点)

―― About some _____ _____ _____.

2. Where does Mr. Katsura Kaishi usually perform *rakugo*?

―― He usually performs _____ _____ _____.

3. Did Mr. Katsura Kaishi walk on a tightrope in New York?

―― _____, he _____.

レベルUP 6 次の日本文を英語になおしなさい。 5点×4(20点)

(1) マイク(Mike)はなぜ昨晩遅くに宿題が終わったのか，あなたは知っていますか。

(2) 私はサオリの誕生日がいつなのか知りません。

(3) なんて小さい箱なのでしょう！

(4) なぜあなたはここに来たのだろうかと私は思います。

Lesson 8

解答　p.32

ステージ **1** 　Lesson 9　Gestures and Sign Language ① 読聞書話

教科書の 要点　「AをBにする」など ♪ a33

The news **made** **me** **happy**.　　その知らせは私をうれしい気持ちにしました。
　　　目的語　補語(形容詞)

My friends **call** **me** **Kenta**.　　友達は私をケンタと呼びます。
　　目的語　補語(名詞)

要点

● 「(人[もの])を〜な気持ち[状態]にする」は〈make＋人[もの]＋形容詞〉で表す。
● 「(人[もの])を〜と呼ぶ」は〈call＋人[もの]＋〜〉で表す。「〜」には名詞(呼び名)が入る。
● これらの文は〈主語＋動詞＋目的語＋補語〉で，「目的語＝補語」の関係になる。

Wordsチェック　次の英語は日本語に，日本語は英語になおしなさい。

□(1)　cousin　　　　　（　　　　　　　）　　□(2)　careful　　　　（　　　　　　　）

□(3)　平和　　　　　＿＿＿＿＿＿＿＿　　□(4)　身ぶり，ジェスチャー　＿＿＿＿＿＿＿

□(5)　最後の，最終の　＿＿＿＿＿＿＿＿　　□(6)　make の過去形　＿＿＿＿＿＿＿

1 次の日本文に合うように，＿＿＿に適する語を書きなさい。

(1)　彼は私をミキと呼びます。
　　He ＿＿＿＿＿＿＿＿ ＿＿＿＿＿＿＿＿ Miki.
(2)　その本は彼を眠くさせます。
　　The book ＿＿＿＿＿＿＿＿ ＿＿＿＿＿＿＿＿ sleepy.
(3)　これらの歌は私たちをわくわくさせます。
　　These songs ＿＿＿＿＿＿＿＿ ＿＿＿＿＿＿＿＿ excited.
(4)　彼女はそのネコたちを「私の友達」と呼びます。
　　She ＿＿＿＿＿＿＿ the ＿＿＿＿＿＿＿ "my friends."

ここがポイント

A（目的語）＝B（補語）の関係になる文
● 「A を B と呼ぶ」は〈call＋A（人[もの]）＋B（呼び名）〉の語順にする。
● 「A を B の気持ち[状態]にする」は〈make＋A（人[もの]）＋B（形容詞）〉で表す。

よく出る 2 〔　〕内の語句を並べかえて，日本文に合う英文を書きなさい。

(1)　そのニュースを知って彼らは驚きました。
　　〔 surprised / them / made / the news 〕.

＿＿＿＿＿＿＿＿＿＿＿＿＿＿＿＿＿＿＿＿＿＿＿＿＿＿＿

(2)　あなたはお父さんを何と呼んでいますか。
　　〔 do / call / you / your father / what 〕?

＿＿＿＿＿＿＿＿＿＿＿＿＿＿＿＿＿＿＿＿＿＿＿＿＿＿＿

(3)　人々はこの寺を金閣寺と呼びます。
　　〔 people / this / Kinkakuji / temple / call 〕.

＿＿＿＿＿＿＿＿＿＿＿＿＿＿＿＿＿＿＿＿＿＿＿＿＿＿＿

ここがポイント

(2)「〜を何と呼んでいますか」は〈call＋A＋B〉の B をたずねる疑問文。「何と」なので What で始める。

 new：新しい，news：ニュース，知らせ

 　**Lesson 9**　Gestures and Sign Language ②　読聞書話

解答 ▶ p.32

教科書の 要点　「(人)に〜してと頼む」など ♪ a34

Mother **asked** me **to open** the door.　　母は私にドアを開けてと頼みました。
　　　to以下を行う人　してほしいこと

I **want** you **to play** the piano.　　あなたにピアノを弾いてほしいです。
　　to以下を行う人　してほしいこと

要点

● 「(人)に〜してと頼む」は〈ask＋人＋to＋動詞の原形〉で表す。
● 「(人)に〜してほしい」は〈want＋人＋to＋動詞の原形〉で表す。
● 「人」が代名詞のときは目的格(me, you, her, him, us, them)となる。

Wordsチェック　次の英語は日本語に，日本語は英語になおしなさい。

□(1) communicate　（　　　　　）　□(2) abroad　（　　　　　）

□(3) 〜を表現する　＿＿＿＿＿＿　□(4) チケット，切符　＿＿＿＿＿＿

1 次の( )内から適する語句を選んで，○で囲みなさい。

(1) I want (he, him, his) to play the guitar.

(2) He wants Lisa (goes, go, to go) to a movie with him.

(3) Mr. Brown asked (we, us, our) to speak in English.

(4) My mother asked me (clean, to clean, cleaning) my room.

ここがポイント

「(人)に〜してと頼む[してほしい]の文は〈ask[want]＋人＋to＋動詞の原形〉の形にする。ask[want]のあとの人称代名詞は目的格にする。

2 次の日本文に合うように，＿＿に適する語を書きなさい。

(1) 私たちはケンによい俳優になってほしいと思っています。

　We ＿＿＿＿＿＿ Ken ＿＿＿＿＿＿ ＿＿＿＿＿＿ a

　good actor.

(2) 佐藤先生は彼らにレポートを書くように頼みました。

　Ms. Sato asked them ＿＿＿＿＿＿ ＿＿＿＿＿＿ their

　reports.

(3) 父は私に8時までに帰宅してほしいと思っています。

　My father ＿＿＿＿＿＿ ＿＿＿＿＿＿ ＿＿＿＿＿＿

　get home by eight.

(3) リナは父親に新しい自転車を買ってくれるように頼みました。

　Rina ＿＿＿＿＿＿ her father ＿＿＿＿＿＿

　＿＿＿＿＿＿ a new bike.

表現メモ

get を使った表現
● get home 「帰宅する」
● get off 〜 「〜を降りる」
● get on 〜 「〜に乗る」
● get to 〜 「〜に着く」
● get up 「起きる」

Lesson 9

確認のワーク　ステージ1　Lesson 9　Gestures and Sign Language ③　読聞書話

解答 p.32

教科書の要点　「(人)が〜するのを許す」など　a35

Let me talk about my winter vacation.　　私の冬休みについて話をさせてください。
　　人　[動詞の原形]

Bob helped me do my English homework.　　ボブは英語の宿題を手伝ってくれました。
　　　　　　　　人

要点

● 「(人)が〜するのを許す」は〈let＋人＋動詞の原形〉で表す。
● 「(人)が〜するのを手伝う」は〈help＋人＋動詞の原形〉で表す。
● 「人」が代名詞のときは目的格となる。
● これらの表現では，「人」のあとに続く動詞の前に to は入らないことに注意する。

Wordsチェック　次の英語は日本語に，日本語は英語になおしなさい。

□(1)　myself　　　　　（　　　　　　　　）　□(2)　interpreter　　（　　　　　　　　）
□(3)　レスリング選手　_____　□(4)　表現　_____

1 絵を見て例にならい，「私に〜させてください」という文を書きなさい。

play the piano

(1) Hello! introduce myself

(2) use your bag

(3) sing a song

例　Let me play the piano.
(1)　Let me _____ _____ .
(2)　Let _____ .
(3)　_____

ここがポイント

● 〈let＋人＋動詞の原形〉で「(人)が〜するのを許す」を表す。
● 〈help＋人＋動詞の原形〉で「(人)が〜するのを手伝う」を表す。「人」のあとは動詞の原形であることに注意。

2 次の英文を日本語になおしなさい。

(1)　We helped him finish his homework last night.
　　（　　　　　　　　　　　　　　　　　　　　）

(2)　Let us eat some pizza in the morning.
　　（　　　　　　　　　　　　　　　　　　　　）

(3)　Can you help me clean my room?
　　（　　　　　　　　　　　　　　　　　　　　）

sign, foreign は[ン]と発音するよ。

よく出る ③ 次の日本文に合うように，_____ に適する語を書きなさい。

(1) 私はあなたの皿洗いをお手伝いする予定です。

I will _____ _____ wash the dishes.

(2) 私たちは京都の旅行について話します。

We _____ _____ about the trip to Kyoto.

(3) どちらがあなたのノートですか。青色ですか，白色ですか。

_____ is your notebook, the blue one

_____ the white one?

(4) レイナはフランス語を習うことに興味を持つようになりました。

Reina became _____ _____ learning

French.

(5) 1つは英語の歌で，もう一方は日本語の歌です。

_____ is an English song and the _____ is

a Japanese song.

(6) 彼は今，日本の歴史を習っています。
   かれ

He _____ _____ Japanese history now.

④ 〔 〕内の語句を並べかえて，日本文に合う英文を書きなさい。

(1) 私にあなたを手伝わせてください。 〔 help / me / you / let 〕.

_____

(2) テーブルを動かすことを手伝ってくれますか。

〔 you / can / move / me / help / table / the 〕?

_____

(3) 来週，その結果をあなたにお知らせします。

I 〔 next / let / know / you / the result / will / week 〕.

I _____ .

(4) その本は私たちの英語を向上させるのに役立ちました。

〔 improve / the book / us / helped 〕 our English skill.

_____ our English skill.

(5) あなたの計画を私に教えてください。

Please 〔 know / me / your / about / let / plan 〕.

Please _____ .

表現メモ

other を使った表現

● One is ～ and the other is ....
「1つは～で，もう一方は…」

● Some ～, others ....
「～もいれば，…もいる」

表現メモ

let を使った会話表現

● Let me know.
「教えて（ください）」

● Let me see.
「ええと」

● I'll let you go.
「もう行っていいよ」

WRITING Plus ✎

次の各問いに対して，あなた自身の答えを英語で書きなさい。　　*forgot 忘れた

Your friend *forgot his[her] math homework.　Can you help him[her] do it?

_____

Lesson 9

文法 のまとめ

動詞のさまざまな使い方

解答 p.33

読 聞
書 話

まとめ

動詞のさまざまな使い方

● 「(人 [もの]) を〜な気持ち [状態] にする」は〈make＋人 [もの] ＋形容詞〉,「(人 [もの]) を〜と呼ぶ」は〈call＋人 [もの] ＋名詞 (呼び名)〉で表す。

The song made me happy.　　　　My family call our dog Pochi.
　　　　　　　　形容詞　　　　　　　　　　　　　　　　　　名詞 (呼び名)

(その歌は私を幸せにしました)　　(私の家族はイヌをポチと呼びます)

● 「(人) に〜してほしい」は〈want＋人＋to＋動詞の原形〉,「(人) に〜してと頼む」は〈ask＋人＋to＋動詞の原形〉で表す。

I want you to clean the class room.　　(私はあなたに教室を掃除してほしいです)

My father asked me to bring a newspaper.　(父は私に新聞を持ってくるように頼みました)

● 「(人) が〜するのを許す」は〈let＋人＋動詞の原形〉,「(人) が〜するのを手伝う」は〈help＋人＋動詞の原形〉で表す。

Let me talk about my family.　　　　(私の家族について話をさせてください)

My sister always helps me cook dinner.　(妹 [姉] はいつも私が夕飯をつくるのを手伝ってくれます)

練習

1 次の文の ( ) 内から適する語を選び, 〇で囲みなさい。

(1) The movie made me (sad / sadly / sadness).

(2) Let (I / my / me) tell you about my summer vacation.

(3) I asked my mother to (make / made / making) a cake for me.

(4) Ms. Brown is going to help me (carrying / carries / carry) my bag.

2 次の日本文に合うように, ＿＿＿ に適する語を書きなさい。

(1) 父は私に郵便局へ行くよう頼みました。

My father ＿＿＿＿＿＿＿＿ me ＿＿＿＿＿＿＿＿ go to the post office.

(2) 人々はこの山を赤富士と呼びます。

People ＿＿＿＿＿＿＿＿ this mountain Akafuji.

(3) その話を知って彼らは驚きました。

The story ＿＿＿＿＿＿＿＿ them ＿＿＿＿＿＿＿＿.

(4) 手話は私たちがお互いにコミュニケーションをとるのに役立ちます。

Sign languages ＿＿＿＿＿＿＿＿ us ＿＿＿＿＿＿＿＿ each other.

(5) 私たちはあとであなたにそのニュースを知らせます。

We will ＿＿＿＿＿＿＿＿ you ＿＿＿＿＿＿＿＿ the news later.

いろいろな
動詞の使い方が
あるんだな。

3 次の日本文を英語になおしなさい。

両親は私にこのシャツを着てほしいのです。

ステージ 1 **Project 3** 日本の文化を紹介しよう！

読 聞 書 話

教科書の **要点** スピーチでの表現 ②　　　　♪ a36

I will tell you about *Hinamatsuri*.　　ひなまつりについて話します。

要点

● スピーチなどで「〜について話します」と言うときは，I will tell you about 〜. で表す。
「〜」には，紹介したい「人」や「もの」を入れる。

● スピーチを聞いて，感想や意見を言うときの表現。

　□ I'm interested in 〜.「私は〜に興味があります」

　□ I want to know more about it.「もっとくわしく知りたいです」

　□ Thank you very much for the interesting information.「興味深い情報をどうもありがとう」

Wordsチェック 次の英語は日本語に，日本語は英語になおしなさい。

□(1)　joy　　　　　　　　(　　　　　　　　)　　□(2)　happiness　　　(　　　　　　　　)

□(3)　情報　　　＿＿＿＿＿＿＿＿＿　　□(4)　伝統的な　　＿＿＿＿＿＿＿＿＿

□(5)　芸術　　　＿＿＿＿＿＿＿＿＿　　□(6)　write の過去分詞形　＿＿＿＿＿＿＿＿＿

1 次の日本文に合うように，＿＿＿に適する語を書きなさい。

(1)　私たちはあなたに日本の新年について話します。

　　We ＿＿＿＿＿＿＿ ＿＿＿＿＿＿＿ you about Japanese

　　New Year's Day.

(2)　これは 5 月 5 日の特別な行事です。

　　This is the special ＿＿＿＿＿＿＿＿＿ May 5th.

(3)　彼は日本の着物に興味があります。

　　He ＿＿＿＿＿＿＿ ＿＿＿＿＿＿＿ in Japanese kimono.

(4)　そのことについてもっと知りたいですか。

　　Do you ＿＿＿＿＿＿＿ to ＿＿＿＿＿＿＿ more about it?

(5)　興味深い情報をありがとうございます。

　　Thank you ＿＿＿＿＿＿＿ the interesting ＿＿＿＿＿＿＿.

ここがポイント

英語で日付を表すには序数（first, second … など）を使う。序数は〈数字＋th〉のように略して書かれることがある。

1 日→ first（1st）
2 日→ second（2nd）
3 日→ third（3rd）
25 日→ twenty fifth（25th）

2 次の対話が成り立つように，＿＿＿に適する語を下の□□から選んで書きなさい。

A : I will ① ＿＿＿＿＿＿＿ you about Japanese manga.

B : Many of them are ② ＿＿＿＿＿＿＿ in English.

A : That's true. They are very ③ ＿＿＿＿＿＿＿ in Japan.

B : I want to ④ ＿＿＿＿＿＿＿ more about that.

　　know　　popular　　written　　tell

Try! READING Reading 3 The Gift of Tezuka Osamu ①

解答 ▶ p.33

読 聞
書 話

● 次の英文はマンガ家の手塚治虫について書かれたものです。英文を読んで，あとの問いに答えなさい。

　①[know / is / do / who / you / this lion]?　It is Leo from the comic book, *Jungle Emperor Leo* by Tezuka Osamu.　Tezuka started the manga boom.　②(　　)
(　　)(　　) the (　　) enjoy his comics and the animated shows.

　Tezuka was born in Osaka in 1928.　He lived in a beautiful natural setting.
He loved insects, so he collected and sketched them.　　　　　　　　　5

　Tezuka's father liked comics a lot.　There was a big
manga collection in their house.　Tezuka often drew
comics at school as well as at home.　His mother
didn't stop him.　She knew that he had a talent for
③(draw).　His teacher praised him.　Tezuka's comics　　10
were very popular (　④　) his classmates.

Question

(1)　下線部①の〔　〕内の語句を並べかえて，意味の通る英文にしなさい。

_____

(2)　下線部②が，「世界中の人々が彼のマンガを楽しんでいます」となるように，（　）に適する語を書きなさい。

_____　_____　_____ the _____ enjoy his comics

(3)　③の（　）内の語を適する形にかえなさい。

_____

(4)　④の（　）内に適する語句をア〜ウから選び，記号で答えなさい。

　　ア　in　　イ　among　　ウ　between　　　　　　　　　　　　　（　　）

(5)　本文の内容に合うものには○，そうでないものには×を書きなさい。

　1.　手塚治虫は昆虫を集めて写生していた。　　　　　　　　　　　（　　）

　2.　手塚治虫の先生は学校でマンガを描くことを禁止した。　　　　（　　）

Word Box BIG

次の英語は日本語に，日本語は英語になおしなさい。

(1)　talent　　　　　　（　　　　　　　）　　(2)　〜に入る，入学する _____

(3)　begin の過去形 _____　　(4)　break の過去形 _____

● 次の英文はマンガ家の手塚治虫について書かれたものです。英文を読んで，あとの問いに答えなさい。

Tezuka produced 700 stories and created one popular character after another. ①(たとえば), in *Black Jack*, the hero is skillful doctor and can cure any disease or serious injury.　In *Phoenix*, Tezuka used a bird to connect the future and the past.　He used these characters to send positive messages to his readers.

Tezuka's most famous work is *Astro Boy*.　The main character is Astro, a boy 5 robot.　Although he is a robot, he makes decisions for himself.　②<u>Tezuka wanted young readers to do that</u>, just like Astro.

Astro Boy was one of the first animated TV shows in Japan.　There were 193 episodes from 1963 to 1966.　Its average rating was 30 percent of all viewers, and the highest was 40.7 percent.　Soon, many other new animated shows started, 10 too.　This was the beginning of the animation boom.

Tezuka died at the age of 60 in 1989, but we can still see his influence in books, movies, and in other media.　Fans admire him as the "father of anime."　Many people continue to enjoy his work today.

Question

(1)　①(　)内の日本語を2語の英語になおしなさい。

――――――――　――――――――

(2)　下線部②を，that の指す内容を明らかにして日本語になおしなさい。

(　　　　　　　　　　　　　　　　　　　　　　　　　　)

(3)　手塚治虫はマンガのキャラクターを使って読者に何を伝えましたか。本文中から2語で抜き出して書きなさい。

――――――――　――――――――

(4)　本文の内容に合うように，次の問いに3語以上の英語で答えなさい。

1.　How many stories were produced by Tezuka?

――――

2.　When did *Astro Boy* start on TV?

――――

3.　Can we see Tezuka's influence in different media even now?

――――

解答　p.34

Try! READING

Further Reading　Somebody Loves You, Mr. Hatch ①

読｜聞
書｜話

●次の英文を読んで，あとの問いに答えなさい。

　　Mr. Hatch was tall and thin and he did not smile.

　　Every morning at 6:30 sharp he ①(leave) his house and walked eight blocks to work at a shoelace factory.

　　At lunchtime he sat alone in a corner, ②(eat) his cheese sandwich, and had a cup of coffee.　Sometimes he brought a prune for dessert.　5

　　After work ③he made two stops: at the newsstand to get the paper, and at the grocery store to buy a turkey wing for his supper.　"④He keeps to himself," everyone said about Mr. Hatch.　10

Question

(1)　①，②の（　）内の語を適する形にかえなさい。

　　①＿＿＿＿＿＿＿＿　②＿＿＿＿＿＿＿＿

(2)　下線部③，④の英文を日本語になおしなさい。

　　③（　　　　　　　　　　　　　　　　　　　　　　　　　　　　　　　　　　）

　　④（　　　　　　　　　　　　　　　　　　　　　　　　　　　　　　　　　　）

(3)　本文の内容に合うように，次の問いに英語で答えなさい。

　　1.　Where did Mr. Hatch work?

　　＿＿＿＿＿＿＿＿＿＿＿＿＿＿＿＿＿＿＿＿＿＿＿＿＿＿＿＿＿＿

　　2.　What did Mr. Hatch buy for his supper?

　　＿＿＿＿＿＿＿＿＿＿＿＿＿＿＿＿＿＿＿＿＿＿＿＿＿＿＿＿＿＿

(4)　本文の内容に合うように，次のア〜エのハッチさんの１日の行動を順に正しく並べかえ，記号で答えなさい。

　　ア　プルーンを食べる　　　　イ　８ブロック歩く

　　ウ　新聞の売店に立ち寄る　　エ　チーズサンドイッチを食べる

　　（　　　　）→（　　　　）→（　　　　）→（　　　　）

Word Box BIG

次の英語は日本語に，日本語は英語になおしなさい。

(1)　daughter　　　（　　　　　　　）　(2)　lunchtime　　　（　　　　　　　）

(3)　食料雑貨店　　＿＿＿＿＿＿＿　(4)　オーブンで焼く　＿＿＿＿＿＿＿

Further Reading Somebody Loves
You, Mr. Hatch ②

解答 ▶ p.34
読 聞
書 話

● 単調な生活を送っていたハッチさんは，バレンタインの日にだれかから "Somebody loves
you." と書かれた白いメッセージカードとプレゼントを受け取り，それ以来，近所の人にも
明るく親切になりました。次の英文を読んで，あとの問いに答えなさい。

　　And so the days and weeks went by.　Then one afternoon Mr. Goober, the
postman, came to his door.　His face was very serious.　"I made a mistake some
time ago," he said.　"Do you recall the package on Valentine's Day?　①I'm
afraid I delivered it to the wrong address."

　　Mr. Hatch fetched the empty heart-shaped box and returned it to the postman.　5
He also gave him the little white card.

　　Alone in his living room, Mr. Hatch sighed.　"Nobody loved me after all."

　　The next day he went back to his old routine and stopped ②(talk) to anyone.

　　Everyone whispered, "③[is / with / what / wrong / Mr. Hatch]?"

　　Mr. Smith told everyone how Mr. Hatch watched his newsstand for him, and　10
Mr. Todd told everyone how Mr. Hatch found his little girl.

　　All the children in the neighborhood remembered Mr. Hatch's wonderful
brownies and lemonade.　And most of his laughter.

　　"Poor Mr. Hatch," they said.　"What can we do?"

　　Then Mr. Goober announced, "I have an idea."　　　　　　　　　　　　　15

Question

(1)　下線部①の英文を日本語になおしなさい。

　　（　　　　　　　　　　　　　　　　　　　　　　　　　　　　　　　　　）

(2)　②の（　）内の語を適する形にかえなさい。

　　_____

(3)　下線部③の〔　〕内の語句を並べかえて，意味の通る英文にしなさい。

　　_____

(4)　次のことを行ったのはだれですか。あとのア〜エから選び，記号で答えなさい。

　1.　ハッチさんから白いカードを受け取った。　　　　　　　　　　　　（　　　）

　2.　ハッチさんが店番をしてくれたことをみんなに話した。　　　　　　（　　　）

　3.　ハッチさんが娘を見つけてくれたことをみんなに話した。　　　　　（　　　）

　4.　ハッチさんのおいしいブラウニーとレモネードのことを覚えていた。（　　　）

　ア　Mr. Todd　　　　　　　イ　Mr. Smith
　ウ　Mr. Goober　　　　　　エ　近所の子どもたち

Further Reading

解答　p.34

定着のワーク　ステージ 2 　Lesson 9 〜 Further Reading　

1 LISTENING 対話と質問を聞いて，その答えとして適するものを1つ選び，記号で答えなさい。

🎵 117

ア　　　　　イ　　　　　ウ　　　　　エ

（　　　　）

2 次の各組の文がほぼ同じ内容を表すように，＿＿＿に適する語を書きなさい。

(1) ┌ I was excited when I saw the anime.
　　└ The anime ＿＿＿＿＿＿ ＿＿＿＿＿＿ excited.

(2) ┌ She will be sad to hear the story.
　　└ The story ＿＿＿＿＿＿ ＿＿＿＿＿＿ her ＿＿＿＿＿＿.

3 〔　〕内の語句を並べかえて，日本文に合う英文を書きなさい。

(1) あなたはお母さんを何と呼んでいますか。
　〔 do / call / you / your mother / what 〕?

＿＿＿＿＿＿＿＿＿＿＿＿＿＿＿＿＿＿＿＿

(2) その物語の終わりは私たちを幸せな気持ちにしました。
　〔 made / the story / of / the end / us / happy 〕.

＿＿＿＿＿＿＿＿＿＿＿＿＿＿＿＿＿＿＿＿

(3) グリーン先生は私にこの本を持ってくるように頼みました。
　〔 me / bring / Mr. Green / this book / to / asked 〕.

＿＿＿＿＿＿＿＿＿＿＿＿＿＿＿＿＿＿＿＿

4 次の日本文に合うように，＿＿＿に適する語を書きなさい。

(1) 彼は初めて泣きました。
　He cried ＿＿＿＿＿＿ the ＿＿＿＿＿＿ time.

(2) 私たちは彼女の本を探しに行きました。
　We went to ＿＿＿＿＿＿ ＿＿＿＿＿＿ her book.

(3) 彼の新しいアイデアはよく彼の本に示されています。
　His new ideas ＿＿＿＿＿＿ often ＿＿＿＿＿＿ in his book.

(4) 彼女は好きなだけ本を読むことができる。
　She can read ＿＿＿＿＿＿ many books as she likes.

重要ポイント

2 「（人）を〜な気持ち［状態］にする」の表現を用いる。

テストに出る！
● 〈make＋人［もの］＋形容詞〉
「（人［もの］）を〜な気持ち［状態］にする」
● 〈call＋人［もの］＋名詞（呼び名）〉
「（人［もの］）を〜と呼ぶ」

3 (2)「〜の終わり」は the end of 〜。
(3)〈ask＋人＋to＋動詞の原形〉で「（人）に〜してと頼む」。

4 (2)「探すために行く」→「探しに行く」と考える。
(3)受け身の文に。
(4)「好きなだけ」は「彼女が好きなのと同じくらい」と考える。

得点力を UP

頻度を表す語
● always「いつも」
● usually「たいてい」
● often「よく」
● sometimes「ときどき」

5 次の対話文を読んで，あとの問いに答えなさい。

Ms. King : Kenta, you look happy.　What's new?

Kenta : This morning I got great news.　①It made me happy.

Ms. King : What was it?

Kenta : Look at ②this picture.　③My cousin Yuma 〔an email / this / me / sent / with 〕 picture.　He won the final match in a local tennis competition.　④He looks happy.　He is making a peace sign.

(1) 下線部①を，It の内容を明らかにして日本語になおしなさい。

(　　　　　　　　　　　　　　　　　　　　　　　　　　)

(2) 下線部②には何が写っていますか。(　　)内に適する日本語を書きなさい。

(　　　　　　　　)が(　　　　　　　　)をしているところ。

(3) 下線部③の〔　〕内の語句を並べかえて，意味の通る英文にしなさい。

My cousin ＿＿＿＿＿＿＿＿＿＿＿＿＿＿＿＿ picture.

(4) 下線部④について，そのようになっている理由は何ですか。日本語で書きなさい。

(　　　　　　　　　　　　　　　　　　　　　　　　)

(5) 次の文が本文の内容と合っていれば○，異なっていれば×を書きなさい。

1.　ケンタはうれしそうに見えた。　　　　　　(　　　)

2.　キング先生はいとこの写真をケンタに見せた。(　　　)

6 次の対話が成り立つように，＿＿＿に適する語を書きなさい。

(1) *A :* That castle is beautiful.　What's its name?

B : We ＿＿＿＿＿＿＿ it Shirasagi-jo.

(2) *A :* What do you ＿＿＿＿＿＿＿ me to do?

B : I want ＿＿＿＿＿＿＿ to speak louder.

7 次の日本文を英語になおしなさい。

(1) 私はあなたに着物を着てもらいたいです。

＿＿＿＿＿＿＿＿＿＿＿＿＿＿＿＿＿＿＿＿＿＿＿＿＿＿

(2) 祖母は私に手を洗うように言いました。

＿＿＿＿＿＿＿＿＿＿＿＿＿＿＿＿＿＿＿＿＿＿＿＿＿＿

重要ポイント

5 (1) ⟨make＋人［もの］＋形容詞⟩で「(人［もの］)を～な気持ち［状態］にする」を表す。

(3) sent は send の過去形。

(4) 直前の文の内容に注目。

6 (1) 「～を…と呼ぶ」の表現。

テストに◎出る!

「(人)に～してと頼む［してほしい］」

⟨want［ask］＋人＋to＋動詞の原形⟩

7 (1) 「着る」は wear。

(2) 「手を洗う」は wash hands。

解答 p.35

実力判定テスト ステージ3 Lesson 9 〜 Further Reading

30分 /100

読 聞 書 話

1 LISTENING (1)〜(3)の対話と質問を聞いて，その答えとして適するものを１つ選び，記号で答えなさい。

♪ 118 2点×3(6点)

(1) ア Andy's news. イ The hospital.
ウ Mina's news. エ His mother. (　　)

(2) ア Tonight. イ Tomorrow. ウ Today. エ This weekend. (　　)

(3) ア He is going to study Japanese with Lisa.
イ He is going to learn about movies.
ウ He is going to show Lisa a manga.
エ Please call him Osamu. (　　)

2 次の日本文に合うように，＿＿＿に適する語を書きなさい。 3点×4(12点)

(1) 日本とカナダの間の違いについて学ぶことは重要です。

＿＿＿＿＿＿＿ is ＿＿＿＿＿＿ to learn about differences between Japan and Canada.

(2) このことについてみんなに知ってもらいたいですか。

Do you ＿＿＿＿＿＿ everyone ＿＿＿＿＿＿ know about this?

(3) 日本のマンガは外国人の間でもとても人気です。

Japanese comics were very popular ＿＿＿＿＿＿ foreigners, ＿＿＿＿＿＿.

(4) クリスマスツリーの下にはたくさんの箱がありました。

＿＿＿＿＿＿ were many boxes ＿＿＿＿＿＿ the Christmas tree.

3 次の文の( )内から適する語句を選んで，○で囲みなさい。 3点×3(9点)

(1) My mother asked me (buy, to buy, buying) milk at the supermarket.

(2) Mr. Smith wanted (we, us, our) to speak English at school.

(3) My sister helped me (clean, cleans, cleaning) my room.

4 〔 〕内の語句を並べかえて，日本文に合う英文を書きなさい。 5点×3(15点)

(1) これは７月７日の特別な行事です。

〔 this / July 7th / is / the / on / special event 〕.

＿＿＿＿＿＿＿＿＿＿＿＿＿＿＿＿＿＿＿＿＿＿＿＿＿＿

(2) 母は先週の金曜日に私がカレーをつくるのを手伝ってくれました。

〔 helped / curry / mother / my / me / cook 〕 last Friday.

＿＿＿＿＿＿＿＿＿＿＿＿＿＿＿＿＿＿＿ last Friday.

(3) よい例をあなたに見せましょう。

〔 example / let / show / good / you / a / me 〕.

＿＿＿＿＿＿＿＿＿＿＿＿＿＿＿＿＿＿＿＿＿＿＿＿＿＿

ちょっとBREAKの答え 小文字のiだと目立たないので，大文字のIで書くようになったと言われています。

目標 ●動詞のさまざまな使い方を理解して使い，説明や発表ができるようにしましょう。

自分の得点まで色をぬろう！

😖がんばろう！ 😊もう一歩 😃合格！
0　　　　　　　　　　　　　　　60　　80　　100点

5 次の英文を読んで，あとの問いに答えなさい。 (計37点)

　　Ms. King taught me that some gestures have different meanings ①(　　　) country (　　　) country.　I'll give you an example.　②What gesture do you use when [come / someone / to / want / you] to you?　Japanese people wave their hands like Picture A to ③(〜を表現する) "come here."　In the U.S. and some European countries, this gesture is similar to "go away."　To ③(〜を表現する) "come here," they move their hands like picture B.

　　④It is important to know about cultural differences.

Picture A　　　　Picture B

(1) 下線部①が「国ごとに」という意味になるように，(　)内に適する語を書きなさい。 (6点)

　　_____ country _____ country

(2) 下線部②の[　]内の語を並べかえて，意味の通る英文にしなさい。 (7点)

　　What gesture do you use when _____ to you?

(3) ③の(　)内の日本語を英語になおしなさい。 (5点)

　　_____

(4) 下線部④の英文を日本語になおしなさい。 (7点)

　　(　　　　　　　　　　　　　　　　　　　　　　　　　　　　　　　)

(5) 本文の内容に合うように，(　)内に適する日本語を書きなさい。 4点×3(12点)

　　1.「(　　　　　　　　)」と表現したいとき，日本ではAのように手を動かす。

　　2.「(　　　　　　　　)」と表現したいとき，アメリカではAのように手を動かす。

　　3.「(　　　　　　　　)」と表現したいとき，アメリカではBのように手を動かす。

レベルUP 6 (　)内の語句を使って，次の日本文を英語になおしなさい。 7点×3(21点)

(1) 私の夏休みについて私に話をさせてください。 (let)

　　_____

(2) これらの本は私たちを眠くさせます。 (make)

　　_____

(3) マイク(Mike)は彼のお父さんがいすをつくるのを手伝いました。 (help)

　　_____

Lesson 9 〜 Further Reading

 不規則動詞変化表

⭐ 動詞の形の変化をおさえましょう。　　　　　　　　　　　　　[　]は発音記号。

		原形	意味	現在形	過去形	過去分詞形
A・B・C型	☐	be	〜である	am, is / are	was / were	been [bín]
	☐	begin	(〜を)始める	begin(s)	began	begun
	☐	do	〜をする	do, does	did	done [dʌ́n]
	☐	drink	〜を飲む	drink(s)	drank	drunk
	☐	eat	〜を食べる	eat(s)	ate	eaten
	☐	give	(〜を)与える	give(s)	gave	given
	☐	go	行く	go(es)	went	gone [gɔ́:n, gɑ́:n]
	☐	know	(〜を)知っている	know(s)	knew	known
	☐	see	〜を見る	see(s)	saw	seen
	☐	sing	(〜を)歌う	sing(s)	sang	sung
	☐	speak	(〜を)話す	speak(s)	spoke	spoken
	☐	swim	泳ぐ	swim(s)	swam	swum
	☐	take	〜を持って行く	take(s)	took	taken
	☐	write	〜を書く	write(s)	wrote	written
A・B・B型	☐	bring	〜を持ってくる	bring(s)	brought	brought
	☐	build	〜を組み立てる	build(s)	built	built
	☐	buy	〜を買う	buy(s)	bought	bought
	☐	feel	(〜を)感じる	feel(s)	felt	felt
	☐	find	〜を見つける	find(s)	found	found
	☐	get	〜を得る	get(s)	got	got, gotten
	☐	have	〜を持っている	have, has	had	had
	☐	hear	耳にする	hear(s)	heard	heard
	☐	keep	〜を飼う	keep(s)	kept	kept
	☐	make	つくる	make(s)	made	made
	☐	say	〜と[を]言う	say(s)	said [séd]	said [séd]
	☐	stand	立っている	stand(s)	stood	stood
	☐	teach	〜を教える	teach(es)	taught	taught
	☐	think	〜と思う	think(s)	thought	thought
A・B・A型	☐	become	〜になる	become(s)	became	become
	☐	come	来る	come(s)	came	come
	☐	run	走る	run(s)	ran	run
A・A・A型	☐	cut	〜を切る	cut(s)	cut	cut
	☐	read	(〜を)読む	read(s)	read [réd]	read [réd]
	☐	set	設定する	set(s)	set	set

アプリで学習！ Challenge! SPEAKING

- この章は，付録のスマートフォンアプリ『文理のはつおん上達アプリ　おん達 Plus 』を使用して学習します。
- 右の QR コードより特設サイトにアクセスし，アプリをダウンロードしてください。
- アプリをダウンロードしたら，アクセスコードを入力してご利用ください。

おん達 Plus
特設サイト

アプリアイコン

アプリ用アクセスコード B064330
※アクセスコード入力時から 15 か月間ご利用になれます。

アプリの特長

- アプリでお手本を聞いて，自分の英語をふきこむと，AI が採点します。
- 点数は「流暢度」「発音」「完成度」の 3 つと，総合得点が出ます。
- 会話の役ごとに練習ができます。
- 付録「ポケットスタディ」の発音練習もできます。

アプリの使い方

①ホーム画面の「かいわ」を選びます。
②学習したいタイトルをタップします。

 ├トレーニング┤

① 🔊 をタップしてお手本の音声を聞きます。
② 🎤 をおして英語をふきこみます。
③点数を確認します。
- 点数が高くなるように何度もくりかえし練習しましょう。
- ⏱ をタップするとふきこんだ音声を聞くことができます。

 ├チャレンジ┤

①カウントダウンのあと，会話が始まります。
② 🎤 が光ったら英語をふきこみます。
③ふきこんだら 🎤 をタップします。
④ "Role Change!" と出たら役をかわります。

(利用規約・お問い合わせ) https://www.kyokashowork.jp/ontatsuplus/terms_contact.html

※本サービスは無料ですが，別途各通信会社の通信料がかかります。　※お客様のネット環境および端末によりご利用いただけない場合がございます。ご理解，ご了承いただきますよう，お願いいたします。　※【推奨環境】スマートフォン，タブレット(iOS11以上 / Android5.0以上)

 Challenge! SPEAKING❶

日常生活

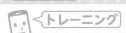 アプリで学習

 ●付録アプリを使って，発音の練習をしましょう。 読書 聞話

📱 ◁トレーニング 🎵 s01

自分や相手の日常生活について英語で言えるようになりましょう。

☐ What time do you <u>get up</u> on weekdays? └─ go to bed / have dinner / do your homework	あなたは平日は何時に起きますか。 weekday：平日
☐ I usually <u>get up</u> at <u>seven</u> on weekdays. go to bed / have dinner / do my homework └─ ten / seven / six	私は平日はふつう7時に起きます。 usually：ふつう
☐ I see.	なるほど。
☐ What do you enjoy doing in your free time?	あなたはひまなとき何をして楽しみますか。 free：ひまな
☐ I enjoy <u>reading books</u> in my free time. └─ playing video games / playing the piano / watching movies on TV	私はひまなとき本を読んで楽しみます。
☐ That's nice.	それはいいですね。

📱 ◁チャレンジ 🎵 s02

自分や相手の日常生活についての英語を会話で身につけましょう。◻︎に言葉を入れて言いましょう。

A : What time do you ◻︎ on weekdays?

B : I usually ◻︎ at ◻︎ on weekdays.

A : I see.
　　What do you enjoy doing in your free time?

B : I enjoy ◻︎ in my free time.

A : That's nice.

Challenge! SPEAKING❷

ていねいなお願い

アプリで学習

●付録アプリを使って，発音の練習をしましょう。

読 聞
書 話

トレーニング

♪ s03

ていねいなお願いを英語で言えるようになりましょう。

☐ Excuse me.	すみません。
☐ May I ask you a favor?	1つお願いしてもよろしいですか。
☐ No, problem.	かまいませんよ。
☐ Could you <u>pass me the salt</u>? open the window / close the door / take my picture	塩を取ってくださいませんか。 Could you 〜?：〜してくださいませんか
☐ Sure.	もちろんです。
☐ Thank you very much.	どうもありがとうございます。
☐ My pleasure.	どういたしまして。

チャレンジ

♪ s04

ていねいなお願いの英語を会話で身につけましょう。 ☐ に言葉を入れて言いましょう。

A : **Excuse me.**
May I ask you a favor?
B : **No, problem.**
A : **Could you** ☐ **?**
B : **Sure.**
A : **Thank you very much.**
B : **My pleasure.**

Challenge! SPEAKING❸
買い物

●付録アプリを使って，発音の練習をしましょう。

読 聞
書 話

🎵 s05

📱 ＜トレーニング
買い物での英語を言えるようになりましょう。

☐ May I help you?	お手伝いしましょうか。
☐ Yes, please.	はい，お願いします。
☐ I'm looking for a shirt. a sweater / a cap / a T-shirt	シャツをさがしています。 look for ～：～をさがす
☐ How about this one?	こちらはいかがですか。
☐ This looks nice, but I don't like the color.	これはよさそうに見えますが，色が好きではありません。 look ～：～のように見える
☐ Would you like to see a white one? brown / black / yellow	白いのをお見せしましょうか。
☐ Yes, please.	はい，お願いします。
☐ Here it is.	こちらがそれです。
☐ I like it.　I'll take it.	気に入りました。これをいただきます。

📱 チャレンジ

🎵 s06

買い物での英語を会話で身につけましょう。☐に言葉を入れて言いましょう。

A : May I help you?
B : Yes, please.
 I'm looking for ☐.
A : How about this one?
B : This looks nice, but I don't like the color.
A : Would you like to see a ☐ one?
B : Yes, please.
A : Here it is.
B : I like it.　I'll take it.

Challenge! SPEAKING❹

電話

アプリで学習

 ●付録アプリを使って，発音の練習をしましょう。 読 聞 書 話

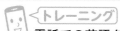 ♪ s07

電話での英語を言えるようになりましょう。

☐ Hello. This is <u>Mike</u>. └ Cathy / Tom / Emma	もしもし。マイクです。
☐ May I speak to <u>Emily</u>, please? └ Alex / Beth / Nick	エミリーをお願いします。
☐ This is <u>Emily</u> speaking. What's up? └ Alex / Beth / Nick	こちらはエミリーです。どうしたのですか。
☐ I'm planning to <u>visit Bob's house</u> next Sunday. └ go fishing / go to a movie / go to a curry restaurant	今度の日曜日にボブの家を訪れることを計画してます。 plan to ～：～することを計画する
☐ Can you come with me?	いっしょに来ませんか。
☐ Yes, of course.	はい，もちろんです。
☐ Sounds fun.	楽しそうですね。 sounds ～：～のように聞こえる

チャレンジ ♪ s08

電話での英語を会話で身につけましょう。☐に言葉を入れて言いましょう。

A : Hello. This is ☐.
　　May I speak to ☐, please?
B : This is ☐ speaking.
　　What's up?
A : I'm planning to ☐ next
　　Sunday.
　　Can you come with me?
B : Yes, of course.
　　Sounds fun.

118

 Challenge! SPEAKING❺
電車の乗りかえ

 ●付録アプリを使って，発音の練習をしましょう。 読 聞 書 話

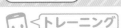 アプリで学習

🎵 s09

📱 ＜トレーニング
電車の乗りかえを英語で言えるようになりましょう。

☐ Excuse me. — すみません。

☐ Could you tell me how to get to Central Museum? — セントラルミュージアムへの行き方を教えてくださいませんか。
　　Rainbow Zoo / Green Park / Sun Tower

☐ Let's see.　Take the South North Line. — ええと。南北線に乗ってください。
　　the East West Line

☐ Change trains at Green Hill. — グリーンヒルで電車を乗りかえてください。
　　Blue River / Red Mountain / Chinatown — change trains：電車を乗りかえる

☐ Take the East West Line and get off at — 東西線に乗って，チャイナタウンで降りてください。
　　the South North Line — get off：降りる

　　Chinatown.
　　Red Mountain / Blue River / Green Hill

☐ How long does it take? — どれくらい時間がかかりますか。

☐ It'll take about fifteen minutes. — 約15分かかります。
　　thirty / twenty / forty

☐ Thank you very much. — どうもありがとうございます。

🎵 s10

📱 ＜チャレンジ
電車の乗りかえの英語を会話で身につけましょう。☐に言葉を入れて言いましょう。

A : Excuse me.　Could you tell me how to get to ☐?
B : Let's see.　Take ☐.
　　Change trains at ☐.
　　Take ☐ and get off
　　at ☐.
A : How long does it take?
B : It'll take about ☐ minutes.
A : Thank you very much.

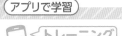

Challenge! SPEAKING❻

ホテルでのトラブル

●付録アプリを使って，発音の練習をしましょう。

読 聞
書 話

Challenge! SPEAKING

トレーニング　🎵 s11

ホテルでのトラブルで使う英語を言えるようになりましょう。

☐ Excuse me.	すみません。
☐ Yes.　Can I help you?	はい。ご用でしょうか。
☐ I have a problem with <u>the light</u>. 　　　　　　　　└ the TV / the shower / 　　　　　　　　　the air conditioner	電灯に問題があります。
☐ It doesn't work.	壊れています。
☐ I apologize for the trouble.	問題をお詫びいたします。 apologize：謝る，わびる
☐ I'll check it right away.	すぐに調査します。
☐ Thank you.	ありがとう。

チャレンジ　🎵 s12

ホテルでのトラブルで使う英語を会話で身につけましょう。☐に言葉を入れて言いましょう。

A : Excuse me.
B : Yes.　Can I help you?
A : I have a problem with ☐.
　　It doesn't work.
B : I apologize for the trouble.
　　I'll check it right away.
A : Thank you.

誘う

トレーニング

相手を誘う英語を言えるようになりましょう。

s13

☐ Let's make a plan for this weekend.	今週末の計画をしましょう。 make a plan：計画する
☐ OK.　Do you have any ideas?	いいですよ。何か考えはありますか。
☐ How about going to the park? the zoo / the library / the department store	公園へ行きませんか。 department store：デパート
☐ I want to run there. see pandas there / borrow some books / buy a new bag	私はそこで走りたいです。 borrow：借りる
☐ That's nice.	それはいいですね。
☐ Why don't we have lunch there? draw them / do our homework there / visit the museum near it	そこで昼食を食べませんか。
☐ I agree with you.	あなたに賛成です。

チャレンジ

s14

相手を誘う英語を会話で身につけましょう。□に言葉を入れて言いましょう。

A : Let's make a plan for this weekend.

B : OK.　Do you have any ideas?

A : How about going to ☐ ?

　　I want to ☐ .

B : That's nice.

　　Why don't we ☐ ?

A : I agree with you.

定期テスト対策

得点アップ！ 予想問題

1 この「**予想問題**」で実力を確かめよう！

時間もはかろう

2 「**解答と解説**」で答え合わせをしよう！

3 わからなかった問題は戻って復習しよう！

この本での学習ページ

スキマ時間でポイントを確認！別冊「**スピードチェック**」も使おう

●予想問題の構成

回数	教科書ページ	教科書の内容	この本での学習ページ
第**1**回	4〜8	Review Lesson	4〜9, 16〜19
第**2**回	9〜17	Lesson 1	10〜19
第**3**回	19〜29	Lesson 2 〜 Useful Expressions 1	20〜31
第**4**回	31〜44	Lesson 3 〜 Reading 1	32〜43
第**5**回	45〜53	Lesson 4	44〜53
第**6**回	55〜63	Lesson 5	54〜63
第**7**回	65〜75	Lesson 6 〜 Useful Expressions 2	64〜73
第**8**回 第**9**回	77〜94	Lesson 7 〜 Reading 2	74〜87
第**10**回	95〜103	Lesson 8	88〜97
第**11**回	105〜122	Lesson 9 〜 Reading 3	98〜105, 108〜111
第**12**回	124〜128	Further Reading	106〜111

英語2年　教育出版

解答　p.37

第 **1** 回
予想問題 〉 **Review Lesson**　　読書聞話 **30**分 　/100

 1 LISTENING　(1)と(2)の対話を聞いて，その内容に合う絵の記号を書きなさい。

♪ t01　3点×2(6点)

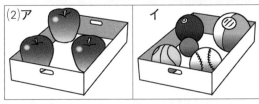

| (1) | | (2) | |

2 次の日本文に合うように，＿＿に適する語を書きなさい。　5点×3(15点)

(1) 私は途中でエミに会いました。

I met Emi on ＿＿＿＿＿＿ ＿＿＿＿＿＿.

(2) 彼はくつを箱の中に入れました。

He ＿＿＿＿＿＿ his shoes ＿＿＿＿＿＿ the box.

(3) この町は美しい山で有名です。

This town is ＿＿＿＿＿＿ ＿＿＿＿＿＿ beautiful mountains.

(1)		(2)	
(3)			

3 〔　〕内の語句を並べかえて，日本文に合う英文を書きなさい。　5点×4(20点)

(1) アヤはピアノを弾く予定ですか。　〔 going / play / Aya / is / the piano / to 〕?

(2) 今日，彼は昼食をつくらなければなりません。

〔 make / has / breakfast / to / he 〕 today.

(3) 明日はくもりになるでしょう。　〔 be / it / cloudy / will 〕 tomorrow.

(4) あなたの家の近くにはお店がありますか。

〔 any / are / your house / shops / there / near 〕?

(1)	
(2)	today.
(3)	tomorrow.
(4)	

4 次の対話文を読んで，あとの問いに答えなさい。 (計29点)

Ms. King : Matsuyama is famous for haiku, right?

Guide : Yes, it is. Look, that is a haiku postbox. In this town, ①[have / you / write / to / a haiku] and put ②it in every day.

Ms. King : Oh, really?

Guide : ③Just kidding. But I write haiku every day.

(1) 下線部①の〔 〕内の語句を並べかえて，意味の通る英文にしなさい。 (6点)

(2) 下線部②が指すものを英語で本文中から2語で抜き出して書きなさい。 (4点)

(3) 下線部③の意味として適切なものを，下のア～エから選び記号を書きなさい。 (4点)

　ア　どう思いますか。　　イ　本当です。　　ウ　そうですか。　　エ　冗談です。

(4) 本文の内容に合うように，次の文の（　）にあてはまる日本語を書きなさい。

　1．松山市は俳句で（　　　　　　　　　　）である。 5点×3(15点)

　2．ガイドは，キング先生に（　　　　　　　　　）を見せた。

　3．ガイドは，毎日俳句を（　　　　　　　　）。

(1)		
(2)	(3)	
(4) 1	2	3

5 次の日本文を英語になおしなさい。ただし，（　）内の指示にしたがうこと。 5点×6(30点)

(1) ここの近くに美術館はありますか。　（there を使って）

(2) 来週，アキラは日本に来る予定です。　（going を使って）

(3) 彼女の夢は実現するでしょう。　（will を使って）

(4) 今日，あなたは買いものに行ってはいけません。　（must を使って）

(5) 明日，彼は早く起きる必要はありません。　（have を使って）

(6) この本はきっとおもしろいに違いない。

(1)	
(2)	
(3)	
(4)	
(5)	
(6)	

第**2**回
予想問題　**Lesson 1**　読聞書話　**30**分　/100

🎧 **1** LISTENING　対話と2つの質問を聞いて，その答えとして適するものを1つ選び，記号で答えなさい。
🎵 t02　3点×2(6点)

(1)　ア　The boy's father.　　イ　The boy's grandfather.
　　ウ　The boy's mother.　　エ　The boy's grandmother.
(2)　ア　History.　　イ　Detective stories.
　　ウ　Animal stories.　　エ　Love stories.

(1)		(2)	

2 次の日本文に合うように，＿＿に適する語を書きなさい。　5点×4(20点)

(1)　私は働いているケンを見かけました。
　　I saw Ken ＿＿＿＿＿ ＿＿＿＿＿.
(2)　その鳥はしばらく動きませんでした。
　　The bird didn't move for ＿＿＿＿＿ ＿＿＿＿＿.
(3)　その郵便ポストは何のためのものですか。
　　＿＿＿＿＿ is the postbox ＿＿＿＿＿?
(4)　この仕事は努力がいります。
　　This work ＿＿＿＿＿ ＿＿＿＿＿.

(1)		(2)	
(3)		(4)	

3 〔　〕内の語句を並べかえて，日本文に合う英文を書きなさい。　5点×4(20点)

(1)　私はテニスが楽しくないと思います。〔 fun / don't / tennis / is / think / I 〕.
(2)　父は私にカメラを買うつもりです。〔 my father / will / a camera / buy / me 〕.
(3)　私はあなたに会えてうれしかったです。〔 was / you / happy / I / that / met / I 〕.
(4)　エマは私に彼女の夢を教えてくれました。〔 me / Emma / her / dream / told 〕.

(1)	
(2)	
(3)	
(4)	

4 次の英文はアヤがハンナに書いたメールです。英文を読んで，あとの問いに答えなさい。

(計30点)

> This afternoon I studied about hearing dogs.　①They tell deaf people about sounds. For example, ②in the (　　　) (　　　) a doorbell, the dog touches its owner and leads the person (　③　) the door.
>
> Yesterday I was in a restaurant with my mother.　A man with a dog came in, but the restaurant owner stopped him.　She thought it was his pet.　Then she noticed the dog's jacket.　④I was happy〔able / he / lunch / to / was / have〕there.

(1)　下線部①の英語を日本語になおしなさい。 (5点)

(2)　下線部②が「玄関の呼び鈴の場合は」という意味になるように(　)に適する語を書きなさい。 (5点)

(3)　③の(　)に入る語として適切なものを，下のア〜エから選び，記号を書きなさい。(5点)
　　ア　from　　イ　with　　ウ　on　　エ　to

(4)　下線部④の〔　〕内の語を並べかえて，意味の通る英文にしなさい。 (5点)

(5)　本文の内容に合うように，(　)内に適する日本語を書きなさい。 5点×2(10点)
　　アヤはレストランでイヌを連れた男性を見かけた。
　　レストランの店主はイヌが彼の 1.(　　　　　　　　　　)だと思って彼を止めたが，イヌの 2.(　　　　　　　　　　)に気づいて介助犬だとわかった。

(1)	
(2)	(3)
(4)	I was happy 　　　　　　　　　　　　　　　 there.
(5)	1　　　　　　　　　　　2

5 次の日本文を英語になおしなさい。 6点×4(24点)

(1)　彼は私がこの映画を好きなことを知っています。

(2)　ユキが私にこれらの美しい写真を見せてくれました。

(3)　私はその歌手が日本に来てうれしかったです。

(4)　私はあなたに会えなくて残念です。

(1)	
(2)	
(3)	
(4)	

解答 p.38

第**3**回
予想問題

Lesson 2 〜 Useful Expressions 1

読 聞
書 話

30分

/100

🎧 **1** **LISTENING** 対話と質問を聞いて，それぞれの目的地として適するものを 1 つ選び，記号で答えなさい。対話は★で行われているものとします。

🎵 t03 4点×2(8点)

				★		エ
ア	イ					ウ

(1)		(2)	

2 次の日本文に合うように，＿＿に適する語を書きなさい。　5点×4(20点)

(1) 私の考えでは，エコバッグは地球によいと思います。　　　*eco-bag(s)　エコバッグ

＿＿＿＿＿＿ my ＿＿＿＿＿＿, I think *eco-bags are good for the earth.

(2) 弟と私は同時に家に帰りました。

My brother and I came home at the ＿＿＿＿＿＿ ＿＿＿＿＿＿.

(3) ケンタはサッカーや野球のようなスポーツが好きです。

Kenta likes sports ＿＿＿＿＿＿ ＿＿＿＿＿＿ soccer and baseball.

(4) 私は全然ピアノを弾くことができません。

I can't play the piano ＿＿＿＿＿＿ ＿＿＿＿＿＿.

(1)		(2)	
(3)		(4)	

3 〔 〕内の語句を並べかえて，日本文に合う英文を書きなさい。　5点×3(15点)

(1) そのとき，彼は手紙を書いていました。〔 was / he / a letter / then / writing 〕.

(2) 私が今朝起きたとき，雨が降っていました。

〔 was / I / raining / got up / it / when / this morning 〕.

(3) もしエマが来たら，私たちは写真を撮るつもりです。

〔 will / comes / we / a picture / if / Emma / , / take 〕.

(1)	
(2)	
(3)	

4 次の対話文を読んで，あとの問いに答えなさい。　　　　　　　　(計 33 点)

> *Bob :* There was a power outage in our area yesterday.
> *Aya :* Yes. ①When it happened, I was doing math homework in my room.
> ②[were / then / what / you / doing]?
> *Bob :* I was helping my mom in the kitchen.
> ③(　　　) (　　　) (　　　), what caused the power outage?
> *Aya :* I don't know for sure, but the newspaper says an accident happened at the power plant.

(1) 下線部①の英文を，it が指す内容を具体的に示して日本語になおしなさい。　(7 点)

(2) 下線部②の〔　〕内の語を並べかえて，意味の通る英文にしなさい。　(6 点)

(3) 下線部③が「ところで」という意味になるように，（　）に適する語を書きなさい。(5 点)

(4) 本文の内容に合うように，（　）内に適する日本語を書きなさい。　5 点×3(15 点)

　停電が起きたとき，ボブは 1.(　　　　　　　　)で母親の手伝いをしていた。

　アヤは，確かなことはわからないが，2.(　　　　　　　)によると 3.(　　　　　　　)で事故が起きたと言っている。

(1)	
(2)	
(3)	
(4) 1.	2.	3.

5 次の日本文を英語になおしなさい。ただし，（　）内の語を使うこと。　6 点×4(24 点)

(1) そのレストランはどこにありますか。

(2) 彼女(かのじょ)は音楽を聞いていました。

(3) もし明日晴れたら，私はエミとバドミントンをするつもりです。　(will, sunny)

(4) 私がトムの家を訪ねたとき，彼はテレビゲームをしていました。

(1)	
(2)	
(3)	
(4)	

第4回 予想問題　Lesson 3 〜 Reading 1

読書 聞話　**30**分

解答 p.39

/100

1 **LISTENING** (1)〜(3)の英文を聞いて，それぞれだれが話をしているのか，人物の名前を書きなさい。

t04　3点×3(9点)

ユイ	サオリ	ショウタ	アスカ	ユウト

(1)		(2)		(3)	

2 次の日本文に合うように，＿＿に適する語を書きなさい。　　4点×4(16点)

(1) あなたのおかげで，私は伊藤先生に会うことができました。

＿＿＿＿＿＿ ＿＿＿＿＿＿ you, I was able to see Mr. Ito.

(2) 私たちはエネルギーのことを考えるべきです。

We should ＿＿＿＿＿＿ ＿＿＿＿＿＿ energy.

(3) 私は間違ってあなたに電話しました。

I called you ＿＿＿＿＿＿ ＿＿＿＿＿＿.

(4) 世界中の多くの人々がきれいな水を必要としています。

＿＿＿＿＿＿ ＿＿＿＿＿＿ people around the world need clean water.

(1)		(2)	
(3)		(4)	

3 〔 〕内の語句を並べかえて，日本文に合う英文を書きなさい。　　4点×5(20点)

(1) 彼女は新聞を読むことが好きです。〔 likes / read / she / to / newspapers 〕.

(2) 私たちは食べるものを持っていません。〔 don't / anything / to / we / have / eat 〕.

(3) 私は彼に会うために駅へ行きました。〔 went / him / the station / to / meet / I / to 〕.

(4) 私は趣味について話すつもりです。〔 to / my hobby / talk / I'm / about / going 〕.

(1)	
(2)	
(3)	
(4)	

4 次の対話文を読んで，あとの問いに答えなさい。 (計 23 点)

> *Mei* : Is this ①pot for food?
>
> *Mr. Ito* : No. ②Some African people 〔use / this / pots / to / like / water / carry〕. Can you lif it up?
>
> *Mei* : Oh, it's so heavy!
>
> *Mr. Ito* : ③(Woman) carry them ④(　　　) (　　　) (　　　) every day. Some have to walk over 10 kilometers with them.
>
> *Mei* : ⑤It's impossible for me!

(1) 下線部①の英語を日本語になおしなさい。 (4 点)

(2) 下線部②が「なかには水を運ぶためにこのようなつぼを使うアフリカの人々もいます」という意味になるように，〔 〕内の語を並べかえなさい。 (6 点)

(3) ③の（　）内の語を適する形にかえて書きなさい。 (4 点)

(4) 下線部④が「水を得るために」という意味になるように，（　）に適する語を書きなさい。 (4 点)

(5) 下線部⑤が指す内容を日本語で書きなさい。 (5 点)

(1)	
(2)	Some African people _____ .

(3)		(4)			

(5)	

5 次の日本文を英語になおしなさい。ただし，（　）内の指示にしたがうこと。 6 点×4(24 点)

(1) 私のネコの脚(あし)は短く見えます。　（my cat を使って）

(2) 彼は英語を話そうとしました。　（try を使って）

(3) 私は昨日，宿題をする時間がありませんでした。　（no を使って）

(4) アヤは推理小説を探すために図書館を訪れました。　（look を使って）

(1)	
(2)	
(3)	
(4)	

6 次のようなとき，英語でどのように言うか書きなさい。 (8 点)

コーヒーとオレンジジュースが冷蔵庫にある，どちらが好みか，とたずねるとき。（2 文で）

第5回 予想問題　Lesson 4

解答 p.40

読 聞 書 話　30分　/100

1 LISTENING　対話を聞いて，その内容に合う絵の記号を書きなさい。　♪ t05　3点×2(6点)

ア　イ　ウ　エ

(1)		(2)	

2 次の日本文に合うように，＿＿に適する語を書きなさい。　4点×4(16点)

(1) 私は動物園に行きたいです。

I ＿＿＿＿＿＿ ＿＿＿＿＿＿ to go to the zoo.

(2) 彼はおばあさんの世話をします。

He ＿＿＿＿＿＿ ＿＿＿＿＿＿ of his grandmother.

(3) 昔この町には小さな湖がありました。

There ＿＿＿＿＿＿ ＿＿＿＿＿＿ be a small lake in this town.

(4) 最初，私は泳ぐことが好きではありませんでした。

＿＿＿＿＿＿ ＿＿＿＿＿＿, I didn't like swimming.

(1)		(2)	
(3)		(4)	

3 〔　〕内の語句を並べかえて，日本文に合う英文を書きなさい。　5点×3(15点)

(1) あなたは英語を話すことが好きですか。〔 speaking / do / English / you / like 〕?

(2) 彼はバスケットボールをすることがじょうずです。

〔 good / he / playing / is / at / basketball 〕.

(3) 保育園で働いたことはとても楽しかったです。

〔 was / at / a nursery school / fun / a lot of / working 〕.

(1)	
(2)	
(3)	

4 次の英文を読んで，あとの問いに答えなさい。 (計33点)

①Ms. Aoki told me that there used to be five bookstores in this town. She also showed me a graph. She taught me （ ② ） the number of bookstores in Japan is decreasing. I ③(　　　)(　　　)(　　　) the speed of decrease.

I know many people buy books online. Even so, I think bookstores are still necessary. ④(look) at books on the shelves and ⑤(choose) one is fun for me.

(1) 下線部①の英語を日本語になおしなさい。 (5点)

(2) ②の（ ）にあてはまる1語を書きなさい。 (5点)

(3) 下線部③が「～に驚いた」という意味になるように，（ ）に適する語を書きなさい。

(5点)

(4) ④，⑤の（ ）内の語を適する形にかえなさい。 4点×2(8点)

(5) 本文の内容に合うように，（ ）に適する日本語を書きなさい。 5点×2(10点)

・日本の（　　　　　　　　　　　　）の数は減少している。

・多くの人々は（　　　　　　　　　　　）で本を買う。

(1)				
(2) ②		(3)		
(4) ④		⑤		
(5)				

5 次の日本文を英語になおしなさい。 6点×5(30点)

(1) あなたは台所を掃除し終えましたか。

(2) 母は私に料理は楽しいということを教てくれます。

(3) あなたは彼にこの映画がおもしろかったということを伝えますか。

(4) アヤは彼女の友達と話すのを楽しみました。

(5) あなたはタケシがスパゲッティを好きだということを知っていますか。

(1)	
(2)	
(3)	
(4)	
(5)	

Lesson 5　読 聞／書 話　30分　解答▶ p.41　/100

🎧 **1** **LISTENING** (1)〜(3)の対話を聞いて，それぞれの対話中のチャイムのところに入る適切な文をア〜ウから1つ選び，その記号を書きなさい。　♪ t06　3点×3(9点)

(1)　ア　I don't know him.　イ　I don't know what to think.　ウ　I don't know where to go.

(2)　ア　But it's fun to read the letter from him.　イ　But it's hard for me to write it in English.
　　ウ　But it's easy for him to read Japanese.

(3)　ア　Please teach me how to make a cake.　イ　Please tell me what to give my friend.
　　ウ　Please tell me how to celebrate a birthday.

(1)		(2)		(3)	

2 次の日本文に合うように，＿＿に適する語を書きなさい。　4点×4(16点)

(1)　あなたのノートとペンを取り出してください。
　　＿＿＿＿＿＿ ＿＿＿＿＿ your notebooks and pens.

(2)　私が料理している間，そのイヌを遠ざけてください。
　　Please ＿＿＿＿＿ the dog ＿＿＿＿＿ while I am cooking.

(3)　姉は庭の花を何本か切り取るつもりです。
　　My sister will ＿＿＿＿＿ ＿＿＿＿＿ some flowers in the garden.

(4)　お盆は日本で7月または8月に行われます。
　　The Bon Festival ＿＿＿＿＿ ＿＿＿＿＿ in July or August in Japan.

(1)		(2)	
(3)		(4)	

3 〔　〕内の語を並べかえて，日本文に合う英文を書きなさい。　5点×4(20点)

(1)　私は何と言えばいいかわかりません。〔 don't / I / know / to / say / what 〕.

(2)　私の意見はあなたの意見と違います。〔 from / my / is / yours / different / opinion 〕.

(3)　よく眠ることは重要です。〔 well / to / important / is / sleep / it 〕.

(4)　そこへの行き方を彼に教えなさい。〔 go / tell / him / there / to / how 〕.

(1)	
(2)	
(3)	
(4)	

4 次の対話文を読んで，あとの問いに答えなさい。 (計31点)

Pedro : That's a cool jack-o'-lantern.

Aya : ①Bob〔 to / me / how / taught / make 〕it.

Pedro : I remember the Day of the Dead in Brazil.　We celebrate it on November 2nd.

Aya : ②Can you (　　　) (　　　) (　　　)?

Pedro : (　③　).　We go to church and give flowers to remember our ancestors.

Aya : Oh, ④it's like the Bon Festival in Japan!

(1)　下線部①の〔　〕内の語を並べかえて，意味の通る英文にしなさい。 (6点)

(2)　下線部②が「もっと私に話してくれますか」という意味になるように，（　）に適する語を書きなさい。 (5点)

(3)　③の（　）内に適する文を次のア～エから選び，その記号を書きなさい。 (3点)

　　ア　That's right.　イ　Not really.　ウ　Sure.　エ　You're right.

(4)　下線部④について本文の内容に合うように，（　）に適する日本語を書きなさい。

　　ブラジルの（　　　　　）の日が，自分たちの（　　　　　）を思い出すために（　　　　　）を供える点で，日本のお盆のようです。 4点×3(12点)

(5)　本文の内容に合うように次の問いに英語で答えるとき，＿＿＿に適する語を書きなさい。

　　When is the Day of the Dead in Brazil? (5点)

　　―― It is ＿＿＿＿＿＿ ＿＿＿＿＿＿.

(1)	Bob			it.
(2)				(3)
(4)				
(5)				

5 次のようなとき，英語でどのように言うか書きなさい。 6点×4(24点)

(1)　相手に「わかった」と言うとき。　（got を使って2語で）

(2)　それをいつ始めたらいいか知っているかを相手にたずねるとき。（to, start を使って7語で）

(3)　昼食のあとでテニスをしようと誘うとき。　（let's を使って5語で）

(4)　自分がその箱を運ぶのは不可能だと言うとき。　（it's を使って8語で）

(1)	
(2)	
(3)	
(4)	

第**7**回 予想問題　Lesson 6 〜 Useful Expressions 2　読聞書話　**30**分　/100

🎧 **1** LISTENING　(1)〜(3)の絵についてそれぞれア〜ウの英文を聞いて，内容を適切に表しているものを1つ選び，その記号を書きなさい。

🎵 t07　4点×3(12点)

(1) Takashi Kyoko Ken Yusuke Shogo
40歳　40歳　14歳　12歳　9歳

(2) Kaori　Rika　Haruka

(3) Tom　Bob　Jack

(1)		(2)		(3)	

2 次の日本文に合うように，＿＿に適する語を書きなさい。　4点×4(16点)

(1) さあ，着きましたよ。　Here ＿＿＿＿＿＿ ＿＿＿＿＿＿.

(2) 私はコーヒーより紅茶のほうが好きです。

I ＿＿＿＿＿＿ tea ＿＿＿＿＿＿ coffee.

(3) それを着てみてもいいですか。

May I ＿＿＿＿＿＿ it ＿＿＿＿＿＿?

(4) 私は日本の城に興味があります。

I'm ＿＿＿＿＿＿ ＿＿＿＿＿＿ Japanese castles.

(1)		(2)	
(3)		(4)	

3 次の文を（ ）内の指示にしたがって書きかえなさい。　4点×4(16点)

(1) My sister's room is large.　（「私の部屋よりも」という意味の語句を文末に加えて）

(2) Mt. Fuji is a high mountain.　（「日本でいちばん」という意味の語句を加えて）

(3) This picture is beautiful.　（「すべての中でいちばん」という意味の語句を加えて）

(4) Daisuke plays the guitar well.　（「アユミと同じくらい」という意味の語句を加えて）

(1)	
(2)	
(3)	
(4)	

4 次の英文を読んで，あとの問いに答えなさい。 (計26点)

Antelope Canyon is ①(   ) amazing (   ) the Grand Canyon. It's especially popular among photographers. People enjoy the fascinating sights. Look at this picture. (②) a beam of light, this place looks ③(いっそう) mysterious.

(④) you come to Arizona, you should also visit Sedona. Sedona is a town of red rocks. ⑤[place / like / this / I / best / the] ⑥(〜のおかげで) its beautiful scenery. You can walk along a trail. You might feel energy from the earth.

(1) 下線部①が「グランド・キャニオンと同じくらい見事な」という意味になるように，（ ）に適する語を書きなさい。 (4点)

(2) ②，④の（ ）内に適する1語を書きなさい。 3点×2(6点)

(3) ③，⑥の（ ）内の日本語をそれぞれ2語の英語になおしなさい。 3点×2(6点)

(4) 下線部⑤の〔 〕内の語を並べかえて，意味の通る英文にしなさい。 (4点)

(5) 本文の内容に合うように，（ ）に適する日本語を書きなさい。 3点×2(6点)

　1. （　　　　　）・キャニオンは特に（　　　　　）の間で人気があります。

　2. （　　　　　）に来たら，（　　　　　）を訪れるべきです。

(1)		(2)	
(3) ③		⑥	
(4)			
(5) 1.		2.	

5 （ ）内の語句を使って，次の日本文を英語になおしなさい。 6点×5(30点)

(1) その靴は私には高価すぎます。 （the shoes）

(2) もっと小さいものはありませんか。 （ones）

(3) 父は家族の中でいちばん早く起きます。 （in）

(4) この映画はあの映画よりもわくわくします。 （one）

(5) 私は春よりも秋が好きです。 （fall, than）

(1)	
(2)	
(3)	
(4)	
(5)	

第**8**回
予想問題

Lesson 7 〜 Reading 2　①

読聞
書話
30分
解答　p.42
/100

1 LISTENING　(1)〜(5)の英文を聞いて，その内容に合う絵を 1 つ選び，その記号を書きなさい。

t08　3点×5(15点)

(1)		(2)		(3)		(4)		(5)	

2 次の日本文に合うように，＿＿に適する語を書きなさい。　　　4点×4(16点)

(1)　お互いに助け合うことは大切です。

Helping ＿＿＿＿＿＿＿ ＿＿＿＿＿＿＿ is important.

(2)　今月末に私はその仕事を終えるでしょう。

I will finish the job at the ＿＿＿＿＿＿＿ ＿＿＿＿＿＿＿ this month.

(3)　彼^{かれ}はボールだけでなくラケットも買いました。

He bought not ＿＿＿＿＿＿＿ some balls ＿＿＿＿＿＿＿ a racket.

(4)　彼女^{かのじょ}は世界中でサッカーをします。

She plays soccer all ＿＿＿＿＿＿＿ the ＿＿＿＿＿＿＿.

(1)		(2)	
(3)		(4)	

3 次の文を（　）内の指示にしたがって書きかえなさい。　　　4点×4(16点)

(1)　This soup tastes good.　（「あのスープと同じくらい」という意味の語句を加えて）

(2)　Kumi used this bike last week.　（下線部を主語にしてほぼ同じ意味を表す文に）

(3)　Did he make any cookies?
　　（下線部を主語にしてほぼ同じ意味を表す文に）

(4)　They will hold the festival next year.　（下線部を主語にしてほぼ同じ意味を表す文に）

(1)	
(2)	
(3)	
(4)	

4　次の対話文を読んで，あとの問いに答えなさい。　　　　　　　　　　　　　（計29点）

Bob : ①〔 in / taken / was / photo / Osaka / this 〕?

Aya : Yes.　How did you know?

Bob : I see Osaka Castle in the photo.　Are all those people Santas?

Aya : Yes.　It's ②the Santa Run.　People wear Santa costumes and run.

Bob : What is it for?

Aya : It's a charity event to support children in hospitals.　Gifts are ③(buy) with the
participation fees.

(1)　下線部①の〔　〕内の語を並べかえて，意味の通る英文にしなさい。　　　（5点）

(2)　下線部②について，本文の内容に合うように，（　）に適する日本語を書きなさい。

5点×3(15点)

　1.　サンタ・ランは人々が（　　　　　　）の（　　　　　　）を着て走るイベントです。

　2.　サンタ・ランは（　　　　　）にいる（　　　　　　）を支援する慈善イベントです。

　3.　（　　　　　　）で子どもたちへの（　　　　　）を買います。

(3)　③の（　）内の語を適する形にかえなさい。　　　　　　　　　　　　　　（4点）

(4)　本文の内容に合うように次の問いに英語で答えるとき，　　　に適する語を書きなさい。

What did Bob see in the photo?　　　　　　　　　　　　　　　　　　　　（5点）

　—— He saw ＿＿＿＿＿＿ ＿＿＿＿＿＿ and Santas.

(1)				
(2)	1.		2.	
	3.		(3)	
(4)				

5　（　）内の語と数字を使って，次の日本文を英語になおしなさい。　6点×4(24点)

(1)　富士山は 3,776 メートルの高さです。　（3,776 と high）

(2)　私は以前よりずっと強いと感じます。　（much, than）

(3)　そのつぼは水で満たされています。　（pot, with）

(4)　ここに高い建物が建てられるでしょう。　（tall, will）

(1)	
(2)	
(3)	
(4)	

第**9**回 予想問題 **Lesson 7 〜 Reading 2 ②** 読聞書話 **30**分 解答 ▶ p.43 /100

🎧 **1** **LISTENING** (1)〜(3)の対話を聞いて, その内容に合うものをア〜ウから1つずつ選び, その記号を書きなさい。 🎵 t09 3点×3(9点)

(1) ア そのサンドイッチは今日つくられました。　イ 昨日は暑かったです。
　ウ そのサンドイッチはおいしかったです。

(2) ア クミは窓から鳥を見ています。　イ 富士山は高い木と教会の間に見えます。
　ウ トムはその窓から富士山が見えることを知っていました。

(3) ア 「ふるさと」は毎日5時に聞こえます。　イ リズは「ふるさと」を初めて聞きました。
　ウ リズは「ふるさと」を聞くとカナダを思い出します。

(1)		(2)		(3)	

2 次の日本文に合うように, ＿＿＿に適する語を書きなさい。 4点×4(16点)

(1) 私たちは助けを求めました。　We ＿＿＿＿＿＿＿ ＿＿＿＿＿＿＿ help.

(2) 私がその村を訪れると, たくさんの子どもたちが出てきました。
Many children ＿＿＿＿＿＿＿ ＿＿＿＿＿＿＿ when I visited the village.

(3) 彼女（かのじょ）はつぎつぎに贈（おく）りものを開けました。
She opened ＿＿＿＿＿＿＿ gift after ＿＿＿＿＿＿＿.

(4) 私はそのイベントを楽しみにしています。
I'm ＿＿＿＿＿＿＿ ＿＿＿＿＿＿＿ to the event.

(1)		(2)	
(3)		(4)	

3 〔 〕内の語を並べかえて, 日本文に合う英文を書きなさい。 5点×4(20点)

(1) 私たちの市はお城で有名です。〔 famous / city / its / is / our / castle / for 〕.

(2) お金は毎日節約されるべきです。〔 saved / money / be / should 〕 every day.

(3) これらのカードはいつ印刷されましたか。〔 printed / when / cards / were / these 〕?

(4) 多くの見事な絵がここにはあります。
〔 there / pictures / are / many / amazing / here 〕.

(1)	
(2)	
(3)	
(4)	

4 次の英文を読んで，あとの問いに答えなさい。 　(計17点)

I want to climb Mt. Fuji someday. 　①[located / is / and / between / it / Shizuoka] Yamanashi. 　It is the ②(high) mountain in Japan. 　③It (　　　) 3,776 (　　　) (　　　). 　It became a World Cultural Heritage Site on June 22, 2013.

(1) 下線部①の[　]内の語を並べかえて，意味の通る英文にしなさい。 　(6点)

(2) ②の(　)内の語を適する形にかえなさい。 　(3点)

(3) 下線部③が「それは 3,776 メートルの高さです」という意味になるように，(　)に適する語を書きなさい。 　(3点)

(4) 富士山について本文の内容に合うように，(　)に適する数字を書きなさい。 　(5点)
　　富士山は(　　　　　)年の(　　　)月(　　　)日に世界文化遺産になりました。

(1)			Yamanashi.
(2)		(3)	
(4)			

5 次の日本文を(　)内の語句を使って英語になおしなさい。 　6点×4(24点)

(1) この温泉は１年中ずっと混雑しています。 　(crowded, throughout)

(2) 英語はこの国で使われていますか。 　(used)

(3) これらの料理は私の父によって料理されました。 　(dishes)

(4) この本はもっとたくさんの人に読まれるべきです。 　(read, people)

(1)	
(2)	
(3)	
(4)	

6 次の質問について，あなた自身の考えを，理由を明らかにして英語で書きなさい。ただし(　)内の語句を使って２文以上にすること。 　(14点)

How should your free time be used? 　What do you think? 　(I think, because)

Lesson 8　読聞書話　30分　解答 ▶ p.44　/100

🎧 **1** **LISTENING**　(1)～(3)の対話を聞いて，その内容に合うものをア～ウから１つずつ選び，その記号を書きなさい。　♪ t10　3点×3(9点)

(1)　ア　トムはけがをしました。　　イ　マキはトムに家に帰るように言いました。

　　ウ　トムは先生に家に帰ることを話しました。

(2)　ア　ボブは忙しいです。　イ　ボブはカレー用の野菜を買いに行かなければなりません。

　　ウ　ボブはカレー用の野菜の切り方がわかりません。

(3)　ア　エミリーは来週末，おばを訪ねます。　イ　エミリーはおばさんとケーキを食べたいです。

　　ウ　エミリーはケーキを買える店を知っています。

(1)		(2)		(3)	

2　次の日本文に合うように，＿＿に適する語を書きなさい。　4点×4(16点)

(1)　彼らに大きな拍手を！　Give them a ＿＿＿＿＿＿＿ ＿＿＿＿＿＿＿！

(2)　ある日，私は公園でウサギを見つけました。

　　＿＿＿＿＿＿＿ ＿＿＿＿＿＿＿, I found a rabbit in the park.

(3)　母はいつも突然部屋に入ってきます。

　　My mother always ＿＿＿＿＿＿＿ ＿＿＿＿＿＿＿ my room suddenly.

(4)　私はこのごろ料理にはまっています。

　　I ＿＿＿＿＿＿＿ ＿＿＿＿＿＿＿ cooking these days.

(1)		(2)	
(3)		(4)	

3　次の文を（ ）内の指示にしたがって書きかえなさい。　5点×4(20点)

(1)　This is a beautiful view!　（「なんて美しい景色なんだ！」という感嘆文に）

(2)　Where will Ken go?　I wonder.　（ほぼ同じ意味の１文に）

(3)　How many books does Yui have?　I know that.　（ほぼ同じ意味の１文に）

(4)　Who broke this window?　Do you know?　（ほぼ同じ意味の１文に）

(1)	
(2)	
(3)	
(4)	

4 次の対話文を読んで，あとの問いに答えなさい。　　　　　　　　　　(計31点)

Hasegawa : I'm the manager of this zoo. ①Recently, our tiger died. He was the ②(popular) animal here. ③So I'll 〔 you / you / what / tell / do / should 〕. Put on this tiger suit, go into the tiger cage, and be a tiger.

Man : Be a tiger? I only have to walk around in the cage? ④〔 easy / what / job / an 〕!

MC : Attention, please! Gather around the tiger cage. There's going to be a special show.

Man : What? A show?

MC : Ladies and gentlemen, boys and girls, we now present our wild animal show!

(1) 下線部①の英語を日本語になおしなさい。　　　　　　　　　　　　　(4点)

(2) ②の（　）内の語を適する2語にかえなさい。　　　　　　　　　　　(5点)

(3) 下線部③，④の〔　〕内の語を並べかえて，意味の通る英文にしなさい。　5点×2(10点)

(4) 男がする仕事について本文の内容に合うように，（　）に適する日本語を書きなさい。

　1．園長は男にトラの（　　　）を着て，トラの（　　　）に入るように言いました。

　2．男は，（　　　）の中をただ（　　　　　　）だけなのだと考えました。

　3．司会者は（　　　）動物の特別な（　　　）の宣伝をし始めました。　4点×3(12点)

(1)		(2)	
(3)	③ So I'll		.
	④		(4) 1.
(4)	2.		3.

5 （　）内の語を使って，次の日本文を英語になおしなさい。　　　6点×4(24点)

(1) 相手の出身地を「カナダですよね」と確認するとき。　（right）

(2) 「なんてすばらしいんだ！」と驚いたことを表すとき。　（wonderful）

(3) 自分は何をすべきなのかわからないと言うとき。　（should）

(4) 相手にどちらのチームが勝つか推測するように言うとき。　（guess）

(1)	
(2)	
(3)	
(4)	

解答　p.45

第11回 予想問題　Lesson 9 〜 Reading 3

読 聞
書 話　30分　/100

🎧 **1 LISTENING** (1)〜(3)の対話を聞いて，それぞれの対話中のチャイムのところに入るもっとも適切な表現をア〜ウから１つ選び，その記号を書きなさい。　🎵 t11　3点×3(9点)

(1)　ア　I'm Saito Naoki.　　イ　He's Saito Takuya.　　ウ　I'm Saito Takuya.

(2)　ア　I'm going to the post office.　　イ　I'm going to the convenience store.
　　ウ　I'm going to City Hall.

(3)　ア　Yes, I did it yesterday.　　イ　No, I didn't.　I was very busy yesterday.
　　ウ　No, I didn't.　Thanks to you, I remembered it.

(1)		(2)		(3)	

2 次の日本文に合うように，＿＿＿に適する語を書きなさい。　4点×4(16点)

(1)　私のことは心配しないで。　Don't ＿＿＿＿＿＿＿＿＿ ＿＿＿＿＿＿＿＿＿ me.

(2)　私たちは９時から５時まで働きます。
　　We work ＿＿＿＿＿＿＿ nine ＿＿＿＿＿＿＿ five.

(3)　彼女は 1979 年に生まれました。
　　She ＿＿＿＿＿＿＿＿ ＿＿＿＿＿＿＿＿ in 1979.

(4)　彼は独力で医学部に入りました。
　　He entered a medical school ＿＿＿＿＿＿＿ ＿＿＿＿＿＿＿.

(1)		(2)	
(3)		(4)	

3 〔　〕内の語句を並べかえて，日本文に合う英文を書きなさい。　4点×4(16点)

(1)　私は今ではもう子どもではありません。〔 not / anymore / a child / I'm 〕.

(2)　その歌は私を楽しい気持ちにします。〔 me / the song / happy / makes 〕.

(3)　私はあなたにこの手紙を読んでほしいです。〔 this letter / you / read / want / to / I 〕.

(4)　ジャックは私が写真を撮るのを手伝ってくれました。
　　〔 helped / take / me / pictures / Jack 〕.

(1)	
(2)	
(3)	
(4)	

4 次の英文を読んで，あとの問いに答えなさい。 (計29点)

　　My mother's friend Ms. Suzuki is a sign language interpreter.　One day, she told me about differences （　①　） Japanese Sign Language and American Sign Language. I ②(　　　)(　　　)(　　　) sign languages and learned some myself.
　　③[me / show / let / an example / you].　One is Japanese Sign Language and ④(　　　)(　　　) is American Sign Language.　Both mean "thank you."

(1)　①の（　）内に適する語を書きなさい。 (3点)

(2)　下線部②が「手話に興味を持つようになりました」という意味になるように，（　）に適する語を書きなさい。 (5点)

(3)　下線部③の〔　〕内の語句を並べかえて，意味の通る英文にしなさい。 (5点)

(4)　下線部④の（　）内に適する語を書きなさい。 (4点)

(5)　本文の内容に合うように，（　）に適する日本語を書きなさい。 4点×3(12点)
　　1．母の友達の鈴木さんは手話の（　　　）です。
　　2．私は自分でいくつかの（　　　）を学びました。
　　3．私は2つの「（　　　）」という意味の手話を見せました。

(1)		(2)		
(3)				
(4)				
(5)	1.	2.		3.

5 次のようなとき，英語でどのように言うか書きなさい。 6点×5(30点)

(1)　相手に「変わったことはない？」とたずねるとき。　（new を使って）

(2)　相手に「あっちに行け」と言うとき。　（go を使って）

(3)　自分たちはこのイヌをモモと呼ぶと言うとき。　（call を使って）

(4)　彼女にピアノを弾いてと頼みましょうと提案するとき。　（ask を使って）

(5)　自分は相手が昼食をつくるのを手伝うというとき。　（will, cook を使って）

(1)	
(2)	
(3)	
(4)	
(5)	

Further Reading

読 聞
書 話

30分

解答 ▶ p.46

/50

1 次の英文を読んで，あとの問いに答えなさい。 (計29点)

One Saturday, when Mr. Hatch stepped onto the porch, he saw a package.

Mr. Hatch ①(tear) the brown paper off. Inside was a heart-shaped box — all red with a pink bow on top. ②[with / candy / filled / it / was]. There also was a little white card. ③It said, "Somebody loves you." He then remembered that it was Valentine's Day.

Mr. Hatch wondered and wondered. At last he exclaimed, "Why, I have a secret admirer!" ④He laughed ( ) ( ) ( ) ( ) in his life.

(1) ①の（ ）内の語を適する形にかえなさい。 (4点)

(2) 下線部②の〔 〕内の語を並べかえて，意味の通る英文にしなさい。 (5点)

(3) 下線部③の指すものを本文中の英語4語で答えなさい。 (5点)

(4) 下線部④が「彼は初めて笑いました」という意味になるように，（ ）に適する語を書きなさい。 (5点)

(5) 本文の内容に合うように，（ ）に適する日本語を書きなさい。 5点×2(10点)

1．ハッチさんの見つけた小包の中身は（ ）型の（ ）でした。

2．ハッチさんはその日が（ ）なので，隠れた（ ）が小包をくれたのだと思いました。

(1)		(2)			
(3)					
(4)					
(5)	1.			2.	

2 （ ）内の指示にしたがって，次の日本文を英語になおしなさい。 7点×3(21点)

(1) 自分は昨日間違いをしたと言うとき。 （a mistake を使って）

(2) 自分は6時にサッカーを練習するのをやめたと言うとき。 （stop を使って）

(3) 相手に「どうやって私のイヌを見つけたか私に話して」と言うとき。 （7語で）

(1)	
(2)	
(3)	

教科書ワーク 英語 特別ふろく

無料アプリ どこでもワーク

こちらにアクセスして，ご利用ください。
https://portal.bunri.jp/app.html

◀単語特訓

重要語句の
暗記に便利

音声つき

間違えた問題だけを何度も確認できる！

▼文法特訓

文法事項を
三択問題で
確認！

無料ダウンロード ホームページテスト

無料でダウンロードできます。
表紙カバーに掲載のアクセス
コードを入力してご利用くだ
さい。
https://www.bunri.co.jp/infosrv/top.html

▲文法問題

テスト対策や
復習に使おう！

リスニング試験対策に
バッチリ！

▼リスニング問題

注意 ●アプリは無料ですが，別途各通信会社からの通信料がかかります。
● アプリの利用には iPhone の方は Apple ID，Android の方は Google アカウントが必要です。対応 OS や対応機種については，各ストアでご確認ください。
● お客様のネット環境および携帯端末により，ご利用いただけない場合，当社は責任を負いかねます。ご理解，ご了承いただきますよう，お願いいたします。

中学教科書ワーク

解答と解説

この「解答と解説」は，取りはずして使えます。

教育出版版 ワンワールド

英語2年

Review Lesson ～ Lesson 1

p.4　ステージ1

Wordsチェック (1)景色 (2)2日，2番め(の)
(3) trip (4) through

❶ (1) will watch (2) will play tennis
(3) I will study English.

❷ (1) is going (2) will be

━━━━ 解説 ━━━━

❶ 「私は～するつもりです」は I will ～. で表す。will の後ろは動詞の原形が続くことに注意する。

❷ (1) **ミス注意！** 「～する予定です」は〈be going to＋動詞の原形〉で表す。be 動詞は主語に合わせるので，ここでは she に合わせて is にする。
(2) 「～するでしょう」は will で表す。will の後ろは動詞の原形がくるため，be 動詞の原形である be を入れる。

ポイント 未来を表す文
「～する予定です，～するつもりです，～するでしょう」
・〈be going to＋動詞の原形〉
・〈will＋動詞の原形〉

p.5　ステージ1

❶ (1) is (2) are (3) are (4) Is (5) Are
❷ (1) Are there (2) Is there
❸ (1) There are (2) Is there
(3) there isn't

━━━━ 解説 ━━━━

❶ (1)(2) There is[are]のあとに続く名詞(主語)が単数のときは is，複数のときは are を使う。
(3) children は「子どもたち」という意味で複数形なので are を選ぶ。
(4)(5) There is[are] ～. の疑問文は，Is[Are] there ～? で表す。疑問文でも，主語にあたる名詞が単数であれば is，複数であれば are を使う。

❷ (1)元の文は「机の上にたくさんのえんぴつがあ

ります」という意味。疑問文なので，Are there ～? にする。

❸ (2)「～がありますか」は Is[Are] there ～? で表す。
(3) Is[Are] there ～? の疑問文に答えるときには there を使う。Is there ～? と聞かれたときは，Yes, there is. / No, there isn't[is not]. と答える。空所の数から，is not の短縮形 isn't を使う。

ポイント 〈There is[are]＋名詞.〉の文
・「～がある，～がいる」を表す。
・名詞が単数なら is，複数なら are を使う。

p.6　ステージ1

❶ (1) have to (2) must (3) has to
❷ (1) You must be quiet
(2) She must like dogs.

━━━━ 解説 ━━━━

❶ (2)「～しなくてはならない」は must で表す。must のあとには動詞の原形を置く。must は主語が3人称単数であっても形が変わらない。
(3) **ミス注意！** 〈have[has] to＋動詞の原形〉は，主語が3人称単数であるとき has to ～ となるので注意。

❷ (1) **ミス注意！** must の後ろは動詞の原形になるので，be 動詞の原形 be を置く。
(2) must には「きっと～に違いない」という推量の意味がある。

ポイント 「～しなければならない」
・〈have[has] to＋動詞の原形〉
・〈must＋動詞の原形〉

p.7　ステージ1

Wordsチェック (1)郵便ポスト
(2)案内人，ガイド (3)～で有名である
(4) impressive (5) stone (6) tablet

❶ (1) How many
(2) How many birds are there
(3) How many books are there in your bag?

2

❷ (1) **are there** (2) **How many**

(3) **There are**

❶ 「…に～はいくつありますか」は〈How many ＋名詞の複数形＋are there＋場所を表す語句？〉で表す。

❷ (1)(2) **ミス注意!** 「…に～はいくつありますか」は「…に」という場所を表す部分がなくても使うことができる。How many ～ are there? で「～はいくつありますか[何個ありますか，何人いますか]」という意味。

(2) How many ～ are there? には，There are ～. を使って「～個[人]あります[います]」と答える。

> **ポイント** 「～は…にいくつありますか」
> ・〈How many＋名詞＋are there＋場所を表す語句？〉
> ・名詞は複数形になる。

p.8～9 ◀◀ 文法のまとめ

1 (1) **have to** (2) **Is, going** (3) **Are there**

(4) **there aren't** (5) **won't**

2 (1) **You must not eat here.**

(2) **I am going to meet her next**

(3) **There is an old temple in my town.**

(4) **He doesn't have to do his homework.**

3 (1) ユキは 5 時に家に帰る予定です。

(2) この近くに郵便局はありますか。

4 (1) **It'll[It will] rain tomorrow.**

(2) **We must not use this computer.**

≪≪ 解説 ≫≫

1 (1)「～しなければならない」は〈have to＋動詞の原形〉で表す。

(2)「～する予定ですか」は〈be going to＋動詞の原形〉の疑問文で表す。疑問文では，be 動詞を主語の前に置く。

(4) Is[Are] there ～? の疑問文に対しては，Yes, there is[are]. または No, there isn't[aren't]. で答える。

(5) **ミス注意!** will not の短縮形は won't となる。

2 (1) must not ～で「～してはならない」という禁止の意味を表す。

(2)〈be going to＋動詞の原形〉で「～するつもりです，～する予定です」という意味。be 動詞は主語に合わせる。

(3)「～がある，～がいる」は There is[are]～. で表す。

(4)「～する必要がない」は don't[doesn't] have to ～で表す。

3 (1) go home は「家に帰る」。

(2) near は「～の近くに」。

4 (1)「～でしょう」という未来の予測を表す文には will を使う。天気について述べるときには，主語は it となるので，It'll[It will] ～. にする。

(2)「～してはならない」という禁止の意味を表す mustn't[must not] を使う。6 語なので must not。

p.10～11 ━━ ステージ1

Wordsチェック (1) 所有者 (2) 勤労 (3) ～を着る

(4) 目の不自由な (5) **message**

(6) **send** (7) **obstacle** (8) **corner**

❶ (1) **gave my mother**

(2) **gave my father a bag**

(3) **I gave him a cap.**

❷ (1) **buy him** (2) **show her** (3) **tell you**

❸ (1) **Ken gave me this watch.**

(2) **I sent Meg a letter.**

(3) **She showed me her notebook.**

(4) **I will tell Emi my favorite song.**

❹ (1) 私にあなたの名前を教えてください。

(2) 父は私にすてきなTシャツを買いました。

❺ (1) **for example** (2) **What, for** (3) **kind of**

WRITING Plus🖊 (1) 例 **I want to give her some flowers.**

(2) 例 **They will buy me my favorite book.**

❶ 「私は～に…をあげました」は〈I gave＋人＋もの〉で表す。

❷ (1)〈buy＋人＋もの〉で「(人)に(もの)を買う」という意味。

(2)〈show＋人＋もの〉で「(人)に(もの)を見せる」という意味。

(3)〈tell＋人＋もの〉で「(人)に(もの)を知らせる」という意味。

❸ (1)「(人)に(もの)をあげる」という文は，〈give＋人＋もの〉の語順にする。gave は give の過去形。

(2)「(人)に(もの)を送る」は〈send＋人＋もの〉の語順で表す。

(4)「～するつもりです」という意志は助動詞 will を使って表す。will のあとは〈tell＋人＋もの〉の語順で「(人)に(もの)を伝える[知らせる]」を表す。

④ (2) **ミス注意!** bought は buy の過去形。〈buy ＋人＋もの〉で「(人)に(もの)を買う」という意味になる。

⑤ (1)「たとえば」は for example。

(2)What (〜) for? で「どんな目的で，なぜ」。

(3)What kind of 〜? で「どんな種類の〜ですか」。

WRITING Plus (1)〈give＋人＋もの〉で「(人)に(もの)をあげる」。解答例は「私は彼女に花を何本かあげたいです」の意味。

(2)〈buy＋人＋もの〉で「(人)に(もの)を買う」。解答例は「彼らは私に私の大好きな本を買ってくれるでしょう」の意味。

> **ポイント** 動詞のあとに目的語が2つ続く文
> ・〈give＋人＋もの〉「(人)に(もの)をあげる」
> ・〈buy＋人＋もの〉「(人)に(もの)を買う」
> ・〈show＋人＋もの〉「(人)に(もの)を見せる」
> ・〈tell＋人＋もの〉「(人)に(もの)を知らせる」
> ・〈send＋人＋もの〉「(人)に(もの)を送る」

p.12　■ステージ1

Wordsチェック (1)訓練

(2)しかし(ながら)，けれども　(3)effort

(4)thousand

① (1)ア　(2)ア　(3)イ

② (1)think that

(2)think (that) soccer is fun

(3)I think (that) this movie is exciting.

━━ 解説 ━━

① (1)say (that) 〜で「〜ということを言う」という意味。

(2)選択肢のあとに〈主語＋動詞〜〉が続いていることから，know (that) 〜で「〜を知っている」という形にする。ここでは that は省略されている。

(3)hope (that) 〜で「〜だといいなと思う」という意味。

② **ミス注意!** 「私は〜と思います」はI think (that) 〜. で表す。that のあとは〈主語＋動詞 〜〉の語順になる。

(2)(3) that は省略してもよい。

> **ポイント** 「〜と思う」などの文
> ・think[hope] (that) 〜
> 　「〜だと思う[〜だといいなと思う]」
> ・know や say などの動詞もこの形で使われる。
> ・この接続詞 that は省略できる。

p.13　■ステージ1

Wordsチェック (1)男の人　(2)仕事

(3)notice　(4)lead

① (1)sorry　(2)sure that

② (1)that I can meet him

(2)I'm sure he is Tom

③ (1)私は新しいマンガ本を手に入れてうれしかったです。

(2)あなたを手伝うことができなくてごめんなさい。

━━ 解説 ━━

① (1)be sorry (that) 〜で「〜して残念だ[すまないと思う]」という意味。ここでは that は省略されている。

(2)「〜だと確信する」は be sure (that) 〜で表す。

② (1)感情を表す形容詞 happy(うれしい)のあとに〈(that＋)主語＋動詞〜〉を続ける。

(2)I'm sure that 〜. で「私は〜だと確信している」という意味を表す。

③ (1)be glad 〜で「〜してうれしい」という意味。be 動詞が過去形の was なので，「〜してうれしかった」という意味になる。

> **ポイント** 感情を表す「〜して…だ」の文
> ・〈sorry (that＋)主語＋動詞 〜〉「〜して残念だ」
> ・〈happy (that＋)主語＋動詞 〜〉
> 　「〜してうれしい」

p.14〜15　《文法のまとめ》

1 (1)bought　(2)show　(3)that　(4)tell

(5)that

2 (1)He gave me some candies.

(2)I think that soccer is fun.

(3)I sent Yumi this box.

(4)Kenta knows the lake is small.

(5)I am sorry I can't go with you.

3 (1)母は私に辞書を買ってくれました。

(2)私はこの食べ物が塩辛くないと思います。

(3)答えることができなくてすみません。

(4)エミはその寺がとても古いことを知っています。

(5)私は彼が幸運だと思いました。

4 (1)I think (that) rabbits are cute.

(2)Hana gave me this bag.

(3)I'm happy[glad] (that) I can see pandas[a panda].

4

(4) He bought me this watch.

1 (1)〈buy＋人＋もの〉で「(人)に(もの)を買う」という意味。buy の過去形は bought となる。

(2)〈show＋人＋もの〉で「(人)に(もの)を見せる」という意味。

(3)「〜してうれしい」は be happy (that) 〜で表す。

(4)〈tell＋人＋もの〉で「(人)に(もの)を知らせる」という意味。

(5) know (that) 〜で「〜ということを知っている」という意味。

2 (1)「(人)に(もの)をあげる」は〈give＋人＋もの〉で表す。

(2) think (that) 〜で「〜と思う」という意味。

(3)「(人)に(もの)を送る」は〈send＋人＋もの〉で表す。

(4)「〜ということを知っている」は know (that) 〜で表す。(that)のあとは〈主語＋動詞 〜〉が続く。この文では that が省略されている。

(5)「残念だ」は be sorry で表す。感情を表す形容詞 sorry のあとは〈(that＋)主語＋動詞 〜〉が続く。

3 (1)〈buy＋人＋もの〉の語順なので,「(人)に(もの)を買う」という意味になる。

(2) think (that) 〜で「〜と思う」という意味。don't[doesn't] think (that) 〜は「〜ではないと思う」という否定の意味になる。

(4) know (that) 〜「〜だと知っている」の形。ここでは that が省略されている。

(5) **ミス注意** thought は think の過去形。

4 (1)「〜と思う」は think (that) 〜で表す。that のあとは〈主語＋動詞 〜〉の形にする。

(2) **ミス注意** 「(人)に(もの)をあげる」という意味の文なので,〈give＋人＋もの〉の語順にする。過去の文なので give を gave にする。

(3)「〜してうれしい」は〈be happy[glad]＋(that＋)主語＋動詞 〜〉で表す。

(4) **ミス注意** 「(人)に(もの)を買う」は〈buy＋人＋もの〉の語順で表す。buy の過去形は bought となる。

p.16〜17 **ステージ2**

1 **LISTENING** イ

2 (1)イ (2)ア (3)ア

3 (1) There are two libraries in this town.

(2) I hope that she is fine.

(3) I will give you a bicycle.

(4) Please tell me today's weather.

4 (1) at work (2) took time (3) some time

5 (1) My father gave me this book.

(2)これはどんな種類のイヌですか。

(3)ウ

(4) for example

(5)ハーネス(胴輪),目の不自由な人

6 (1)明日,祖母が私の家に来る予定です。

(2)私は多くの人々がドーナツを好きであると確信しています。

(3)彼はその通りが長いことを知っています。

7 (1) I don't[do not] think (that) baseball is fun.

(2) He must like these flowers.

解説

1 **LISTENING** 男女は帽子について話している。男の子が「私の姉[妹]が私にこの帽子をくれました」と言い,女の子が「ああ,それはとてもすてきです」と応じている。

♪ **音声内容**

A : My sister gave me this cap.
B : Oh, it's so nice.
Question : What did the boy's sister give him?

2 (1)「私はこの手紙を彼女に送りました」という文。「彼女に」という目的語に適切な her が正解。

(2) be sorry (that)〜で「〜して残念だ,すまなく思う」という意味。この that は省略されることがある。

(3) bought は buy の過去形。「私に」という目的語に適切な me が正解。

3 (1)「〜があります」は There is[are] 〜. で表す。「〜」にくる名詞が複数形なので be 動詞は are。

(2) hope (that) 〜で「〜だといいなと思う」という意味。that のあとには〈主語＋動詞〜〉が続く。

(3)「(人)に(もの)をあげる」は〈give＋人＋もの〉の語順となる。will は「〜するつもりです」という意志を表す。

(4)「(人)に(もの)を教える,知らせる」は〈tell＋人＋もの〉で表す。

4 (1)「働いている」は at work。

(2)「時間がかかる」は take time。

(3)「しばらく」は for some time。

❺ (1)「(人)に(もの)をあげる」という意味の文になるので，〈give＋人＋もの〉の語順にする。

(2) What kind of ～? は「どんな種類の～ですか」。

(3) What ～ for? は「何のための～ですか」。

(5)ボブの 2 つ目の発言で It wears a harness.「それ(介助犬)はハーネス(胴輪)をつけています」と言っている。また，最後のボブの発言で，A blind person can send messages to the guide dog ～. とある。blind は「目の不自由な」という意味。

❻ (1) be going to ～は「～する予定です」。

(2) be sure (that) ～は「～だと確信している」。

(3) know (that) ～は「～だと知っている」。ここでは that が省略されている。

❼ (1)「私は～ではないと思います」は I don't think (that) ～で表すことができる。この that は省略してもよい。

(2)「きっと～に違いない」は〈must＋動詞の原形〉で表す。

p.18〜19 ステージ3

❶ 🎧LISTENING (1)イ (2)ウ

❷ (1)ア (2)イ (3)イ (4)ア

❸ (1) How, are there (2) some time

(3) won't

❹ (1) My mother sent me a lot of letters.

(2) I hope Ken will play the guitar well.

(3) I thought that it was Emi's bag.

(4) Are you going to visit Kyoto next

❺ (1)十分な介助犬がいません。

(2) that

(3) able to

(4)私は多くの人々がこの問題について知らないと思います。

(5) 1. 1 2. 1 3. 努力

❻ (1) He doesn't have to clean this room.

(2) Please tell me your favorite book [books].

(3) I think (that) basketball is exciting.

(4) She knows (that) you are a student.

解説

❶ 🎧LISTENING (1)友達の誕生日についての話題。女性の「あなたは彼女に何をあげるつもりですか」という質問に男性は「私は彼女に腕時計をあげるつもりです」と答えている。

(2)女性の「トム，あなたは昨日どこへ行きましたか」という質問に，男性は「新しいショッピングモールへ行きました。父が私に新しい自転車を買ってくれました」と答えている。

🎵 音声内容

(1)A : Tomorrow is Lisa's birthday.

B : What are you going to give her, Mike?

A : I'm going to give her a watch.

Question : What is Mike going to give Lisa?

(2)A : Tom, where did you go yesterday?

B : I went to the new shopping mall. My father bought me a new bicycle.

Question : What did Tom's father buy at the shopping mall?

❷ (1)「私の姉[妹]は明日，早く起きなければいけません」という文。主語が 3 人称単数なので has を使う。

(2) be sorry (that) ～は「～して残念だ」の意味。

(3)「～だといいなと思う」は hope (that) ～。

(4) know (that) ～は「～ということを知っている」の意味。

❸ (1)「…に～ はいくつありますか」は〈How many＋名詞の複数形＋are there＋場所を表す語句?〉で表す。

(2)「しばらく」は for some time。

(3)「～しないでしょう」は will の否定文で表す。空所が 1 つなのでの will not の短縮形 won't を使う。

❹ (1)「(人)に(もの)を送る」は〈send＋人＋もの〉で表す。sent は send の過去形。

(2)「…するといいなと思う」は hope (that) ～ will … で表す。that のあとは〈主語＋動詞～〉の形になるので注意する。ここでは that は省略されている。

(3)「～と思う」は think (that) ～で表す。thought は think の過去形。

(4)「～する予定ですか」は be going to ～の疑問文で表す。

❺ (1) There is[are] ～.(～がいる，～がある)の否定文。

(2)空所のあとに〈主語＋動詞 ～〉が続いていることから，hope (that) ～ will … 「…するといいなと思う」の文であることがわかる。

(3) be able to ～で「～できる」を表す。

6

(4) I don't think (that) ～で「私は～ではないと思います」の意味。

(5) ボブの 2 つ目の発言で These dogs live with puppy walkers for about a year.「それらのイヌ（＝介助犬）は約 1 年パピーウォーカーと暮らします」と述べられており、続いて they need training for another year「それらはもう 1 年訓練が必要です」とある。

❻ (1)「～する必要はない」は〈don't[doesn't] have to＋動詞の原形〉で表す。主語「彼」は 3 人称単数なので doesn't を使う。

(2)「(人)に(もの)を教える」は〈tell＋人＋もの〉で、「～してください」は〈Please＋命令文 .〉で表すことができる。

(3)「～だと思う」は think (that) ～。この that は省略してもよい。

(4)「～ということを知っている」は know (that) ～。主語が she で 3 人称単数なので know に s をつける。この that は省略してもよい。

Lesson 2 ～ Useful Expressions 1

p.20 ■ ステージ**1**

Wordsチェック (1)時間、1 時間　(2)おびえた

(3) fix　(4) kitchen

❶ (1)ア　(2)イ

❷ (1) was reading

(2) was listening to music

(3) They were playing soccer.

❸ (1) was using　(2) were playing

◆ 解説 ◆

❶ (1) yesterday(昨日)があるので、過去の文であることがわかる。

(2)主語の Ken and I は複数なので、be 動詞は were が適切。

❷ **ミス注意！**「～は…していました」と過去にしていたことを表す文は、〈be 動詞の過去形＋動詞の -ing 形〉にする。

(2)主語が 3 人称単数なので be 動詞は was にする。

(3) they は複数なので be 動詞は were にする。

❸ (1) **ミス注意！**　主語が 3 人称単数なので be 動詞は was にし、use の -ing 形である using を入れる。use は e をとって ing をつける。

(2)主語の you に対応する be 動詞は were となる。

ポイント 過去進行形の文
・〈was[were]＋動詞の -ing 形〉

p.21 ■ ステージ**1**

Wordsチェック (1)電気　(2)～を引き起こす

(3) accident　(4) exactly

❶ (1) When　(2) lived　(3) when

❷ (1) It was cold when I got up early.

(2) She wasn't at home when I called her.

(3) My grandfather visited many countries when he was a pilot.

(4) I was watching TV when my sister opened the door.

◆ 解説 ◆

❶ (1)「～したとき」は when を使って表す。文の区切りにカンマがあるので、文のはじめに when を使う。

(2)「日本に住んでいた」という過去の文なので、live(住む)の過去形 lived にする。

❷ 例にならい、when を使って 2 つの文を 1 つの文にする。完成した文は、(1)「私が早く起きたとき、寒かったです」、(2)「私が彼女に電話したとき、彼女は家にいませんでした」、(3)「私の祖父がパイロットだったとき、彼は多くの国を訪れました」、(4)「姉[妹]がドアを開けたとき、私はテレビを見ていました」という意味。

ポイント 接続詞 when 「～する[した]とき」の文
・when を文のはじめに使うとき
　→ When ～, ….（文の区切りにカンマを置く）
・when を文の途中に使うとき
　→ … when ～.（カンマは不要）

p.22～23 ■ ステージ**1**

Wordsチェック (1)永遠に　(2)大部分

(3)空気　(4)より少なく　(5)(ある期間)もつ

(6) wind　(7) expensive　(8) opinion

(9) gas　(10) pollution

❶ (1) Because　(2) if　(3) because

❷ (1) You have to wash your hands if you make lunch.

(2) I will go fishing if it is sunny tomorrow.

❸ (1) Take a rest if you are tired.

(2) I'll go to an aquarium because I like fish.

(3) give her this book if she comes

❹ (1)私は音楽を聞いていたので、その音に気づ

きませんでした。

(2)もしエマが日本に来たら，私は彼女といっしょに買いものに行くつもりです。

❺ (1) opinion (2) such as

<u>WRITING Plus</u>🖉 **例1 I like summer because swimming in the sea is a lot of fun for me.**

　例2 I like winter because I can ski with my friends.

━━━━━━ ● 解 説 ● ━━━━━━

❶ (1)「～なので」と理由を表す文は because を使う。because を文のはじめに使うときは，文の区切りにカンマをつける。
(2)「もし～ならば」と条件を表す文は if を使う。if は〈主語＋動詞 ～〉の形の 2 つの文をつなぐ働きをする。

❷ 例にならい，if を使って 2 つの文を 1 つの文にする。
(2) ミス注意 if に続く文は未来のことでも現在形で表すので，「もし明日晴れたら」という意味の文は現在形で表す。

❸ (1)「もし～ならば」という条件は if で表す。カンマが〔　〕内にないので，if ～ を文の後半に置く。
(2)「～なので」と理由を表す because のあとに「私は魚が好き」を続ける。

❹ (1) notice は「～に気づく」。

❺ (1)「私の考えでは」は in my opinion。
(2)「～のような」は such as ～。

<u>WRITING Plus</u>🖉 例にしたがって，まず summer「夏」と winter「冬」のどちらが好きかを書き，接続詞 because のあとに好きな理由を続ける。

> **ポイント 接続詞の働き**
> ・〈主語＋動詞 ～〉の 2 つの文をつなぐ働きをする。
> ・when ～「～する[した]とき」
> ・because ～「～なので」（理由）
> ・if ～「もし～ならば」（条件）

p.24～25 《 文法のまとめ 》

1 (1) was (2) because (3) If (4) when
2 (1) because she doesn't like vegetables
(2) Meg and I were making dinner
(3) If Takeshi comes here, he will play the guitar.
(4) My mother was watching TV when I

finished my homework.
(5) I will take a bus if it rains tomorrow.

3 (1)私が東京に住んでいたとき，その美術館に行きました。
(2)もしあなたがじょうずに踊ることができるなら，私たちのチームに参加してください。
(3)たくさんの人々が写真を撮っていました。
(4)彼は私の先生なので，私は彼を知っています。
(5)私が彼女を訪ねたとき，彼女は部屋を掃除していました。

4 (1) If it is[it's] sunny tomorrow, Yuki and I will play badminton. / Yuki and I will play badminton if it is[it's] sunny tomorrow.
(2) You should wear a jacket because it is [it's] cold today. / Because it is[it's] cold today, you should wear a jacket.
(3) When I was twelve years old, I visited the U.S. / I visited the U.S. when I was twelve years old.
(4) They were playing soccer in the park.

━━━━ 《 解 説 》 ━━━━

1 (1) ミス注意 「～していました」は〈be 動詞の過去形＋動詞の -ing 形〉で表す。主語である I に合わせて be 動詞は was にする。
(2)「～なので」と理由を表す文では because を使う。
(3)「もし～ならば」と条件を表す文なので if を使う。
(4)「～のときに」は when を使う。

2 (1)「～なので」と理由を表す接続詞 because のあとに〈主語＋動詞 ～〉を続ける。
(2)「～していました」と過去にしていたことを表す文なので，〈be 動詞の過去形＋動詞の -ing 形〉で表す。主語が複数形なので，ここでは were となっている。
(3)文の区切りにつけるカンマが〔 〕にあるので，文のはじめに if を使う。if のあとには〈主語＋動詞 ～〉を続ける。
(4)「～していた」は過去のある時点でしていたことを表し，〈be 動詞の過去形＋動詞の -ing 形〉にする。
(5) ミス注意 if に続く文では，未来のことでも現在形で表すため，「明日雨が降ったら」の部分

8

では will を使わず現在形で表すことに注意する。

3 (1)(5) when は「〜したとき」を表す。

(3)〈be 動詞の過去形＋動詞の -ing 形〉の文なので、「〜していました」という意味になる。

(4) because は「〜なので」という理由を表す。

4 (1)「もし〜ならば」と条件を表す文なので、if を使う。if は文のはじめに使うときには、文の区切りにカンマが必要。

(2)「〜なので」と理由を表す文なので、because を使う。「〜すべき」は助動詞の should で表す。

(3)「〜のとき」は when で表す。when を文のはじめに使うときには、文の区切りにカンマが必要。

(4)「〜していました」と過去のある時点でしていたことを説明する文なので、〈be 動詞の過去形＋動詞の -ing 形〉で表す。主語は they(彼ら)なので、be 動詞は were とする。

p.26〜27 ══ **ステージ1**

1 (1) **Where is**

(2) **Where is[Where's] the library**

(3) **Where is[Where's] the zoo?**

2 (1) **Turn** (2) **first** (3) **on** (4) **Where's**

3 (1) **Go down the stairs and turn right.**

(2) **It is the third room.**

4 (1)映画館のとなりにレストランがあります。

(2)コンビニエンスストアはどこですか。

5 (1) **Go straight** (2) **between**

(3) **Excuse me**

WRITING Plus🖉 (1)例 **Where's[Where is] the station?**

(2)例 **Go straight and turn left. You'll see it on your right. / Go straight and turn left. The station is in front of a park.**

(3)例 **Go straight and turn right. You'll see it on your left. / Go straight and turn right. The library is next to the post office.**

▶══ 解説 ══

1 「〜はどこですか」は Where is[Where's] 〜? で表す。

2 (1)「左[右]に曲がる」は turn left[right]。

(2)**ミス注意**！「〜階にある」は It's on the 〜 floor.。階数は first, second などの序数にすることに注意。

(3)「あなたの左側[右側]に」は on your left[right]。

3 (1)「階段を降りる」は go down the stairs。

4 (1)「〜のとなりに」は next to 〜。

5 (1)「まっすぐ進む」は go straight。

(2)「A と B の間に」は between A and B。

WRITING Plus🖉 (1)「〜はどこですか」は Where's[Where is] 〜? で表す。

(2)地図から、駅はまっすぐ進んで左に曲がった道の右側にあることがわかるので、go straight(まっすぐ進む)と turn left(左に曲がる)を使って説明する。駅の前には公園もあるので、in front of 〜(〜の前に)を使って説明してもよい。

(3)地図から、図書館はまっすぐ進んで右に曲がった道の左側にあることがわかるので、go straight(まっすぐ進む)と turn right(右に曲がる)を使って説明する。図書館のとなりには郵便局があるので、next to 〜(〜のとなりに)を使って説明してもよい。

┌─ **ポイント** 道案内の表現 ─┐
・Go straight.「まっすぐ進んでください」
・Turn left[right].「左[右]に曲がってください」
└────────────┘

p.28〜29 ══ **ステージ2**

1 🎧**LISTENING** ①5 ②ニュージーランド

2 (1)ア (2)イ (3)ア

3 (1) **I won't go fishing if it rains tomorrow.**

(2) **I can't buy the car because it is expensive.**

(3) **Go down the stairs and turn left.**

(4) **He was reading a book when I saw him.**

4 (1) **In, opinion** (2) **at all** (3) **for sure**

5 (1) **We were making a cherry pie.**

(2) **was**

(3)彼はおびえているように見えました。

(4) **1. 7 2. 30**

(5)エ

6 (1)この料理はとてもおいしいので、私は好きです。

(2)私が朝食をつくっていたとき、エイミーが私を訪ねてきました。

(3)台所は2階にあります。

7 (1) **Ken and I were practicing soccer then.**

(2) **Where's[Where is] a[the] supermarket?**

▶══ 解説 ══

1 🎧**LISTENING** 最後の1文で、何歳のときにど

こに住んでいたかを言っている。

🎵**音声内容**
Hi, I'm Tomomi. I'm thirteen years old and I
live in Tokyo now. When I was five years old,
I lived in New Zealand.

❷ (2)if は「もし～ならば」と条件を表す。「～な
ので」と理由を示す文なので，because が正解。
(3)「～していました」と過去のある時点でしてい
たことを表すときには，〈be 動詞の過去形(was,
were)＋動詞の -ing 形〉にする。

❸ (1)**ミス注意！** if に続く文では，未来のことで
も現在形で表すため，「もし明日雨が降ったら」
は未来のことだが，if it rains tomorrow となる。
(2)カンマがないので文の後半に because「～なの
で」を置き，理由にあたる部分を〈主語＋動詞 ～〉
の語順で続ける。
(3)「階段を降りる」は go down the stairs，「左
に曲がる」は turn left。
(4)「～していました」は〈be 動詞の過去形＋動詞
の -ing 形〉で表す。「～したとき」は when を使
って〈when＋主語＋動詞 ～〉の語順にする。

❹ (1)「私の考えでは」は in my opinion。
(2)「まったく～ない」は not ～ at all。
(3)「確実に[な]」は for sure。

❺ (1)[　]に be 動詞の過去形と動詞の -ing 形があ
ることから，「～していました」と過去のある時
点でしていたことを表す文にする。
(2)空所のあとに，動詞の -ing 形が続いているこ
とと，then(そのとき)という語が含まれている
ことから〈be 動詞の過去形＋動詞の -ing 形〉であ
ることがわかる。主語は Dad(お父さん)なので，
be 動詞は was にする。
(3)〈look＋形容詞〉で「～のように見える」という
意味。scared は「おびえた」という意味なので，「お
びえているように見えた」となる。
(4)本文 2 行目に停電が起こった時刻が述べられ
ている。
(5)**ミス注意！** 本文 2～3 行目に Mom and I were
in the kitchen.「母と私は台所にいました」とあ
るので，エは本文の内容に合わない。

❻ (1)because「～なので」に続く文が理由を表す。
(2)〈be 動詞の過去形＋動詞の -ing 形〉は「～して
いた」と過去のある時点でしていたことを表すの
で，I was making breakfast は「私は朝食をつく

っていました」という意味になる。
(3)～ is on the ... floor は「～は…階にあります」。

❼ (1)「～していた」と過去のある時点でしていた
ことを表す文なので，〈be 動詞の過去形＋動詞の
-ing 形〉にする。be 動詞は，主語が Ken and I な
ので，were にする。
(2)「～はどこですか」は Where's[Where is] ～?
で表す。

p.30～31 ▶▶ **ステージ③**

❶ 🎧**LISTENING** ア
❷ (1)ア　(2)イ　(3)ア
❸ (1) for sure　(2) at all
❹ (1) Yuki and I were watching TV
(2) If you get up early, please make
breakfast.
(3) Makoto lived in Nara when he was ten
years old.
(4) She won't join the festival because she
is busy.
❺ (1) such as
(2) because it doesn't cause pollution
(3)なかにはそれがあまりにも高価なら使いたく
ないと言う人たちもいます。
(4)イ
(5) In my opinion
(6)もし私たちが化石燃料をより少なく使うこと
ができれば，それは地球にとってよいでしょ
う。
❻ (1) If it is[it's] sunny tomorrow, I'll[I will]
go jogging. / I'll go jogging if it is sunny
tomorrow.
(2) When I came home, my father was
reading a newspaper. / My father was
reading a newspaper when I came home.
(3) Where's[Where is] the post office?
(4) I have two dogs because I like animals. /
Because I like animals, I have two dogs.

▶▶▶ **解説** ◀◀◀

❶ 🎧**LISTENING** Where's[Where is] ～? で「～は
どこですか」という意味。図書室の場所をたずね
られた男性が，It's on the third floor.「(図書室
は)3 階です」と答えていることから，図書室は
アかイのどちらかであることがわかる。男性が続
けて，Go up the stairs and turn left.「階段を上

がって左に曲がってください」と言っているので, 左にあるアが図書室である。

> ♪ **音声内容**
>
> A：Tom, where's the library?
> B：It's on the third floor.
>   Go up the stairs and turn left.
>   I'll go with you.
> A：Oh, thank you.
> B：You're welcome.

❷〈be動詞の過去形(was, were)＋動詞の -ing形〉で「～していた」と過去のある時点でしていたことを表す。主語に合わせて be動詞の形をかえる。

❸(1)「確実に[な]」は for sure。

(2)「まったく～ない」は not ～ at all。

❹(1)「～していた」は〈be動詞の過去形＋動詞の -ing形〉で表す。主語は Yuki and I で複数なので, be動詞は were にする。

(2)**ミス注意！**〔　〕にカンマがあるので, 文のはじめに if を使い, If ～, の形にする。if に続く文は未来のことでも現在形で表す。

(3)when「～(する[した])ときに」という意味。when に続く文は,〈主語＋動詞 ～〉となる。

❺(1)「～のような」は such as ～。

(2)接続詞 because のあとには,〈主語＋動詞 ～〉を続ける。

(3)if は「もし～ならば」と条件を表すので, if it is too expensive は「もしあまりにも高価ならば」という意味を表す。

(4)前の文の Some people ～. は「なかには～の人もいる」の意味。それに対して Others .... は「別の人たちは…」の意味になる。

(5)「私の考えでは」は in my opinion。

(6)fossil fuels は「化石燃料」, less は「より少なく」。

❻(1)**ミス注意！**「もし～ならば」と条件を表す文なので if を使う。if に続く文では未来のことでも現在形で表すため,「もし明日晴れたら」は if it is sunny tomorrow となる。

(2)「～したとき」は when で表す。「～していた」は〈be動詞の過去形＋動詞の -ing形〉なので「父は新聞を読んでいました」は my father was reading a newspaper となる。

(3)「～はどこですか」は Where's[Where is] ～?。

(4)「～なので」と理由を表す文は because を使う。

「(動物などを)飼う」は have で表す。

Lesson 3 ～ Reading 1

p.32　ステージ1

Wordsチェック　(1)～を好む

(2)～をしっかり持つ　(3)～を向上させる

(4)customer　(5)company　(6)product

❶(1)want to　(2)want to buy a book

(3)I want to see a movie.

❷(1)イ　(2)イ　(3)ウ

解説

❶「～したいです」は want to ～で表す。to のあとは動詞の原形を続ける。

❷(1)want to go で「行きたい」となる。

(2)need to rest で「休む必要がある」となる。

(3)like to read で「読むことが好きだ」となる。

> **ポイント**〈to＋動詞の原形〉「～すること」
> ・名詞のような役割をする。
> ・動詞の目的語になる。
> ・want to ～は「～したい」という意味になる。

p.33　ステージ1

Wordsチェック　(1)アフリカの　(2)～を運ぶ

(3)型　(4)～を持ち上げる　(5)something

(6)impossible　(7)heavy　(8)women

❶(1)イ / 姉[妹]に会うために駅へ

(2)ウ / リサにあげるために帽子を

❷(1)goes to the park to run

(2)She practices the piano to be a pianist.

(3)I use this camera to take pictures

解説

❶　**ミス注意！**動詞の原形の前に to を入れて「～するために」の意味にする。

(1)to meet で「会うために」。

(2)to give で「あげるために」。

❷(1)「走るために」は to run。

(2)**ミス注意！**「～になるために」は to be ～。to のあとに be動詞の原形 be がくる。

(3)「写真を撮るために」は to take pictures。

> **ポイント**〈to＋動詞の原形〉「～するために」
> ・目的を表す。
> ・副詞のような働きをして, 動詞や文全体などを修飾する。

p.34 ■■■ステージ**1**

Words チェック (1)指 (2)100万 (3)special
(4)useful

1 (1) to see[meet] (2) to visit (3) to eat

2 (1) I want something to wear.
(2) She bought a magazine to read in a train.
(3) There are some places to see

■■■■■■■■■■ **解説** ■■■

1 (1)「会うチャンス」は「会うためのチャンス」と考える。
(2) many places のあとに〈to＋動詞の原形〉を続けて名詞を修飾する。
(3)「(何か)食べるもの」は something to eat。

2 **ミス注意!** (1)「何か着るもの」は「着るための何か」と考え，something のあとに〈to＋動詞の原形〉を置く。
(3)「見るべき場所」は「見るための場所」と考えて some places to see となる。

ポイント 〈to＋動詞の原形〉「～するための」
・〈to＋動詞の原形〉が後ろから名詞を修飾する。
・形容詞のような働きをする。

p.35～36 ◀ **文法のまとめ** ▶

1 (1) needs to eat (2) want to do
(3) time to watch (4) to buy

2 (1)オ (2)ウ (3)イ

3 (1) be (2) to go (3) to watch

4 (1) Does she want to be[become] an English teacher?
(2) I have no time to walk in the park.
(3) He is working hard to buy
(4) Do you know anything interesting to read?

5 (1)彼女は有名な本をいくつか探す必要があります。
(2)起きる時間です。
(3)私たちは昨夜，星を見るために外にいました。
(4)なぜあなたはそんなに一生懸命に英語を勉強するのですか。
—— ニュージーランドを訪れるためです。

6 (1) I have a lot of[many] things to do.
(2) My mother likes to listen to music.
(3) Kenta studies English to talk[speak] with foreign people.

◀◀ **解説** ▶▶

1 (1)(2)名詞の役割をする不定詞。
(3)形容詞の役割をする不定詞。
(4)副詞の役割をする不定詞。

2 (1) **ミス注意!** 〈something＋形容詞＋to＋動詞の原形〉の語順になる。
(2)動詞の原形の前に to を置く。ここでは to meet で「会うために」の意味。
(3)動詞の原形の前に to を置く。ここでは want to buy で「買いたい」の意味。

3 (1)前に want to ～「～したい」があるので，原形の be のまま続ける。「ミキは医師になりたいのですか」という意味。
(2)前に need があるので〈to＋動詞の原形〉を続け「～する必要がある」の意味にする。「彼はすぐに家に帰る必要があります」という意味。
(3)前に want があるので〈to＋動詞の原形〉を続け「～したい」の意味にする。「私たちはテレビを見たいです」という意味。

4 (1)「彼女は～したいのですか」なので，Does she want to ～? で文を始める。「～になる」と表す be または become を補う。
(2)「私には～する時間がない」は，no を使って I have no time to ～で表す。
(3)「買うために」は to を補い to buy とする。
(4) **ミス注意!** 「何かおもしろい読み物」は「読むためのおもしろい何か」と考える。-thing の形の語は修飾する形容詞を後ろに置き，〈-thing＋形容詞＋to＋動詞の原形〉の語順になることに注意。

5 (1) need to ～は「～する必要がある」，look for ～は「～を探す」。
(2) it's time to ～は「～する時間だ」という意味。
(3) outside は「外に」という意味。
(4) to visit ～は「訪れるために」という不定詞の副詞的用法。

6 (1)「たくさんの」は a lot of または many。「すること」は「するためのこと」と考える。
(2)「～を聞く」は listen to ～。
(3)「～と話す」は〈talk[speak] with＋人〉。

p.37 ■■■ステージ**1**

Words チェック (1)～に勤務する (2)私自身の～
(3) take care of ～ (4) office

1 (1) for listening (2) want to be[become]

(3) hope, come true

❷ (1) I'm going to talk about my dream.

(2) I want to be like my father.

(3) Thank you very much for listening.

━━━━◖ 解 説 ◗━━━━

❶ (1) Thank you for 〜ing. は「〜してくれてありがとう」という意味。

(2)「〜になりたい」は want to be[become]。

(3)「実現する」は come true。

❷ (1) I'm going to talk about 〜. はスピーチのテーマを語るときに用いる。

(2) この like は「〜のような」という意味の前置詞。

(3) Thank you for 〜ing. は「〜してくれてありがとう」という意味。

┌─── **ポイント** スピーチで使う文 ───┐
・I am going to talk about 〜.
「〜について話します」
└──────────────────────┘

p.38 　　**Try! READING**

Question (1) それらは鳥ですが，飛ぶことはできません。

(2)② per hour ⑥ until

(3) Some penguins even live in

(4) Penguins' legs (5) 防水性の羽

(6) 1. They can swim about 32 kilometers per hour.

　　2. They are long.

Word Box BIG (1) 何も〜ない (2) 羽

(3) 〜の外にいる (4) surprising

(5) upper (6) actually

━━━━◖ 解 説 ◗━━━━

Question (1) they は前文の penguins を指す。fly は「飛ぶ」。

(2)②「〜につき」は per 〜。

(3) even「〜さえ，〜でも」は強調する動詞の前に置く。

(4) they より前の部分参照。

(5) あとの 1 文を参照。

(6) 1.「ペンギンは 1 時間にどのくらいの距離を泳ぐことができますか」という問い。本文 1〜2 行目参照。

2.「ペンギンの足は短いですか，それとも長いですか」という問い。本文 5〜6 行目参照。

p.39 　　**Try! READING**

Question (1)① Sometimes ④ For example

(2) 科学者たちは (古代ペンギンの) 1 種類が異なった色を持っていたと考えています。

(3) Some kinds of penguins fast for

(4) ペンギンの卵

(5) 1. They can figure out the color of ancient penguin feathers.

　　2. They fast for 90 to 120 days.

Word Box BIG (1) 〜と考える (2) 〜を守る

(3) 断食 (だんじき) (4) 古代の (5) (動物の) オスの

(6) かつて (7) giant (8) while

━━━━◖ 解 説 ◗━━━━

Question (2) they は前文の scientists (科学者たち) を表す。

(3) この fast は「絶食する」という意味の動詞。

(4) 直前の their eggs を指す。

(5) 1.「科学者たちは何を解き明かすことができますか」という問い。本文 1 行目参照。

2.「ペンギンはどれくらいの間絶食しますか」という問い。本文 6〜7 行目参照。

p.40〜41 　　**ステージ2**

❶ 🎧**LISTENING** (1) ウ (2) イ (3) エ

❷ (1) to ski (2) to do

❸ (1) prefer, or (2) kinds (3) by mistake

❹ (1) wants to be a vet in the future

(2) My brother went to the park to play tennis.

(3) have time to give her a present

❺ (1) What do you mean

(2) 〜のおかげで

(3) are always trying to improve their

(4) 会社はお客様について考える必要があります。

❻ (1) ア (2) エ

❼ (1) Kumi wants to visit many[a lot of] countries.

(2) I went[got / came] home to help my mother.

(3) He has no time to read books[a book].

(4) She is[She's] going to talk about her dream.

━━━━◖ 解 説 ◗━━━━

❶ 🎧**LISTENING** (1)「私は英語をじょうずに話すことができます。私は来年の冬にロンドンを訪れたいです」

(2)「私はおなかがすいています。何か食べるもの

（3）「私はテニスをするのが好きですが，今日はすることができません。するべき宿題がたくさんあります」

♪ **音声内容**
(1) I can speak English well. I want to visit London next winter.
(2) I'm hungry. I want something to eat.
(3) I like to play tennis, but I can't play it today. I have a lot of homework to do.

❷ (1)「スキーをしたかったので，私はカナダに行きました」→「スキーをするために私はカナダに行きました」
(2)「私はたくさんの宿題をしなければなりません」→「私にはするべき宿題がたくさんあります」

❸ (1)「AとBのどちらの方が好きですか」は Which do you prefer, A or B? と表現する。
Which do you like better ～? も同じ意味になる。
(2)「たくさんの種類」なので複数形 kinds にする。
(3)「誤って」は by mistake。

❹ (1)「～になりたい」は want to be ～。
(2)「～するために」を〈to＋動詞の原形〉で表す。
(3)**ミス注意!** 〔 〕に1つだけある to は〈to＋動詞の原形〉を使って「～するため」を表すのに用いる。「（人）に（もの）をあげる」は〈give ＋人＋もの〉の形にする。

❺ (3)try to ～「～しようとする」の現在進行形。副詞 always「いつでも，常に」の位置は be 動詞のあと。
(4)they は companies を指す。

❻ (1)**ミス注意!** この Can you ～? は相手に依頼する表現。
(2)「あの女の子はシノですか」──「そのとおりです」の意味。

❼ (1)「多くの」は many または a lot of で表す。
(2)「家に帰る」は go[get / come] home。
(3)「～する時間がない」は have no time to ～で表せる。
(4)「～について話します」は be going to talk about ～で表す。

p.42～43 ▶ステージ3

❶ ⏰**LISTENING** (1)イ (2)ウ
❷ (1)changed into (2)think of
(3)always (4)lift, up

❸ (1)To be[become] a soccer player.
(2)I have no money to buy a new camera.
❹ (1)He worked hard to buy a new racket.
(2)What do you want to be
(3)I want something hot to eat.
❺ (1)This is a cap to make
(2)by mistake
(3)このキャップはそのような事故を止めるための道具です。
(4)キャップ
(5)trying
(6)開発途上(とじょう)国
(7)1. 針，指に刺して
2. 飲み物の空き缶(かん)の上
❻ (1)卵を温めるために絶食するペンギンもいることを知っていますか。
(2)世界中の多くの[何百万という]人々が飲むためのきれいな水を必要としています。
❼ (1)We went to the museum to see the special exhibit.
(2)I want something hot to drink.

◀━━━━━ 解 説 ━━━━━▶

❶ ⏰**LISTENING** (1)最初の発言に，a puppy walker とある。
(2)Where do you want to go ～? は「どこに行きたいですか」という意味。2つ目の発言に visit an amusement park … to ride the roller coaster（ジェットコースターに乗るために遊園地を訪れる）とある。

♪ **音声内容**
(1) A : I want to be a puppy walker to help blind people.
B : That sounds great, Saki. There aren't enough guide dogs in Japan.
Question : What is Saki's dream?
(2) A : Where do you want to go this weekend, Toshi?
B : I want to visit an amusement park with my friend to ride the roller coaster.
Question : Why does Toshi want to go to the amusement park?

❷ (1)「AからBにかわる」は A change into B。
(2)「～について考える」は think of ～。
(3)副詞 always は be 動詞のあとに置く。
(4)「～を持ち上げる」は lift ～ up。

❸(1)「～になるために」は to be[become] ～で表す。

(2)「～するための」を〈to＋動詞の原形〉で表す。

❹(1)「買うために」を to buy で表す。to を補う。

(2)「～になりたい」を want to be で表す。to を補う。

(3)「何か，あるもの」を表す something を補う。-thing を形容詞と〈to＋動詞の原形〉で修飾するときは〈-thing＋形容詞＋to＋動詞の原形〉の語順。

❺(1)「～するための」の意味の不定詞が使われている。

(3) such は「そのような，そんな」という意味。

(5) try to ～は「～しようとする」の意味。前にbe 動詞があるので進行形にする。

(7)1. 本文 2～3 行目参照。

　2. 本文 4～5 行目参照。

❻(1) fast は「絶食する」の意味。

(2) millions of people は「多くの[何百万という]人々」の意味。この clean は「きれいな，清潔な」という意味の形容詞。

❼(1)「特別展示」は special exhibit。

(2)「何か温かい飲みもの」は〈something＋形容詞＋to＋動詞の原形〉で表す。

Lesson 4

p.44 ■■■ステージ**1**

Wordsチェック (1)店 (2)経験，体験 (3)店主

(4) workplace (5) report (6) real

❶(1) like playing

(2) like taking (some) pictures

(3) I like using a computer.

❷(1) finish doing (2) started singing

(3) enjoyed walking

▶ 解 説 ◀

❶「～することが好きです」は動詞の -ing 形を使って，like -ing と表す。

❷(1)「～し終える」は finish ～ing。

(2)**ミス注意！**「～し始めた」という過去の文なので，過去形の started となる。あとにくる動詞のsing は，「～すること」という意味になるようにsinging にする。

(3)「～することを楽しむ」は enjoy ～ing。

ポイント 動詞の -ing 形を目的語にとる動詞

・enjoy ～ing「～することを楽しむ」

・like ～ing「～することが好きだ」

・finish ～ing「～し終える」

p.45 ■■■ステージ**1**

Wordsチェック (1)世話 (2)～を必要とする

(3)最初は (4) wrap (5) child (6) paper

❶(1) Getting (2) Visiting (3) Swimming

❷(1)英語を話すことは

(2)バスケットボールをすることが

(3)散歩に連れていくことは

(4)おいしいケーキをつくることは

❸(1) takes care (2) At first (3) How, like

▶ 解 説 ◀

❶(1) get の -ing 形は t を 2 つ続けて getting。となる。

(2)「～を訪れること」という意味にするため，-ing 形の visiting にする。

(3) swim の -ing 形は m を 2 つ続けて swimmingとなる。

❷(1) speaking English「英語を話すこと」が主語の文。

(2)「～することがじょうずだ」は be good at ～ing。

(3)「～を散歩に連れていく」は take ～ for a walk。

(4) making は make(つくる)の -ing 形。

❸(1)「～の世話をする」は take care of ～。

(2)「最初は」は at first。

(3)「～はどうでしたか」と感想を聞くときは Howdid you like ～?。

ポイント 動詞の -ing 形が主語のときの動詞

・動詞の -ing 形は 3 人称単数の扱いになるので，主語になったときは(be)動詞の形に注意。

　例 Visiting different countries is fun.

　　主語　　　　　　　　　(be)動詞

p.46～47 ■■■ステージ**1**

Wordsチェック (1)数，数字 (2)速さ

(3)まだ，依然として(いぜん) (4) necessary

(5) decrease (6) tough

❶(1)イ (2)イ (3)ア

❷(1) that (2) me (3) that swimming

❸(1) I know that he is thirteen years old.

(2) Did you tell her that this book was difficult?

(3) Ken told me that this cake was delicious.

(4) teach them that English is useful

❹ (1)母は私に野菜を育てることは楽しいということを伝えました。

(2)私は彼にこの写真がすてきだということを伝えたいです。

(3)彼女_{かのじょ}は朝食を食べることは大切だということをあなたに教えましたか。

(4)タナカ先生は私に本を読むことはよいことだと教えました。

❺ (1) surprised at　(2) used to

WRITING Plus✎ (1)例1 I told Emi that getting up early is important.

例2 I told Hiroshi that playing outside is important.

(2)例1 I told my teacher that I like watching TV.

例2 I told my grandfather that I like to play basketball.

━━ 解説 ━━

❶ **ミス注意!** tell や teach のあとにくる「人」を表す語が代名詞の場合，目的格になる。

❷ (1)(2)〈tell＋人＋that ～〉「(人)に～ということを伝える」を使う。ここでは「伝えました」なので tell が told と過去形になっている。

(3)**ミス注意!** 「泳ぐこと」を1語で表す必要があるので，-ing 形の swimming にする。

❸ (1)「～を知っている」は know (that) ～。that のあとに〈主語＋動詞〉を続ける。

(2)「あなたは～ということを伝えましたか」は〈tell＋人＋that ～〉「(人)に～ということを伝える」を過去の疑問文にする。

(3)〈tell＋人＋that ～〉「(人)に～ということを伝える」を使う。ここでは「伝えました」なので tell を told と過去形にする。

(4)〈Please＋命令文.〉「～してください」の形。

❹ (1)～(4)「～ということ」の内容が that 以下に示されている。

(1)〈tell＋人＋that ～〉「(人)に～ということを伝える」の形。told は tell の過去形。

(2)want to ～「～したい」が〈tell＋人＋that ～〉「(人)に～ということを伝える」の前に付いた形。

(3)(4)〈teach＋人＋that ～〉「(人)に～ということを教える」の形。taught は teach の過去形。

❺ (1)「～に驚く_{おどろ}」は be surprised at ～。

(2)「昔～があった」は there used to be ～。

WRITING Plus✎ 「私は(人)に～ということを伝えた」は〈I told＋人＋that ～.〉で表す。that のあとは主語と動詞を含む_{ふく}文にすること。

p.48～49 《 文法のまとめ 》

1 (1) listening (2) Teaching (3) reading

(4) watching (5) Writing

2 (1) cooking (2) fishing (3) that

(4) told

3 (1) I finished washing the dishes.

(2) Being kind to others is good.

(3) He told me that he was going to visit Osaka.

(4) Ms. Tanaka taught us that speaking English is interesting.

4 (1)バスケットボールをすることは私にとってとても楽しいです。

(2)彼女は私に郵便局に行くつもりだということを伝えました。

(3)父はサッカーの試合を見ることが好きです。

(4)ケンは私に店の数が減少しているということを示しました。

(5)私は彼に音楽を聞くことはリラックスするのによいということを彼に教えました。

5 (1) She is good at playing the violin.

(2) He taught me that playing tennis is fun.

(3) Akira enjoyed skiing yesterday.

(4) I finished doing my [the] homework.

(5) She told me that speaking English is difficult.

《 解説 》

1 (1)「～することを楽しむ」は enjoy ～ing。

(2)主語は「数学を教えること」となる。

(3)「～し終える」は finish ～ing。

(4)「～することをやめる」は stop ～ing。

(5)**ミス注意!** write の -ing 形は e を取って ing をつける。

2 (1)「～し終える」は finish ～ing。

(2)「釣り_つ」は fishing。

(3)(4)〈tell＋人＋that ～〉「(人)に～ということを伝える」の文。

3 (1)「～し終える」は finish ～ing。

(2)「他人に親切にする」は be kind to others。主

語になっているので，be を being とする。

(3)「大阪を訪れるつもりだ」の部分は予定を表す be going to ～の文にする。

(4)〈teach ＋人＋ that ～〉「(人)に～ということを教える」の文。

4 (1) –ing 形が主語になった文。

(2)〈tell ＋人＋ that ～〉「(人)に～ということを伝える」の文。told と過去形になっているので was going to と過去形になっている。

(3) watching soccer games が目的語になっている。

(4)〈show ＋人＋ that ～〉で「(人)に～ということを示す[見せる]」という意味。

(5)〈teach ＋人＋ that ～〉「(人)に～ということを教える」の文。

5 (1)「～することがじょうずだ」は be good at ～ing。

(2)〈teach ＋人＋ that ～〉の形を使う。

(3)動詞 ski(スキーをする)の –ing 形は skiing。

(4)「～をし終える」は finish ～ing。

(5)〈tell ＋人＋ that ～〉の形を使う。

> **ポイント** 接続詞の that
> ・〈tell ＋人＋ that ～〉
> 「(人)に～ということを伝える」
> ・〈teach ＋人＋ that ～〉
> 「(人)に～ということを教える」

p.50～51 ■ ステージ2

❶ 🎧LISTENING エ

❷ (1) using (2) coming (3) swimming
(4) running (5) seeing (6) practicing

❸ (1) I like taking pictures.
(2) She finished playing the piano.
(3) Did you enjoy watching the movie?

❹ (1) for it (2) took care (3) used to
(4) like to (5) surprised at

❺ (1) Did you finish writing your report
(2) working
(3)私は実在するお店で働くことを通して，たくさん学びました。
(4)書店

❻ (1)スーパーマーケットで働くことはよい経験でした。
(2)彼女はこのコンピューターは役に立つということを私に教えてくれました。
(3)店主はお客さんと話すことは大切だということをあなたに教えましたか。

❼ (1) I finished reading this book yesterday.
(2) She told me that speaking English is difficult.
(3) Did you enjoy listening to music?
(4) My brother told me that this video game was interesting[fun].

━━━● 解説 ●━━━

❶ 🎧LISTENING What did you do last night? は「昨夜，あなたは何をしましたか」という意味。enjoy ～ing「～することを楽しむ」

> 🎵音声内容
> A : Bob, what did you do last night?
> B : I watched TV. I enjoyed watching anime.

❷ (1)**ミス注意** use の –ing 形は e を取って ing をつける。
(2)**ミス注意** come の –ing 形は e を取って ing をつける。
(3)**ミス注意** swim の –ing 形は m を 2 つ重ねて ing をつける。
(4)**ミス注意** run の –ing 形は n を 2 つ重ねて ing をつける。
(6)**ミス注意** practice の –ing 形は e を取って ing をつける。

❸ (1)「～することが好きだ」は like ～ing。
(2)「～し終える」は finish ～ing。
(3)「～することを楽しむ」は enjoy ～ing。

❹ (1)「がんばって」は go for it。
(2)「～の面倒を見る」は take care of ～。
(3)「昔～があった」は there used to be ～。
(4)「～したいです」は would like to ～。
(5)「～に驚く」は be surprised at ～。

❺ (1)「あなたは報告書を書き終えましたか」という意味にする。「～し終える」は finish ～ing。
(2) enjoy ～ing は「～するのを楽しむ」なので，work を –ing 形にした working が適切。
(3) through は「～を通して」。
(4)キング先生の 2 つめの発言で，どこで職業体験をしたのかたずねている。次のアヤの発言で At a bookstore. とあるので，書店が正解。

❻ (1) experience「経験，体験」
(2)(3)〈teach ＋人＋ that ～〉で「(人)に～ということを教える」の意味。

❼ (1) finish ～ing で「～し終える」。

(2)(4)〈tell＋人＋that～〉の文。

(3) enjoy ～ing で「～することを楽しむ」。過去の文なので Did you enjoy ～ing? となる。

p.52～53 ■■■■ステージ3■■■

❶ **♪LISTENING** (1)野球(をすること)

(2)泳ぐこと[水泳] (3)木曜日

❷ (1) Running (2) cooking (3) talking

(4) watching

❸ (1) Even so (2) were surprised

(3) take care of

❹ (1) Using a computer is difficult for me.

(2) I told her that visiting many countries is exciting.

(3) Did he finish eating pudding?

(4) Mei is good at taking pictures.

❺ (1)あなたの職業体験はどうでしたか。

(2)私は職業体験をとても楽しみましたが，いくつかのことは大変でした。

(3) at first

(4) I'm good at wrapping books

(5)(紙の)カバーで本を包む

❻ (1) I told him that I was going to visit America. [the U.S.]

(2) Takeshi enjoyed dancing yesterday.

(3) Did Hanna finish washing her clothes?

(4) My grandfather taught me that playing the piano is fun.

■■■■■■■■▶ **解説** ◀■■■■■■■■

❶ **♪LISTENING** (1)「～するのがじょうずだ」は be good at ～ing。

(2) I don't like swimming, but he likes it. とあり，この it は swimming を指すため，ケンタは泳ぐことが好きであることがわかる。

(3)最後の文で He goes to a swimming school on Thursdays. とあるので，木曜日に水泳教室に通っていることがわかる。

♪**音声内容**

Kenta and I are good friends.

He is good at playing baseball, so we sometimes play it.

I don't like swimming, but he likes it.

He goes to a swimming school on Thursdays.

❷ (1)**ミス注意！** run の -ing 形は n を 2 つ重ねて running。

(2) be good at ～ing で「～することがじょうずだ」。

(3) enjoy ～ing で「～することを楽しむ」。

❸ (1)「たとえそうでも」は even so。

(2)**ミス注意！** 「～に驚く」は be surprised at ～。「驚きました」なので be を were にする。

(3) have to ～で「～しなければならない」。「～の面倒を見る」は take care of ～。

❹ (1)動詞の -ing 形を主語にした文にする。

(2)「(人)に～ということを伝える」〈tell＋人＋that ～〉の文。

(3)「～し終える」は finish ～ing。

(4)「～することがじょうずだ」は be good at ～ing。

❺ (1) How do you like ～? で「～はどうですか」の意味。

(2)下線部②の前に Bob が working experience「職業体験」についてたずねているので，この it は working experience を指す。

(3)「最初は」は at first。

(4) be good at ～ing は「～することがじょうずだ」の意味。

(5)アヤが大変だったことの例を 2～4 行目の For example,～ で説明している。

❻ (1)「(人)に～ということを伝える」は〈tell＋人＋that ～〉。

(2)「～して楽しむ」は enjoy ～ing。

(3)「～し終える」は finish ～ing。

(4)「(人)に～ということを教える」は〈teach＋人＋that ～〉。

▰▰▰ **Lesson 5** ▰▰▰

p.54～55 ■■■■ステージ1■■■

Ｗordsチェック (1)穴 (2)わかった？ (3) cut

(4) top (5) take out (6) each

❶ (1) how (2) know how to read

(3) know how to write this *kanji*

❷ (1)次に何をすべきか (2)ケーキのつくり方

(3)何を買うべきか

❸ (1) what to (2) how to (3) what to

(4) Can, me (5) How do

❹ (1) We learned how to use the smartphone.

(2) He will show me how to play the game.

(3) I didn't know what to say.

18

⑤ (1)ウ　(2)ア　(3)イ

WRITING Plus✎　例1 Sure, please call me Ken.
　　　　　　例2 OK. Call me Ken.

━━━━━━━━▶ 解説 ◀━━━━━━━━

❶ how to ～は「～の仕方[どのように～するか]」
の意味になり，名詞の働きをする。

❷ (1)(3) what to ～で「すべきこと[何を～すべき
か]」。
(2) how to ～で「どのように～すべきか[～の仕
方]」。

❸ (1)～(3)〈疑問詞＋to＋動詞の原形〉で表す。
what to ～は「何を～すべきか[すべきこと]」。
how to ～は「どのように～すべきか[～の仕方]」。
(4)「～を見せてくれませんか」は Can you show
me ～? で表す。
(5)「どのように」と方法をたずねているので how
で始める。

❹ 最初に〈疑問詞＋to＋動詞の原形〉のまとまりを
つくるとよい。
(1)「どのように～すべきか[～の仕方]」は how
to ～で表す。
(2)ミス注意✎ show のように目的語を2つとる
動詞は〈疑問詞＋to＋動詞の原形〉の前(show のあ
と)にもう1つの目的語(人)がくる。
(3)「何を～すべきか」は what to ～で表す。

❺ A:「どのようにカボチャの中に穴をつくるの
ですか」
B:「はじめに，てっぺんに穴を開けます。わか
りましたか」
A:「いいえ。やり方を見せてくれますか」
B:「もちろん」

WRITING Plus✎　「あなたの名前をどのように呼べ
ばいいか教えてください」という質問。〈call＋
人＋名前〉「(人)を～と呼ぶ」の形を使って答える。

ポイント　〈疑問詞＋to＋動詞の原形〉
・how to ～　「～の仕方[どのように～するか]」
・what to～　「すべきこと[何を～すべきか]」

p.56 ━━ ステージ1 ━━

Wordsチェック　(1)～を保有する　(2)起源
(3) outside　(4) take place　(5) wore
(6) New Year's Eve

❶ (1) It is, for　(2) It's, for, to
(3) afraid of

❷ (1) It is hard for her to practice the piano

every day.
(2) It is not[It's not / It isn't] easy for me
to speak English.
(3) Is it interesting for Ken to play soccer?

━━━━━━━━▶ 解説 ◀━━━━━━━━

❶ (1)〈It is ...(for＋人) to ～.〉の形で表す。
(2)ミス注意✎ 空所の数より，It is は短縮形 It's
を使う。
(3)「～を恐れる」は be afraid of ～。

❷ (1)〈for＋人〉は It is ... のあとに入れる。
(2) be 動詞の否定文となる。
(3)疑問文では be 動詞を前に出す。

ポイント　〈It is ... (for＋人) to ～.〉の表現
・「(人にとって)～するのは…である」
・it は to 以下の内容を指す。

p.57 ━━ ステージ1 ━━

Wordsチェック　(1)～とは異なっている　(2)教会
(3) similar　(4) return

❶ (1) We should ask her what to do
(2) He taught me where to use
(3) Can you tell me how to

❷ (1) tell, more　(2) different from
(3) when to

━━━━━━━━▶ 解説 ◀━━━━━━━━

❶ 最初に〈疑問詞＋to＋動詞の原形〉のまとまりを
つくる。
(1)「私たちは～をたずねるべきです」なので主語
we のあとに助動詞の should を置き，〈ask＋人 ～〉
「(人)に～をたずねる」を続ける。
(2) teach(過去形は taught)のように目的語を2
つとる動詞は〈疑問詞＋to＋動詞の原形〉の前
(teach のあと)にもう1つの目的語(人)がくる。
「どこで～すべきか」は where to ～。
(3)「～を教えてくれませんか」は Can you tell
me ～?，「どのように～すべきか，～の仕方」は
how to ～で表す。

❷ (1)「もっと」は more。
(2)「～と異なる」は be different from ～。
(3)「いつ～すべきか」は when to ～。

ポイント　「～の仕方」「何をすべきか」を伝える文
・〈疑問詞＋to＋動詞の原形〉でさまざまな「～す
べきか」を表すことができる。
・〈疑問詞＋to＋動詞の原形〉は，teach, tell, ask, show
などの動詞の，2つ目の目的語として使われるこ

p.58〜59 《 文法のまとめ 》

1. (1) **how to** (2) **for me** (3) **to visit**
   (4) **to swim** (5) **It** (6) **taught**
2. (1) **fun to** (2) **hard, to make**
3. (1) **how to** (2) **to learn** (3) **show me**
   (4) **was, for** (5) **what to buy**
4. (1) **It is fun to have a Halloween party.**
   (2) **Can you tell me how to get to**
   (3) **It was not easy for me to do**
5. (1) 盲導犬を訓練することは簡単ですか。
   (2) 私のアメリカ人の友達は私に E メールの書
   き方を教えてくれました。
   (3) パーティー用の怖いマスクのつくり方を私に
   見せてくれませんか。
6. (1) **Please tell me where to go〔Tell me**
   where to go, please〕.
   (2) **It's〔It is〕interesting for me to read**
   books〔a book〕.
   (3) **Maki showed me how to dance.**

《 解説 》

1. (1)〈how to＋動詞の原形〉で「〜の仕方〔どのよ
うに〜するか〕」を表す。
(2)(4)(5)〈It is ... (for＋人) to 〜.〉で「((人)にと
って)〜するのは…である」。主語の it は to 以下
の内容を指す。to のあとは動詞の原形。
(3)〈when to＋動詞の原形〉は「いつ〜すべきか」。
(6) **ミス注意** 適するものは過去形 taught。主語
my teacher は 3 人称単数で，現在形の場合は動
詞に es がつくので teach は誤り。
2. 不定詞が主語の文を，〈It is ... (for＋人) to 〜.〉
の文に書きかえる。
(1)「音楽を聞くことは楽しいです」
(2)「カレーをつくることはケイトにとって難しい
です」
3. (1)「〜の仕方」は how to 〜で表す。
(2)「〜について学ぶ」は learn about 〜。
(3)「(もの)を(人)に見せる」は〈show＋人＋もの〉
で表す。
(4)〈It is ... (for＋人) to 〜.〉の過去形の文。be
動詞 was を使う。
(5)「何を〜すべきか」は what to 〜。
4. (1)〈It is ... to 〜.〉を用いる。

(2)「〜してくれませんか」は Can you 〜?，「私
に…を教える」は tell me ...。「…」の部分にく
る「駅までの行き方」を how to 〜を使って表す。
(3)〈It is ... (for＋人) to 〜.〉の過去の否定文で表
す。
5. (1) train guide dogs は「盲導犬を訓練する」。
(2)〈teach＋人＋how to 〜〉「(人)に〜の仕方を教
える」の意味。
(3) how to make a scary mask は「怖いマスクの
つくり方」。
6. (1) please は文頭でも文末でもどちらでもよい。
文末に置く場合は please の前にカンマを置く。
(2)〈It is ... (for＋人) to 〜.〉の形で表す。
(3)「踊り方」は how to 〜を使って表す。

p.60〜61 ステージ2

1. 🔊**LISTENING** ウ
2. (1) **where to** (2) **to read** (3) **to go**
   (4) **It, for**
3. (1) **To eat breakfast is important for us.**
   (2) **It is important for us to eat breakfast.**
4. (1) **keep, away** (2) **take place** (3) **out**
   (4) **on** (5) **during** (6) **After**
5. (1)① **for** ③ **First**
   (2) **Do you know how to make**
   (3) **take out**
   (4) 顔を描き，それぞれの部分を切り取る
6. (1) **I don't know what to say.**
   (2) **It is fun to swim in the sea**
   (3) **She taught me how to make**
7. (1) **It is〔It's〕important for children to**
   play.
   (2) **I know where to go after school.**

解説

1. 🔊**LISTENING** A：「ジェーンのパーティーに何
を持っていけばいいか教えてくれませんか」
B：「いいですよ，ユキ。あなたの好きな食べ物
を持っていってください」

🎵**音声内容**
A : Can you tell me what to bring to Jane's
    party?
B : Sure, Yuki. Please bring your favorite food.
Question : What is Yuki going to bring to the
    party?

2. (1)〈show＋人＋where to 〜〉で「どこへ〜すれ

ばいいか(人)に示す」。

(2)〈tell＋人＋what to ～〉で「何を～すればいいか(人)に教える[知らせる]」。

(3) when to ～で「いつ～すればいいか」。

(4) 〈It is ... (for＋人) to ～.〉の形。

❸ **ミス注意！** 「～すること」は動詞の –ing 形(動名詞)または〈to＋動詞の原形〉(不定詞)で表すことができる。〈to＋動詞の原形〉が主語になる場合は，〈It is ... (for＋人) to ～.〉の形にすることが多い。

❹ (1)「～を遠ざける」は keep ～ away。

(2)「行われる」は take place。

(3)「～を取り出す」は take out ～。

❺ (1)①は「ハロウィーンのための」という意味になる。

③ First, ～は「最初に，～」の意味。

(2)疑問文なので Do you ～? で始める。how to make で「～のつくり方」。

❻ (1)「私はわかりません」I don't know のあとに〈疑問詞＋to＋動詞の原形〉を用いる。

(2)〈It is ... to ～.〉を使う。「海で泳ぐ」は swim in the sea。

(3)〈teach＋人＋how to ～〉で「(人)に～の仕方を教える」。

❼ (1)〈It is ... (for＋人) to ～.〉を用いる。「遊ぶ」は play。

(2)「どこに行けばいいか」は where to go。

p.62～63 ステージ3

❶ **🎧 LISTENING** (1)イ (2)エ (3)ア (4)オ

❷ (1) afraid (2) believe that

(3) started using

❸ (1) It is fun for her to walk her dog.

(2) I asked him where to carry the desk.

(3) I don't know which movie to see.

❹ (1) takes place

(2)アイルランドの人々は邪悪な霊も恐れていました。

(3)エ

(4)邪悪な霊，遠ざける

(5)死者の霊，現れる

(6) 1. October 31st

　2. scary costumes

❺ (1) I don't know when to give him this gift.

(2) It isn't[It is not, It's not] hard for us to go abroad.

(3) Can you tell us where to eat lunch?

◀━━━ 解説 ━━━▶

❶ **🎧 LISTENING** 〈疑問詞＋to＋動詞の原形〉や〈It is ... (for＋人) to～〉の英文をしっかり聞き取ってみよう。

> **♪ 音声内容**
> (1) It's fun for John to play video games.
> (2) Ken didn't know what to eat at the restaurant.
> (3) It was not easy for Yuri to make dinner.
> (4) Reina taught me how to play the violin.

❷ (1)「～を恐れる」は be afraid of ～。

(2)「～だと信じる」は believe that ～。

(3)「～し始める」は start to ～または start ～ing で表す。空所の数より後者を使う。

❸ (1)〈It is ... for＋人＋to ～.〉を用いる。主語の It を補う。

(2) ask のように目的語を 2 つとる動詞は〈疑問詞＋to＋動詞の原形〉の前にもう 1 つの目的語(人)がくる。「どこで～すべきか」は where to ～。where を補う。

(3)「わかりません」なので I don't know で文を始める。「どの映画を見るべきか」は〈疑問詞＋名詞＋to＋動詞の原形〉を使って which movie to see とする。to を補う。

❹ (1)主語 Halloween は 3 人称単数形なので takes とする。

(2) They は前文の Irish people を指す。be afraid of ～は「～を恐れる」。

(3) by ～ing「～することによって」

(4)下線部直後の to 以降が「～するために」と理由を表している。

(5)本文 2～3 行目参照。

(6) 1. 問いは「アイルランドの大晦日(おおみそか)はいつでしたか」の意味。問いの答えは本文 1～2 行目参照。

2. 問いは「アイルランドの人々は大晦日に何を着ましたか」の意味。本文 4 行目参照。

❺ (1)「いつ～すればいいのか」を〈疑問詞＋to＋動詞の原形〉で表す。

(2)〈It is ... (for＋人) to＋動詞の原形.〉を用いる。「外国に行く」は go abroad。

(3)「～してくれませんか」は Can you ～?，「ど

こで～するべきか」は where to ～。

Lesson 6 ～ Useful Expressions 2

p.64　ステージ1

Wordsチェック (1)～よりも　(2)さぁ，着いた。

(3) exactly　(4) huge

❶ (1)① smaller　② smallest

(2)① larger　② largest

(3)① older　② oldest

❷ (1)① younger than　② the oldest

(2)① taller than ② the tallest

(3)① the biggest　② smaller than

解説

❷ (1)①「アヤはメイより若いです」

②「メイはその3人の中でいちばん年上です」

(2)①「ケンはトムより背が高いです」

②「ボブはその3人の中でいちばん背が高いです」

(3)**ミス注意** big の比較級，最上級は g を重ねる。

①「私のネコはその3匹の中でいちばん大きいです」

②「ミワのネコはタクのより小さいです」

ポイント　「～より…だ」「いちばん…だ」の文

・〈比較級(-er)＋than ～〉「～より…だ」

・〈the＋最上級(-est)＋in[of] ～〉

「～の中でいちばん…だ」

p.65　ステージ1

Wordsチェック (1)強力な　(2)歴史

(3) hear　(4) among

❶ (1) more careful　(2) more exciting

(3) most delicious

❷ (1) This camera is more expensive than that one.

(2) This question is the most difficult of all.

(3) He is the most popular musician in this country.

解説

❶ (1) than があるので比較級にする。careful の前に more を置く。

(2) than があるので比較級にする。exciting の前に more を置く。

(3)前に the があり，あとに of ～があるので最上級にする。delicious の前に most を置く。

❷ (1) than を加えるので比較級を使う。

(2) of all を加えるので最上級にする。difficult の前に the most を置く。

(3)**ミス注意** 〈the most＋形容詞＋名詞〉の形で「いちばん人気のある音楽家」となる。

ポイント　more, most を使った比較の文

・〈比較級(more＋形容詞[副詞])＋than ～〉

「～より…だ」

・〈the＋最上級(most＋形容詞[副詞])＋in[of] ～〉

「～の中でいちばん…だ」

p.66　ステージ1

Wordsチェック (1)～のおかげで

(2)景色，景観　(3) feel　(4) rock

❶ (1) as, as　(2) as old as

(3) is as expensive as that one[bag]

❷ ① I like fall the best.

② My brother likes pizza the best.

解説

❶「A は B と同じくらい～だ」は〈A＋be 動詞＋as＋形容詞[副詞]の原級＋as＋B〉で表す。

❷「～がいちばん好きだ」は like ～ the best で表す。

ポイント①　「～と同じくらい…だ」を表す文

・〈as＋形容詞[副詞]の原級＋as ～〉

「～と同じくらい…だ」

ポイント②　「～がいちばん好きだ」を表す文

・〈like ～ the best〉「～がいちばん好きだ」

p.67～68　文法のまとめ

1 (1) biggest　(2) most famous　(3) best

2 (1) than　(2) in　(3) of　(4) as　(5) or

3 (1) earlier than　(2) the best

(3) as important as　(4) the best[greatest]

4 (1) the oldest of　(2) Which, best

(3) Which, better, or　(4) more famous

5 (1) January is the hottest month in

(2) Ms. King is as young as my sister.

(3) Math is the most interesting of all subjects.

解説

1 (1)**ミス注意** big は g を重ねて est をつける。

(2) most をつける語。

(3)**ミス注意** 不規則に変化する語。good の比較級は better，最上級は best。

2 (1)「～よりも…が好きだ」は like … better than ～。

22

(2)(3) **ミス注意!** 最上級の「〜の中で」は，範囲が続く場合は in，複数のものを表す語句が続く場合は of を使う。

(4)「〜と同じくらい…だ」は〈as＋形容詞[副詞]の原級＋as 〜〉。

(5)「A と B ではどちらのほうが〜ですか」と言うときは〈Which is＋比較級, A or B?〉で表す。

③ (1) early の比較級は y を i に変えて er をつける。

(2)「〜がいちばん好きだ」は like 〜 the best.

(3)「〜と同じくらい…」は〈as＋形容詞[副詞]の原級＋as 〜〉。「重要な」は important.

(4) good「すばらしい」の最上級は the best.

④ (1)「トムはケンタよりも若い」「ケンタはジンよりも年上」とあるので，ケンタがいちばん年上とわかる。

(2)「どの〜がいちばん好きですか」は Which 〜 do you like the best?。

(3)「A と B ではどちらのほうが好きですか」は Which do you like better, A or B?。

(4) **ミス注意!** famous の比較級は more をつける。

⑤ (1) most が不要。最上級の文をつくる。

(2) younger が不要。「〜と同じくらい…だ」は〈as＋形容詞[副詞]の原級＋as 〜〉で表す。

(3)「すべての教科の中で」は of all subjects となる。best が不要。

p.69 ■■■ステージ1

Words チェック (1)安い (2)シャツ

(3) expensive (4) recommend

❶ (1) too, for (2) any bigger[larger]

(3) am, for (4) try, on (5) How about

❷ (1) you (2) about, cheaper

(3) recommend

━━━━ 解説 ━━━━

❶ (1)「それは私には〜すぎます」は〈It is too＋形容詞＋for me.〉で表す。

(2)「もっと〜のものはありますか」は〈Do you have any＋比較級 ones?〉を用いる。

(3)「〜を探す」は look for 〜。

(4)「〜を試着してもよろしいですか」は May I try 〜 on?。

(5)「〜はいかがですか」は How about 〜?。

❷ (1)「いらっしゃいませ」は May I help you? という決まり文句。

(2)「それは私には高価すぎます」と言っているの

で，「もっと安いものはありますか」となり，cheaper が入る。

(3) recommend は「〜を勧める」。

ポイント 要望を伝える表現
・〈It is too＋形容詞＋for me.〉
「それは私には〜すぎます」
・〈Do you have any＋形容詞の比較級＋ones?〉
「もっと〜のものはありますか」

p.70〜71 ■■■ステージ2

❶ **LISTENING** (1)イ (2)ア

❷ (1) faster (2) the most beautiful

(3) as old[young] as

(4) Which[What] sport

❸ (1) Is your bag bigger than mine?

(2) This actor is as famous as that musician.

(3) This novel is the best of all

(4) Do you have any bigger

❹ (1) Is this the tallest Great Buddha in Japan?

(2) taller

(3) the oldest

(4)多くのおもしろい寺や神社があります。

❺ (1) any cheaper (2) prefer, to

(3) among (4) If, should

❻ (1) This book is more interesting than that one.

(2) She is the happiest today.

(3) He plays the piano the best of the three.

(4) I am[I'm] as old[young] as Shinji.

━━━━ 解説 ━━━━

❶ **LISTENING** トムはバレーボールはおもしろいと思っているけれど，好きなのは野球のほうだと答えていることに注意。

A:「トム，バレーボールと野球ではどちらが好きですか」

B:「バレーボールはおもしろいと思うけれど，野球のほうが好きです」

A:「何の食べ物がいちばん好きですか」

B:「スパゲッティがいちばん好きです」

🎵 **音声内容**

A: Tom, which do you like better, volleyball or baseball?

B: I think volleyball is interesting, but I like baseball better.

A: What food do you like the best?

B : I like spaghetti the best.

② (1) than があるので，er をつけて faster とする。
(2) in Japan とあるので，「日本の中でいちばん美しい」となるようにする。
(3)「～と同じくらい…だ」〈as＋形容詞の原級＋as ～〉を使う。
(4) **ミス注意** 「あなたはどのスポーツがいちばん好きですか」という疑問文にする。範囲が限定されていないものの中でのいちばんをたずねるときは what を用いることができる。

③ (1) bigger を補う。
(2) famous を補う。
(3) best を補う。「よい」good の最上級は best。
(4) you を補う。「もっと～のものはありますか」は〈Do you have any＋比較級＋one(s)?〉と表す。

④ (1)「これは～ですか」という疑問文なので Is this ～? とする。「いちばん背が高い大仏」は the tallest Great Buddha。
(2) あとに than があるので比較級 taller にする。
(3) old「古い」の最上級の形にすればよいので〈the＋形容詞 –est〉。
(4) There are ～. は「～があります」。

⑤ (1)「もっと～のものはありますか」は〈Do you have any＋比較級＋ones?〉と表す。
(2)「B より A が好きです」は prefer A to B でも表せる。
(3) **ミス注意** among は同質のものの集団を指して「～の間で」という意味に使われる。
(4)「もし～なら，…すべきです」は〈If ～，主語＋should＋動詞の原形 ....〉で表す。

⑥ (1) 比較級を使って表現する。
(2) **ミス注意** happy の最上級は y を i に変えて est をつける。
(3)「3 人の中でいちばんじょうず」は the best of the three とする。
(4)「シンジと同じくらい年をとっている[若い]」と考える。

p.72～73 **ステージ③**

① **LISTENING** (1)ウ (2)イ (3)ア (4)ウ
② (1) How tall (2) interested in
(3) looks more (4) Let me
(5) even[much] more
③ (1) prefer (2) many (3) newer, mine

④ (1) English is more difficult than Korean
(2) Rena swims the fastest in her class.
⑤ (1) Japanese castles are more interesting than Japanese food
(2) says
(3) the most popular
(4) 熊本城は姫路城よりも強力に見えます。
(5) 1. He prefers eating (to sightseeing). / He likes eating better (than sightseeing).
2. Because (he heard (that)) it's the most beautiful of all the castles.
⑥ (1) Judy is usually busier than Susan.
(2) I think (that) this dictionary is the most useful.
(3) I study as hard as my sister (does).
(4) My father likes baseball better than soccer. / My father prefers baseball to soccer.

解説

① **LISTENING** (1)ウは「トムはケンと同じ年です」。
(2)イは「クミは 3 人の中でいちばん背が高いです」。
(3)アは「タロウはケンより速く走ります」。
(4)ウは「サッカーは 3 つの中でいちばん人気です」。

♪ 音声内容
(1) ア Tom is older than Ken.
イ Ken is younger than Tom.
ウ Tom is as old as Ken.
(2) ア Mami is taller than Yuki.
イ Kumi is the tallest of the three.
ウ Yuki is as tall as Mami.
(3) ア Taro runs faster than Ken.
イ Hide runs faster than Taro.
ウ Ken runs the fastest of the three.
(4) ア Tennis is more popular than soccer.
イ Baseball is more popular than tennis.
ウ Soccer is the most popular of the three.

② (1)「どのくらいの高さ」は How tall ～? でたずねる。
(2)「～に興味がある」は be interested in ～。
(3)「それはより～に見える」は〈It looks＋比較級 ～.〉。
(4)「～について話をさせてください」は Let me tell you about ～.。
(5)「さらにもっと」は even more。

❸ (1) prefer ～ to ... で「...より～が好き」。

(2) a lot of ～は「たくさんの～」。

(3)「私のかばんはカナのものより古いです」→「カナのかばんは私のものより新しいです」

❹ (1) difficult「難しい」を比較級にするために more を補う。

(2)「速く」fast の最上級 fastest を補う。

❺ (1) interesting(おもしろい)の比較級は more をつける。

(2) 主語が 3 人称単数なので says とする。

(3) most を使った最上級の形にする。「人気のある」は popular。

(5) 1. 問いは「ケンタは食べることと観光のどちらがより好きですか」。ケンタの最初の発言を参照。

2. 問いは「なぜボブは姫路城を見たいのですか」。ボブの 2 つ目の発言を参照。

❻ (1) **ミス注意** usually(ふだん)のような頻度を表す副詞は，ふつう be 動詞のあとに置く。

(2) most を使った最上級で表現する。「役に立つ」は useful。

(3)「～と同じくらい...だ」は〈as＋副詞の原級＋as ～〉で表す。

(4)「～よりも...が好きだ」は like ... better than ～ または prefer ... to ～ で表す。

Lesson 7 ～ Reading 2

p.74～75　ステージ1

Words チェック (1)～を印刷する　(2)～の中央に

(3) each other　(4) sent

❶ (1)① visited　② visited

(2)① tried　② tried

(3)① solved　② solved

(4)① studied　② studied

(5)① had　② had

(6)① put　② put

❷ (1) is opened　(2) are used

(3) is called Taka

❸ (1) この歌は多くの子どもたちに歌われています。

(2) これらの建物は 40 年前に建てられました。

❹ (1) The letter was sent by

(2) This table was recycled

(3) These windows were washed

(4) That baseball player is loved in America

❺ (1) the middle　(2) each other

(3) Can, speak　(4) are, doing

❻ (1) read　(2) printed　(3) known

(4) sent　(5) sold

──────── ◆ 解説 ◆ ────────

❶ (1)～(4)は規則動詞，(5)(6)は不規則動詞。

(6) 不規則動詞の put は原形，過去形，過去分詞形の形がすべて同じ。

❷ 受け身は〈be 動詞＋動詞の過去分詞形〉の形。

(1)(3) 主語が 3 人称単数なので be 動詞は is。

(2) 主語が複数なので be 動詞は are。

❸ (1) sung は sing の過去分詞形。sing は sing-sang-sung と変化する。

(2) **ミス注意** 過去の受け身の文なので，「建てられた」という意味。

❹ すべて〈be 動詞＋動詞の過去分詞形〉の受け身の文。

(1)「祖母が送ってくれた」→「祖母によって送られた」と考える。

❺ (1)「～の中央に」は in the middle of ～。

(2)「お互いに」は each other。

(3)「～できますか」は Can you ～?。

(4) 現在進行形の疑問文の形にする。

❻ (1) **ミス注意** read(読む)の過去形，過去分詞形は read だが，発音は[réd]となる。

(2) print は規則動詞。

(3) **ミス注意** know は know-knew-known と変化する。「～に知られている」は be known to ～ で表す。

(4) **ミス注意** send は send-sent-sent と変化する。

(5) **ミス注意** sell(～を売る)は sell-sold-sold と変化する。

> **ポイント** 受け身「～される[されている]」の文
> ・〈be 動詞＋動詞の過去分詞形〉
> ・規則動詞の過去分詞形は過去形と同じ。
> ・不規則動詞の過去分詞形は不規則に変化する。

p.76～77　ステージ1

Words チェック (1)～を支援する　(2)料金

(3) 参加　(4) runner　(5) taken　(6) held

❶ (1) Were, cars / they were

(2) Is the room used / it isn't

❷ (1) wasn't fixed　(2) isn't opened

(3) aren't[are not] read among young people

❸ (1) The candy isn't sold

(2) These novels aren't read in many countries.

(3) Where was this computer made?

(4) Are those oranges brought from abroad?

❹ (1) Was the box found fifty years ago?

(2) This book was not[wasn't] written by Mori Ogai.

(3) When were these chairs made?

❺ (1) How did　(2) What, for　(3) all over

WRITING Plus ✏ (1)例1 Yes, it is.

　　　例2 No, it isn't.

(2)例1 It was built ten years ago.

　　例2 It was built last year.

━━━━━━━ 解 説 ━━━━━━━

❶ 受け身の疑問文は〈be 動詞＋主語＋動詞の過去分詞形 ～?〉の形にする。be 動詞を使って答える。

❷ 受け身の否定文は〈主語＋be 動詞＋not＋動詞の過去分詞形 ～.〉の形にする。

(1)空所の数から was not の短縮形 wasn't を使う。

(2)空所の数から is not の短縮形 isn't を使う。

❸ (1)受け身の否定文にする。

(2) read[ríːd]は過去形，過去分詞形も read[réd]とつづる。発音は原形と違うので注意。

(3) where(どこで)を使ってたずねる文に。疑問詞は文頭に置く。

(4) bring(～を持ってくる)は bring-brought-brought と変化する。

❹ (1)受け身の疑問文は be 動詞を文頭に出す。

(2)受け身の否定文は be 動詞のあとに not を置く。

(3) last week は「時」を表しているので when(いつ)を使ってたずねる文にする。

❺ (1)「どのように～しましたか」は How did ～?。

(2)「～は何のためですか」は What ～ for?。

(3)「世界中を」は all over the world。

WRITING Plus ✏ (1)問いは「朝食は毎日お母さんによってつくられますか」。受け身の疑問文には be 動詞を使って答える。

(2)問いは「あなたの家はいつ建てられましたか」。

┌─────────────────────┐
│ **ポイント** 受け身の疑問文と否定文 │
│ 疑問文 〈be 動詞＋主語＋動詞の過去分詞形 ～?〉 │
│ 否定文 〈主語＋be 動詞＋not＋動詞の過去分詞形 │
│ 　　　　～.〉 │
└─────────────────────┘

p.78 ━━ ステージ**1** ━━

Wordsチェック (1)結果　(2)ほかの[に]

(3)だれでも　(4)それら自身，彼[彼女]ら自身

(5)教授　(6) before　(7) money　(8) collect

(9) spent　(10) done

❶ (1) be　(2) be　(3) be

❷ (1) should, finished[done]　(2) can, done

(3) will be cleaned　(4) can't[cannot], used

━━━━━━━ 解 説 ━━━━━━━

❶ 〈助動詞＋be＋動詞の過去分詞形〉の形。すべて be 動詞がないので，原形の be を入れる。

❷ (1)「終わるべき」→「終わらされるべき」と考え，should be finished とする。この by は「～までに」の意味。

(2)「することができる」→「～されることができる」は〈can be＋動詞の過去分詞形〉。

(3)「～されるだろう」は〈will be＋動詞の過去分詞形〉。

(4)「使うことはできない」は「使われることができない」と考え，〈can be＋動詞の過去分詞形〉の否定文で表す。

┌─────────────────────┐
│ **ポイント** 〈助動詞＋受け身〉の文 │
│ 〈助動詞＋be＋動詞の過去分詞形〉の形。 │
│ ・〈will＋受け身〉「～されるだろう」 │
│ ・〈should＋受け身〉「～されるべきだ」 │
│ ・〈can＋受け身〉「～されることができる」 │
└─────────────────────┘

p.79〜80 ◀ **文法のまとめ** ▶

1 (1) loved　(2) built　(3) made

(4) seen

2 (1) are　(2) was　(3) were　(4) is　(5) be

3 (1) be brought　(2) was built

(3) Was, written by

4 (1) This picture was painted by the famous singer.

(2) Is this system fixed by engineers?

(3) She was not[wasn't] helped by him with her homework.

(4) When were these apples eaten?

5 (1) Is soccer played in many countries?

(2) Time should be used wisely.

6 (1) That car was washed by my brother.

(2) English isn't[is not] spoken in this country.

《 解説 》

1　「(主語が)〜される」という受け身の文は，〈主語＋be 動詞＋動詞の過去分詞形〉で表す。
(1)規則動詞。
(2)build は build-built-built と変化する。
(3)make は make-made-made と変化する。
(4)see は see-saw-seen と変化する。

2　主語の人称や数，現在か過去かにも注意して be 動詞を選ぶ。
(2)(3) yesterday とあるので過去形にする。
(5)**ミス注意！**　助動詞のあとの be 動詞は原形になる。

3　(1)**ミス注意！**　「持ってくる」bring は bring-brought-brought と変化する。助動詞 will があるので，be 動詞は be と原形になる。
(3)write は write-wrote-written と変化する。「〜によって」は by で表す。

4　(1)「その有名な歌手がこの絵を描きました」→「この絵はその有名な歌手によって描かれました」
(2)受け身の疑問文は〈be 動詞＋主語＋動詞の過去分詞形〜?〉。
(3)受け身の否定文は be 動詞のあとに not を置く。
(4)「時」をたずねるので When で始め，受け身の疑問文を続ける。

5　(1)「多くの国で」は in many countries。
(2)「〜されるべきです」は〈should be＋動詞の過去分詞形〉で表す。

6　(1)過去の文なので be 動詞は過去形にする。
(2)受け身の否定文で表す。speak は speak-spoke-spoken と変化する。

p.81　■■ステージ1

Wordsチェック　(1)〜を登る　(2)いつか
(3) beauty　(4) crowded

❶ (1) introduce　(2) meters high
(3) is located

❷ (1) Tokyo Skytree is 634 meters high.
(2) We can enjoy sightseeing
(3) Okinawa is famous for its beautiful beaches.
(4) I'm looking forward to going to New York.

解説

❶ (1)「〜を紹介します」は Let me introduce 〜。
(2)「〜メートルの高さ」は〜 meters high。
(3)「〜に位置する」は be located in 〜。

❷ (1)「〜の高さ」は〜 meters high。
(2)「〜を楽しむことができます」は We can enjoy 〜.。
(3)「〜で有名である」は be famous for 〜。
(4)「〜するのを楽しみにしている」は be looking forward to 〜ing。to のあとに動名詞がくることに注意。

ポイント　名所を説明する表現
「〜を紹介します」Let me introduce 〜.
「〜メートルの高さ」〜 meters high
「〜に位置する」be located in 〜
「〜を楽しむことができます」We can enjoy 〜.
「〜で有名である」be famous for 〜
「〜するのを楽しみにする」look forward to 〜ing

p.82　Try! READING

Question　(1) one, after another
(2)② エ　⑥ ア
(3) We don't have any food.
(4) together
(5)叫んだ[声をかけた]
(6) 1. ○　2. ×

WordBox BIG　(1)戦争　(2)〜を隠す
(3)私たち自身　(4)兵士　(5)帰る途中で
(6)〜を…で満たす　(7) stranger
(8) taste　(9) village　(10) hungry
(11) hid　(12) we'll

《 解説 》

Question　(1)「〜を次々に」は one 〜 after another.
(2)② ask for 〜は「〜を求める」。
⑥ look at 〜は「〜を見る」。
(3)直後の1文の中に示されている。
(6)本文の2段落目の中に示されている。

p.83　Try! READING

Question　(1)その兵士たちは(とても大きな)つぼを水でいっぱいにし，温めました。
(2)② right away　③ each other
④ At last
(3) ア→エ→ウ→カ→オ→イ
(4) 1. three stones
2. The villagers

解説

Question　(1) fill 〜 with … は「〜を…で満たす」。
heat 〜 up は「〜を加熱する，温める」。
it は直前の文の a very large pot を指す。

(3)本文全体を順番に注意して読む。

(4) 1.「その兵士たちはいくつの石を『石のスープ』に使いましたか」という問い。本文 2〜3 行目参照。

2.「だれが兵士たちに野菜を持ってきましたか」という問い。本文 5 行目以降を参照。

p.84〜85 ━━━ ステージ**2**

❶ 🎧**LISTENING** ア

❷ (1) **sold** (2) **bought** (3) **taken**

❸ (1) **called** (2) **wasn't** (3) **be**

❹ (1) **This table was made by Tom.**

(2) **The bike is used by her every day.**

(3) **The story was written by the girl last Saturday.**

(4) **The problems should be solved (by us).**

(5) **These magazines will be brought by him.**

❺ (1) **only, but** (2) **in need**

❻ (1) **Was this card sent by Henny Cole?**

(2)このカードは彼の友達のジョンに送られました。

(3) **They are helping each other.**

(4) **I got it**

❼ (1) **The new building will be <u>built</u>.**

(2) **Is this book <u>read</u> in many countries?**

(3) **The picture <u>was</u> drawn three hundred years ago.**

(4) **That window <u>should</u> be closed by 5 o'clock.**

❽ (1) **The watch was found by her grandmother.**

(2) **The shop will be built by next year.**

━━━━━━━━━━━ 解説 ━━━━━━━━━━━

❶ 🎧**LISTENING** 「北海道は雪まつりで有名だけど，この写真は岩手で撮られた」と言っているので，北海道を選ばないように注意。

> ♪**音声内容**
> *A* : Oh, is this a picture of snow festival? Where was it held? I thought it was held in Hokkaido.
> *B* : Hokkaido is famous for its snow festival, but this picture was taken in Iwate.
> *Question* : Where was the festival in the picture held?

❷ (1)(2) sell, buy は過去形と過去分詞形が同じ形。

(3)**ミス注意❗** take は原形・過去形・過去分詞形の形がすべて異なり，take-took-taken と変化する。

❸ (1)前後の語句より受け身の文にする。

(2)**ミス注意❗** yesterday とあるので過去形であることに注意。

(3)前に助動詞があるので〈be＋動詞の過去分詞形〉が続く。

❹ (1)過去の文なので，be 動詞は過去形にする。make は make-made-made と変化する。

(2)**ミス注意❗** 現在の文なので，be 動詞は現在の be 動詞を使うことに注意する。

(3)過去の文なので，be 動詞は過去形にする。write は write-wrote-written と不規則変化。

(4)(5)〈助動詞＋be＋動詞の過去分詞形〉を用いる。

❺ (1)「〜だけでなく…も」は not only 〜 but …。

(2)「必要としている」は in need。

❻ (1)疑問文は be 動詞を主語の前に出す。

(2)it は前文の This card を指す。

(3)次のケンタの発言を参照。

❼ (1)「〜される予定」は〈will be＋動詞の過去分詞形〉で表す。built を補う。

(2)read の過去分詞形 read を補う。

(3)受け身の文にするには be 動詞が必要。主語が単数で過去の文なので was を補う。

(4)「〜されるべき」は〈should be＋動詞の過去分詞形〉で表す。should を補う。

❽ (1)「見つける」find は find-found-found と変化する。

(2)「〜の予定」とあるので，助動詞 will を使って受け身にする。〈助動詞＋be＋動詞の過去分詞形〉で表す。

p.86〜87 ━━━ ステージ**3**

❶ 🎧**LISTENING** (1)ア (2)イ (3)カ

❷ (1) **are located** (2) **famous for**

(3) **Is there** (4) **each other**

❸ (1) **written** (2) **seen** (3) **bought**

(4) **cleaned** (5) **drawn**

❹ (1) **The question can be answered very easily.**

(2) **The report should be written by Mei.**

❺ (1)① **at the end of** ④ **in need**

(2)② **collected** ③ **donated** ⑦ **called**

(3) **Money should be spent wisely.**

(4)実験

28

(5)・どのようにそのお金を使いましたか。
・今，あなたはどれくらい幸せを感じていますか。

6 (1) English and Chinese are spoken in the country.
(2) Our house will be built by December.
(3) Was this book written by a Japanese?
(4) Yes, it was.

▶ 解説 ◀

1 動詞の過去分詞形に注意して聞く。
(1)「これは何かを切るときに台所で使われます」
(2)「それは 600 年以上前に京都で建てられました」
(3)「この言語はアメリカで話されます」

♪ 音声内容
(1) This is used in the kitchen when we cut something.
(2) It was built in Kyoto more than six hundred years ago.
(3) This language is spoken in America.

2 (1)「～に位置する」は be located in ～。
(2)「～で有名である」は be famous for ～。
(3)「～はありますか」は Is[Are] there ～?。
(4)「お互いに」は each other。

3 すべて受け身の文なので，動詞を過去分詞形にする。
(1) write は write-wrote-written と変化する。
(2) see は see-saw-seen と変化する。
(3) buy は buy-bought-bought と変化する。
(4) clean は ed をつける規則動詞。
(5) draw は draw-drew-drawn と変化する。

4 can, should は助動詞なので〈助動詞＋be＋動詞の過去分詞形〉の形を用いる。
(1) ミス注意 can のあとは be 動詞を is ではなく be にすることに注意。
(2) write の過去分詞形は written。

5 (2)受け身の文なので過去分詞形にする。すべて規則動詞。
(3)〈助動詞＋be＋動詞の過去分詞形〉の形を用いる。

6 (1)「話す」speak は speak-spoke-spoken と変化する。
(2)「～する予定」とあるので，助動詞 will を用いて〈助動詞＋be＋動詞の過去分詞形〉で表す。「～

までに」は by。
(3)受け身の疑問文〈be 動詞＋主語＋動詞の過去分詞形 ～?〉にする。「～によって」は by。

Lesson 8

p.88～89 ステージ1

Words チェック (1)～を演じる
(2)～にはまっている (3) kind
(4) wonder

1 (1) what you (2) why, was
(3) I should

2 (1)彼がいつ来たか (2)どちらのほうがよいか
(3)彼女が何をつくるか

3 (1) I don't know what you are thinking.
(2) Do you know how Kota comes to
(3) I wonder who will come in.

4 (1) I don't know where Kumi lives.
(2) I wonder what makes you sad.
(3) Does she know why you called her?

5 (1) knows that (2) wonder why
(3) More than

6 (1) when, born (2) where
(3) what, likes

▶ 解説 ◀

1 間接疑問は〈疑問詞＋主語＋動詞 ～〉の語順。
(1) what 以下は「何を持っているか」を表す。
(2) why 以下は「なぜ遅れたのか」を表す。「～遅れる」は be late を用いる。
(3) ミス注意 空所の数より「～すべき」は助動詞 should で表し，where のあとは〈主語＋助動詞＋動詞〉の語順にする。

2 (1) ミス注意 〈疑問詞＋主語〉のあとに続く動詞の時制に注意する。came なので，「彼がいつ来たか」と過去形にする。
(2)比較級の better なので「どちらのほうが(より)よいか」と表す。
(3) ミス注意 疑問詞以下は未来の文であることに注意。「彼女が何をつくる(予定)か」とする。

3 最初に〈疑問詞＋主語＋動詞 ～〉または〈疑問詞(＝主語)＋動詞〉のまとまりをつくるとよい。
(1)「考えている」は現在進行形となっている。
(2)「コウタがどうやって学校へ来るか」をまず考える。

(3)「～でしょうか」は I wonder ～. で表す。who が主語の間接疑問。

❹ (1) **ミス注意!** 疑問詞で始まる文の主語が3人称単数なので，動詞も3人称単数現在形の lives にする。

(2)疑問詞 what が主語の間接疑問なので，〈疑問詞(＝主語)＋動詞〉で語順は変わらない。

(3) **ミス注意!** 間接疑問では，疑問詞のあとの時制にも注意。ここでは過去形を使う。

❺ (1)「～ということを知っている」は know (that) ～。主語が3人称単数なので knows とする。

(2)「なぜ～なのでしょうか」は I wonder why ～。

(3)「それ以上に」は more than that.

❻ メモより，アキラがエマについて知っていることは，するスポーツと誕生日。知らないことは，出身地と好きな食べ物だとわかる。

(1)「誕生日」は「いつエマが生まれたか」と表す。

> **ポイント** 間接疑問の文
> 疑問詞で始まる疑問文を別の文の中に組み込むとき，〈疑問詞＋主語＋動詞 ～〉または〈疑問詞(＝主語)＋動詞 ～〉の語順となる。

p.90～91 ■ステージ1

Wordsチェック (1)外国の (2)～を紹介する

(3) strange (4) guest

❶ (1) told (2) told me how

(3) told me how exciting the game was

❷ (1) ask, what (2) Tell[Teach], where

(3) ask, how

❸ (1)先生がどこにいるか私に教えてくれませんか。

(2)私は彼らに毎朝，何を食べるのかたずねるつもりです。

(3)そのテストがどのくらい難しかったか私に教えてください。

❹ (1) told him how exciting the park was

(2) ask her where she lives.

(3) I'll ask that man what time it is.

❺ (1) Let, introduce (2) While

(3) tell, how (4) give, hand

(5) like, dream

WRITING Plus (1)例1 I am going to study math.

例2 I am going to play soccer with my friends.

(2)例1 **I want to visit New York.**

例2 **I want to visit Kyoto.**

■ 解説 ■

❶ 「～がどのくらい…だったか」を〈how＋形容詞など＋ ～ was〉の形で表し，Juri told me のあとに続ける。

❷ (1) him のあとは，〈疑問詞(＝主語)＋動詞〉の語順となる。

(2)「次にどこへ行くべきか」は where I should go next の語順。

(3) the girl のあとは，〈how＋形容詞＋主語＋動詞〉の語順。

❸ (1) Can you tell me ～? は「私に～を教えてくれませんか」。

(3) how difficult は「どのくらい難しいか」。

❹ (1)「私が彼に話した」内容は，〈how＋形容詞＋主語＋動詞〉の語順で表す。

(2)〈ask＋人＋疑問詞＋主語＋動詞〉で表す。

(3)「私は～するつもりです」なので，I'll で文を始める。

❺ (1)「私に～を紹介させてください」は Let me introduce ～.。

(2)「～の間」は while ～。

(3)「私は～するつもりです」 … (4)「～に拍手をする」は give ～ a hand。

(5)「夢のような」は like a dream。

WRITING Plus (1)「放課後に何をする予定なのか私に教えてください」

(2)「将来，あなたはどこを訪れたいか教えてください」

> **ポイント** 「(人)にどのくらい[何が]～なのかを話す[たずねる]」
> 〈tell[ask]＋人＋疑問詞(how[what など])～〉

p.92 ■ステージ1

Wordsチェック (1)最近 (2)～を示す，紹介する

(3) fight (4) gather (5) attention

(6) wild

❶ (1) cute (2) an old house

(3) What an interesting story!

❷ (1) How (2) gentlemen

(3) What, an (4) How scary

■ 解説 ■

❶ 〈What＋(a[an]＋)形容詞＋名詞!〉を用いる。形容詞が母音で始まる場合は an を用いる。

❷ (1)(4)〈How＋形容詞!〉で表す。

(2)大勢に呼びかけるときの決まった表現。

(3) ミス注意！ 母音で始まる exciting の前なので an を用いる。

(4)「怖い」は scary。

ポイント **驚きや感動を表す感嘆文**
・〈What＋(a[an]＋)形容詞＋名詞！〉
「なんて〜な…だ！」
・〈How＋形容詞！〉「なんて〜なんだ！」

p.93 ◀◀ **文法のまとめ** ▶▶

1 (1) you live (2) built (3) What

2 (1) How (2) what, is

(3) what, did (4) who, made

(5) What a (6) where, go

《《 **解説** 》》

1 (1)〈疑問詞＋主語＋動詞〉が動詞の目的語になる形。

(2)〈疑問詞（＝主語）＋動詞〉が動詞の目的語になる形。

(3)〈What＋(a[an]＋)形容詞＋名詞！〉を用いる。

2 (1)〈How＋形容詞！〉で表す。

(4)疑問詞 what が主語の間接疑問なので，〈疑問詞（＝主語）＋動詞〉の語順は変わらない。

(5) ミス注意！ 〈What＋(a[an]＋)形容詞＋名詞！〉を用いる。

(6)間接疑問。me のあとは〈where＋主語＋助動詞〜〉の語順にする。

p.94〜95 ■■ステージ2■■

1 🎧LISTENING エ

2 (1) I don't know what his favorite sport is.

(2) Please tell me when you went to bed last night.

(3) We can't tell you where they went.

3 (1) There (2) Let me (3) into

(4) have (5) around

4 (1) doesn't know what she should do

(2) What nice people!

5 (1) in English

(2) Do you know when he's coming?

(3) how many countries he visited

(4)私は彼がどの落語を私たちに話す予定なのか知りたいです。

(5) Yes, does

6 (1)あなたがいつここに来るか私に教えて[知

らせて]ください。

(2)なんて難しい本なのでしょう！

(3)レイナは私がなぜ公園に行ったのか知りません。

(4)彼はどのように学校に行っているのでしょうか。

━━━▶ **解説** ◀━━━

1 🎧LISTENING 男性はマイに「絵を見せて」と言っている。

🎵**音声内容**
A : Let me see your picture, Mai.
B : OK. Here you are. I drew it for my mother.
A : How beautiful! I like these flowers. Please tell me how you drew it.

2 すべて1つ目の文のあとに2つ目の文を〈疑問詞＋主語＋動詞 〜〉の形にして続ける。

(1)「私は彼のお気に入りのスポーツが何かわかりません」

(2)(3) ミス注意！ 〈疑問詞＋主語＋動詞〉の動詞を過去形にする。

3 (1)「〜がある」を表す There is[are] 〜. に be going to 〜 を用いて未来の文にする。

(2)「私に〜を紹介させてください」は Let me present 〜.。

(3)「〜に入る」は go into 〜。

(4)「〜しなければならない」を〈have to＋動詞の原形〉で表す。

(5)「歩きまわる」は walk around。

4 (1)「自分が何をするべきか」は what she should do で表す。to が不要。

(2) ミス注意！ people（人々）は複数扱いなので，a が不要。

5 (1)「〜語で」は〈in＋言語名〉で表す。

(2)疑問文なので when か do で文を始める。When do you 〜? とすると[ ]内の語では文が完成しない。Do you know で始めて，〈疑問詞＋主語＋動詞〉を続ける。

(3) I wonder 〜.「私は〜だろうかと思う」に〈疑問詞＋主語＋動詞〉を続ける。「いくつの国」は how many countries。

(5)本文1〜2行目参照。

6 (1)〈tell＋人＋〜〉で「(人)に〜を話す」。

(2) what で始まり，「！」がついているので，「なんて〜な…だ！」という感嘆文。

(3) why は「なぜ」の意味。

(4) how は「どのように」の意味。

p.96〜97 ━━ ステージ**3**

1 🎧 **LISTENING** (1) イ (2) エ (3) ウ

2 (1) know that (2) wonder

(3) gentlemen, girls (4) which

3 (1) you like (2) what (3) How (4) who

4 (1) What a kind student

(2) there is only one supermarket in the town

(3) tell you what the most popular music was

5 (1) One day

(2) ② ステージ[舞台]

③ (丸い1本脚の)テーブル

(3) tell you how difficult it was

(4) 1. very strange experiences

2. on a stage

3. No, didn't

6 (1) Do you know why Mike finished his homework late last night?

(2) I don't know when Saori's birthday is.

(3) What a small box! / What small boxes!

(4) I wonder why you came here.

━━━━━◀ 解説 ▶━━━━━

1 🎧 **LISTENING** (1)「ボビーの友達の名前は何ですか」という質問。ジェームズのお姉さん[妹]の名前も出てくるので注意。

(2)「エマはどんな食べ物が好きですか」という質問。2つ目の発言に She likes not only Japanese food but also Italian food.「彼女は日本食だけではなくイタリア料理も好きです」とある。

(3)「彼らは何について話していますか」という質問。男の子の発言に This picture とある。

♪ 音声内容

(1) A : I forgot Bobby's best friend's name. Could you tell me what it is?

B : Of course. His first name is James. His sister's name is Lisa.

Question : What is Bobby's best friend's name?

(2) A : Do you know what food Emma likes? I am going to make dinner for her.

B : That's great. She likes not only Japanese food but also Italian food.

Question : What kind of food does Emma like?

(3) A : What a beautiful beach!

B : Yes. This picture was taken in Okinawa. My grandmother lives there and I visit her every summer.

Question : What are they talking about?

2 (1)「〜ということを知っている」は know (that) 〜。

(2)「私は〜だろうかと思う[〜でしょうか]」は I wonder 〜.。

(3)「皆さん」と呼びかける表現は ladies and gentlemen, boys and girls。

(4) guess は「〜を推測する，思いつく」の意味。

3 (1) 〈疑問詞＋主語＋動詞〉が tell の目的語の役割をしている。

(2)「彼は今週末に何をしたいのだろうか」の意味。

(3) **ミス注意！** 形容詞だけが後ろにあるので〈How＋形容詞 〜!〉の感嘆文。

(4) 疑問詞以下は〈疑問詞（＝主語）＋動詞 〜〉の形。

4 (1) 〈What＋(a[an]＋)形容詞＋名詞!〉の名詞のあとに〈主語＋動詞〉を入れて表す場合もある。

(2)「〜がある」は there is 〜。「1つしかない」は「1つだけある」と考える。

(3) I'll tell you のあとに〈疑問詞＋主語＋動詞〉を続ける。

5 (2) ② 同じ文の前半の a stage を指している。

③ 同じ文の前半の a round, one-legged table を指している。one-legged「1本脚の」

(3) 助動詞 can のあとに動詞の原形 tell を続け，〈tell＋人 〜〉「(人)に〜を話す」の形にする。〈〜〉の部分に how difficult it was「それがどのくらい難しかったか」の形にする。it was の語順に注意。

(4) 1.「桂かい枝さんは何について話していますか」という問い。本文1〜2行目参照。

2.「桂かい枝さんはふつう，どこで落語を演じますか」という問い。本文3〜4行目参照。

3.「桂かい枝さんはニューヨークで綱渡りをしましたか」という問い。本文最後の1文を参照。実際に綱渡りをしたのではなく，それほど難しかったというたとえ話をしている。

6 (1) Do you know のあとに〈疑問詞＋主語＋動詞〉を続ける。「なぜ」なので疑問詞は why。「遅く」は late。

(2) I don't knowのあとに〈疑問詞＋主語＋動詞～〉を続ける。「いつ」なので疑問詞は when。

(4)「私は～だろうかと思う」は I wonder ～.。

Lesson 9 ～ Further Reading

p.98 ■■■ **ステージ1**

Ⓦords チェック (1)いとこ

(2)注意深い，気をつける (3) peace

(4) gesture (5) final (6) made

❶ (1) calls me (2) makes him

(3) make us (4) calls, cats

❷ (1) The news made them surprised.

(2) What do you call your father?

(3) People call this temple Kinkakuji.

━━━ 解説 ━━━

❶ **ミス注意！** (1)(2)(4)主語が3人称単数で現在の文なので動詞にsをつける。

❷ (1)「そのニュースは彼（かれ）らを驚（おどろ）かせた」と考え，〈make＋A＋形容詞〉の形で表す。

(2)〈call＋A＋B〉「AをBと呼ぶ」のBをたずねる疑問文。「何と」なので疑問詞 what で始め，do you call ～? を続ける。

(3)〈call＋A＋B〉で「AをBと呼ぶ」。Aにあてはまるのが this temple で，Bにあてはまるのが Kinkakuji。

ポイント❶ 「どんな気持ち[状態]になったか」を伝える表現
・〈make＋人[もの]＋形容詞〉
「（人[もの]）を～な気持ち[状態]にする」

ポイント❷ 「呼び名は何か」と伝える表現
・〈call ＋人[もの]＋名詞（呼び名）〉。
「（人[もの]）を～と呼ぶ」

p.99 ■■■ **ステージ1**

Ⓦords チェック (1)コミュニケーションをとる

(2)外国に[で] (3) express (4) ticket

❶ (1) him (2) to go (3) us (4) to clean

❷ (1) want, to be[become] (2) to write

(3) wants me to (4) asked, to buy

━━━ 解説 ━━━

❶ (1)(2)は〈want＋人＋to＋動詞の原形〉「（人）に～してほしい」，(3)(4)は〈ask＋人＋to＋動詞の原形〉「（人）に～してと頼（たの）む」の文。

(1)(3)「人」を表す代名詞は目的格。

(2)(4)「人」を表す語のあとは〈to＋動詞の原形〉。

❷ (1)「～になる」は be[become]。

(3)主語が3人称単数で現在の文なので wants とする。

ポイント❶ 人にしてほしいことを伝える表現
・〈want＋人＋to＋動詞の原形〉
「（人）に～してほしい」

ポイント❷ 人にしてほしいことを頼む表現
・〈ask＋人＋to＋動詞の原形〉
「（人）に～してと頼む」

p.100～101 ■■■ **ステージ1**

Ⓦords チェック (1)私自身 (2)通訳 (3) wrestler

(4) expression

❶ (1) introduce myself

(2) me use your bag

(3) Let me sing a song.

❷ (1)私たちは昨夜，彼が宿題を終わらせるのを手伝いました。

(2)朝，私たちにピザを食べさせてください。

(3)私の部屋を掃除（そうじ）するのを手伝ってくれますか。

❸ (1) help you (2) will talk (3) Which, or

(4) interested in (5) One, other

(6) is learning

❹ (1) Let me help you.

(2) Can you help me move the table?

(3) will let you know the result next week

(4) The book helped us improve

(5) let me know about your plan

WRITING Plus (1)例 Yes, I can.[No, I can't.]

━━━ 解説 ━━━

❷ (1)〈help＋人＋動詞の原形〉で「（人）が～するのを手伝う」。

(2)〈let＋人＋動詞の原形〉で「（人）に～させる[（人）が～するのを許す]」。

(3) Can you ～? で「～してくれますか」という依頼する表現になる。

❸ (2)「私たちは～について話します」は We will talk about ～.。

(4)「～に興味を持つようになる」は become interested in ～。

(5)「1つは～で，もう一方は…です」は One is ～ and the other is ....。

(6)現在進行形で表す。

❹ (1)「私に～させてください」なので Let me ～.。

とする。

(2)「～してくれますか」なので Can you ～? とする。「(人)が～するのを手伝う」は〈help＋人＋動詞の原形〉。

(3)「あなたにお知らせします」は〈let＋人＋動詞の原形〉を使って let you know と表す。

(4)「もの・こと」が「(人)が～するのに役立つ」は「もの・こと」を主語にして〈help＋人＋動詞の原形〉「(人)が～するのを手伝う」で表すことができる。「向上させる」は improve。

(5) let me know で「私に教えて[知らせて](ください)」という表現。

<u>WRITING Plus</u>🖊 「あなたの友達が数学の宿題を忘れました。あなたは彼[彼女]が宿題をするのを手伝うことができますか」

> **ポイント①** 許可を得る表現
> ・〈let＋人＋動詞の原形 ～.〉
> 「(人)が～するのを許す」

> **ポイント②** 「だれが何を手伝ってくれるのか」を伝える表現
> ・〈help＋人＋動詞の原形 ～.〉
> 「(人)が～するのを手伝う」

p.102 《 文法のまとめ 》

1. (1) sad (2) me (3) make (4) carry
2. (1) asked, to (2) call
   (3) made, surprised
   (4) help, communicate (5) let, know
3. (1) My parents want me to wear this shirt.

《 解説 》

1. (1)「その映画は私を悲しくさせました」〈make＋A＋形容詞〉の文。sadly は副詞。sadness は名詞。
   (2)「私の夏休みについてあなたに話させてください」〈let＋人＋動詞の原形〉の文。「人」を表す代名詞は目的格。
   (3)「私は母に，私にケーキをつくってくれるように頼みました」〈ask＋人＋to＋動詞の原形〉の文。
   (4)「ブラウンさんは私のかばんを運ぶのを手伝ってくれるつもりです」〈help＋人＋動詞の原形〉の文。
2. (1)〈ask＋人＋to＋動詞の原形〉「(人)に～してと頼む」の文。ask を過去形にする。
   (2)〈call＋A＋B〉「A を B と呼ぶ」の文。

(3)〈make＋A＋形容詞〉「A を～(の状態)にする」の形を使って「その話が彼らを驚かせた」という文にする。

(4)〈help＋人＋動詞の原形〉「(人)が～するのを手伝う」の形を使う。

(5)〈let＋人＋動詞の原形〉「(人)が～するのを許す」の形を使って「あなたがそのニュースを知ることを許します[そのニュースを知らせます]」という文にする。

3. (1)〈want＋人＋to＋動詞の原形〉で表す。

p.103 ステージ1

Words チェック (1)喜び (2)幸福
(3) information (4) traditional
(5) art (6) written

1. (1) will tell (2) event on
   (3) is interested (4) want, know
   (5) for, information
2. ① tell ② written ③ popular
   ④ know

━━━━━━━━ 解説 ━━━━━━━━

1. (1)「私たちは～について話します」は We will tell you about ～.。
   (2)特定の日付について「～(日)に」というときは on を用いる。
   (3)「～に興味がある」は be interested in ～。
   (5) Thank you for ～. で「～をありがとうございます」。
2. A：日本のマンガについて話します。
   B：多くのマンガが英語で書かれています。
   A：そうですね。マンガは日本でとても人気があります。
   B：そのことについてもっと知りたいです。

> **ポイント** 日本の文化を紹介する表現
> 「～について話します」
> I will tell you about ～.

p.104 Try! READING

Question (1) Do you know who this lion is?
(2) People all over, world
(3) drawing
(4) イ
(5) 1. ○ 2. ×

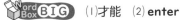**Word Box BIG** (1)才能 (2) enter
(3) began (4) broke

解説

Question (1)疑問文なので, is, do, who のいずれかから文が始まると考えられる。is, who で始めると文が成立しないので, Do you で始め, 間接疑問を続ける。間接疑問の語順は〈疑問詞＋主語＋動詞〉の語順になることに注意。

(2)「人々」(People)を「世界中で[の]」(all over the world)が後ろから説明する形にする。

(3)前置詞 for のあとなので, 動名詞(動詞の -ing 形)にする。

(4)「クラスメイトの間で人気だった」という文にする。among は同質の集団などを指して「〜の間で」というときに使う。

(5)1. 本文 5 行目に示されている。

2. 本文最後から 2 文目の内容に合わない。praise は「〜をほめる」。

p.105 **Try! READING**

Question (1) For example

(2)手塚は若い読者に, 自分で決断してほしいと思いました

(3) positive messages

(4)1. 700 stories were produced by him [Tezuka].

2. It started (on TV) in 1963.

3. Yes, we can.

解説

Question (2)〈want＋人＋to＋動詞の原形〉で「(人)に〜してほしい」。that は直前の文の内容を指している。

(3)本文 4 行目参照。

(4)1. 問いは「手塚によっていくつのストーリーが創作されましたか」。本文 1 行目参照。

2. 問いは「『鉄腕アトム』はいつテレビで始まりましたか」。本文 8〜9 行目参照。「1963 年から 1966 年まで 193 の話があった」とある。

3. 問いは「私たちは今でも手塚の影響をいろいろなメディアで見ることができますか」。本文最後の段落よりわかる。

p.106 **Try! READING**

Question (1)① left ② ate

(2)③彼は 2 か所に寄り道をしました。

④彼は人付き合いをしません。

(3)1. He worked at a shoelace factory.

2. He bought a turkey wing (for his

supper).

(4)イ→エ→ア→ウ

 (1)娘 (2)昼食時

(3) grocery store (4) bake

解説

Question (1)どちらも過去の文なので過去形にする。

① leave の過去形は left。

② eat の過去形は ate。

(2)③ make two stops「2 か所に寄り道をする」

④ keep to himself「人付き合いをしない」

(3)1.「ハッチさんはどこで働いていましたか」という問い。本文 2〜3 行目参照。

2.「ハッチさんは夕食のために何を買いましたか」という問い。本文 7〜9 行目参照。

(4)8 ブロック歩いて仕事に行く(イ)→昼食にチーズサンドイッチを食べる(エ)→ ときどきデザートにプルーンを持っていく(持っていって食べる(ア)→仕事のあと売店に立ち寄って新聞を買う(ウ)

p.107 **Try! READING**

Question (1)残念ながら私はそれを間違った住所に配達しました[したのではないかと思います]。

(2) talking

(3) What is wrong with Mr. Hatch?

(4)1. ウ 2. イ 3. ア 4. エ

解説

Question (1)be afraid (that) 〜で「残念ながら〜だと思う」。申し訳ない気持ちを相手に伝えるときの表現。この文では接続詞 that が省略されている。

(2)stop 〜ing「〜することを止める」 stop は動名詞を目的語にとる動詞。

(3)What is wrong with 〜? は「〜はどうしたのですか[具合が悪いのですか]」。

(4)1. 本文 6 行目の He also gave him の him は Mr. Goober のこと。

2. 3. 本文 10〜11 行目参照。

4. 本文 12〜13 行目参照。

p.108〜109 **ステージ2**

❶ **LISTENING** ア

❷ (1) made me (2) will make, sad

❸ (1) What do you call your mother?

(2) The end of the story made us happy.

(3) Mr. Green asked me to bring this book.

❹ (1) for, first　(2) look for

(3) are, shown　(4) as

❺ (1)すばらしいニュースが私を幸せにしました。

[すばらしいニュースを聞いて私は幸せな気持ちになりました。]

(2)(ケンタのいとこの)ユウマ, ピースサイン[Vサイン]

(3) sent me an email with this

(4)地元のテニスの試合の決勝戦で勝ったから。

(5) 1. ○　2. ×

❻ (1) call　(2) want, you

❼ (1) I want you to wear kimono.

(2) My grandmother told me to wash my hands.

◀━━━━━ 解 説 ━━━━━▶

❶ 🎧LISTENING　ケンは昼ご飯までには宿題を終わらせて, 掃除を手伝うと言っている。

♪音声内容

A : Can you help me clean this room this afternoon, Ken?

B : Sure.　I will help you after I finish my math homework.　I will finish my homework by lunch time.

Question : What will Ken do this afternoon?

❷ (1)「私はそのアニメを見たときわくわくしました」→「そのアニメは私をわくわくさせました」

(2)「彼女はその話を聞いて悲しむでしょう」→「その話は彼女を悲しくさせるでしょう」

❸ (1)〈call＋A＋B〉「AをBと呼ぶ」のBを疑問詞 what でたずねる疑問文。

(2)「その物語の終わり」をひとまとめにして主語にする。〈make＋人[もの]＋形容詞〉「人[もの]を～の気持ち[状態]にする」の文。

(3)〈ask＋人＋to＋動詞の原形〉「人に～してと頼む」の文。

❹ (1)「初めて」は for the first time。

(2)「～を探す」は look for ～。

(3)「～に示される」は show「～を示す」の受け身の形で表す。show の過去分詞形は shown。

(4)「好きなだけ」は「彼女が好きなのと同じくらいたくさんの本」と考えて, as ～ as ... の表現を使う。

❺ (1)It は前文の great news を指している。〈make＋人[もの]＋形容詞〉で「(人[もの])を～の気持ち[状態]にする」。

(2)ケンタの発言の最後の1文を参照。He は Yuma を指している。

(3)主語 My cousin Yuma に動詞 sent を続ける。〈send＋人＋もの〉で「(人)に(もの)を送る」なので, me のあとに an email を続け, さらに with this picture をつなげる。

(4)直前の文を参照。

(5) 1. 本文1行目参照。

2. 本文4行目などの内容に合わない。

❻ (1)A：あの城はきれいです。それの名前は何ですか。

B：私たちはそれを白鷺城(しらさぎ)と呼びます。

(2)A：あなたは私に何をしてほしいですか。

B：私はあなたにもっと大きい声で話してほしいです。

❼ (1)「着物を着る」は wear kimono。

(2)「人に～するように言う」は〈tell＋人＋to＋動詞の原形〉。「言いました」なので過去形 told にする。

p.110～111 ■ステージ❸

❶ 🎧LISTENING　(1)ア　(2)イ　(3)ウ

❷ (1) It, important　(2) want, to

(3) among, too　(4) There, under

❸ (1) to buy　(2) us　(3) clean

❹ (1) This is the special event on July 7th.

(2) My mother helped me cook curry

(3) Let me show you a good example.

❺ (1) from, to

(2) you want someone to come

(3) express

(4)文化的な違いについて知ることは重要です。

(5) 1. ここへ来て(ください)

2. あっちへ行って(ください)

3. ここへ来て(ください)

❻ (1) Let me talk about my summer vacation.

(2) These books make us sleepy.

(3) Mike helped his father make a chair.

◀━━━━━ 解 説 ━━━━━▶

❶ 🎧LISTENING　(1)1つ目の発言にある It made me sad. の It は直前の Andy's news を指す。

(2)1つ目の発言で明日のことについてたずねて

36

いることがわかる。

(3)最後のヒロの発言の中に I will show you one of his manga. とある。

🎵 音声内容

(1) A : Did you hear Andy's news, Mina?　It made me sad.

　　B : Oh, what's that, Bill? I didn't hear anything.

　　A : His mother got sick and she is staying in the hospital.

　　Question : What made Bill sad?

(2) A : Are you free tomorrow, Yuki?

　　B : No.　My mom asked me to visit my grandmother's house.

　　A : Oh, OK.　Have fun.

　　Question : When is Yuki going to her grandmother's house?

(3) A : What are you doing, Lisa?

　　B : Hi, Hiro.　I have to write about Tezuka Osamu.　It's my homework.　Can you help me learn more about him?

　　A : Of course.　I will show you one of his manga.

　　Question : What is Hiro going to do next?

---

2 (1)〈It is ... to＋動詞の原形 ～.〉「～することは…だ」の文。

(2)〈want＋人＋to＋動詞の原形〉「(人)に～してほしい」の疑問文。

(3)**ミス注意！** 同質の集団などを指して「～の間で」と言うときは，among を使う。

(4)「～がありました」は There was[were] ～.。

3 (1)〈ask＋人＋to＋動詞の原形〉「(人)に～してと頼む」の文。

(2)〈want＋人＋to＋動詞の原形〉「(人)に～してほしい」の文。「人」を表す代名詞は目的格。

(3)**ミス注意！** 〈help＋人＋動詞の原形〉「(人)が～するのを手伝う」の文。「人」のあとは動詞の原形。

4 (1)「これは～です」なので This is ～. で文を始める。「(日付)の特別な行事」は〈the special event on＋日付〉で表す。

(2)〈help＋人＋動詞の原形〉「(人)が～するのを手伝う」の文。

(3)〈let＋人＋動詞の原形〉「(人)が～するのを許す」を使って「私に～させてください」という文をつくる。

5 (1) from ～ to ... には「～から…まで」という意味もある。

(2)〈want＋人＋to＋動詞の原形〉で「(人)に～してほしい」を表す。

(4)〈It is ～ to＋動詞の原形 ～.〉「…することは～だ」の文。cultural は「文化的な」。

(5)本文 3 行目の Japanese people 以降の 3 文と 2 つの絵を参照。

6 (1)〈let＋人＋動詞の原形 ～.〉「(人)が～するのを許す」を使う。

(2)〈make＋人[もの]＋形容詞〉「人[もの]を～の気持ち[状態]にする」を使う。

(3)〈help＋人＋動詞の原形〉「(人)が～するのを手伝う」を使う。

定期テスト対策 得点 アップ! 予想問題

p.122〜123 第1回

1 🎧LISTENING (1)イ (2)ア

2 (1) the way (2) put, in (3) famous for

3 (1) Is Aya going to play the piano?
(2) He has to make breakfast
(3) It will be cloudy
(4) Are there any shops near your house?

4 (1) you have to write a haiku
(2) a haiku
(3) エ
(4) 1. 有名 2. 俳句の郵便ポスト
3. 書いている

5 (1) Is there a museum near here?
(2) Akira is going to come to Japan next week.
(3) Her dream will come true.
(4) You mustn't[must not] go shopping today.
(5) He doesn't[does not] have to get up early tomorrow.
(6) This book must be interesting.

▶ 解 説 ◀

1 🎧LISTENING (1) Is[Are] there 〜? は「〜はいますか，〜はありますか」という意味の疑問文。「テーブルの下にイヌはいますか」という問いかけに対して，No there aren't. There are two cats.「いません。2匹のネコがいます」という答えなので，イが正解。
(2) How many 〜 are there …? は「〜は…にいくつありますか」という意味。「リンゴは箱の中にいくつありますか」という問いかけに対して，There are three (apples). とあるので，3つのリンゴが箱の中に入っているアが正解。

> ♪音声内容
> (1) A : Are there any dogs under the table?
> B : No, there aren't. There are two cats.
> (2) A : How many apples are there in the box?
> B : There are three.

2 (1)「途中で」は on the way。
(2)「〜を中に入れる」は put 〜 in。
(3)「〜で有名である」は be famous for 〜。

3 (1)「〜する予定ですか」は be going to 〜の疑問文で表す。「ピアノを弾く」は play the piano。
(2)「〜しなければなりません」は〈have[has] to ＋動詞の原形〉で表す。主語が he なので has を使う。
(3)「〜でしょう」という未来の文を will を使って表す。天候を表す主語 it で始める。
(4)「〜がありますか」は There is[are] 〜. の疑問文で表す。[ ]内にある be 動詞が are なので「〜」にくる名詞「お店」は複数形 any shops となる。「あなたの家の近く」は near your house。

4 (1)〈have to ＋動詞の原形〉「〜しなければならない」を使って，you have to write a haiku「あなたは俳句を書かなければならない」となる。
(2) put 〜 in で「〜を中に入れる」なので，文脈から俳句の郵便ポストに俳句を入れるということがわかる。

5 (1)「〜はありますか」は Is[Are] there 〜? で表す。
(2)「〜する予定です」というすでに決まった予定などを表すときには，〈be 動詞＋going to＋動詞の原形〉で表す。
(3)「〜でしょう」という未来の予測は will を使う。「実現する」は come true。
(5) ミス注意! 「〜する必要はない」は〈don't[doesn't] have to 〜〉で表す。主語が「彼」で3人称単数なので doesn't[does not]にすることに注意する。
(6) must には「〜しなくてはならない」という義務の意味のほかに，「きっと〜に違いない」という推量の意味もある。must のあとの動詞は原形になるので，be 動詞の原形である be にする。

p.124〜125 第2回

1 🎧LISTENING (1)ア (2)イ

2 (1) at work (2) some time (3) What, for
(4) takes effort

3 (1) I don't think tennis is fun.
(2) My father will buy me a camera.
(3) I was happy that I met you.
(4) Emma told me her dream.

38

4 (1)彼ら(聴導犬)は耳が聞こえない人々に音について知らせます。

(2) case of

(3)エ

(4) he was able to have lunch

(5) 1. ペット　2. 上着[ジャケット]

5 (1) He knows (that) I like this movie.

(2) Yuki showed me these beautiful pictures[photos].

(3) I was happy[glad] (that) the singer came to Japan.

(4) I'm sorry (that) I can't meet[see] you.

◀━━━━━━━━ 解説 ◀━

1 🎧LISTENING (1)質問は「だれがたくさんの本をジョンに買いましたか」。ジョンの発言で, My father bought me many books yesterday.「昨日, 父がたくさんの本を私に買いました」とあるので, アが正解。

(2)質問は「ジョンはどんな種類の本が好きですか」。What kind of ～?「どんな種類の～ですか」

🎵音声内容
A : What are you going to do this weekend, John?
B : I'm going to read some books. My father bought me many books yesterday.
A : That's nice. What kind of books do you like?
B : I like detective stories.
Question 1 : Who bought many books for John?
Question 2 : What kind of books does John like?

2 (1)「働いている」は at work。

(2)「しばらく」は for some time。

(3)「何のための～ですか」は What ～ for?。

(4)「努力がいる」は take effort。

3 (1)「私は～と思う」は I think (that) ～. で表す。ここでは「～だと思わない」という否定の文なので, don't think (that) ～の形にする。that は省略されている。

(2)「(人)に(もの)を買う」は〈buy＋人＋もの〉の語順で表す。

(3)「～してうれしい」は〈be happy (that)＋主語＋動詞 ～〉で表す。

(4)「(人)に(もの)を教える[伝える]」は〈tell＋人＋もの〉の語順で表す。

4 (1) deaf people は「耳が聞こえない人々」という意味。

(2)「～の場合は」は in the case of ～。

(3)「～を…へ導く」は lead ～ to …。

(4) be able to ～で「～することができる」。

(5)アヤがレストランで体験したことは, 本文の4行目の Yesterday I was in a restaurant ～から始まる部分に書かれている。5行目の thought は think の過去形。

5 (1)「～ということを知っている」は〈know (that)＋主語＋動詞 ～〉で表す。この that は省略してもよい。

(2)「(人)に(もの)を見せる」は〈show＋人＋もの〉の語順にする。過去の文なので show を過去形の showed にする。

(3)「～してうれしい」は〈be happy[glad] (that)＋主語＋動詞 ～〉で表す。過去の文なので be 動詞と come を過去形にすることに注意する。

(4)「～して残念だ」は〈be sorry (that)＋主語＋動詞 ～〉で表す。

p.126～127　第**3**回

1 🎧LISTENING (1)イ　(2)ウ

2 (1) In, opinion　(2) same time

(3) such as　(4) at all

3 (1) He was writing a letter then.

(2) It was raining when I got up this morning.

(3) If Emma comes, we will take a picture.

4 (1)停電が起きたとき, 私は自分の部屋で数学の宿題をしていました。

(2) What were you doing then?

(3) By the way

(4) 1. 台所　2. 新聞　3. 発電所

5 (1) Where's[Where is] the restaurant?

(2) She was listening to music.

(3) If it[It's] is sunny tomorrow, I will play badminton with Emi. / I will play badminton with Emi if it is[it's] sunny tomorrow.

(4) When I visited Tom's house, he was playing a video game. / Tom was playing a video game when I visited his house.

◀━━━━━━━━ 解説 ◀━

1 🎧LISTENING (1)図書館の場所をたずねられて,

女性が場所について説明している。Go straight and turn left.「まっすぐ進んで左に曲がってください」に続いて，The library is in front of the supermarket.「図書館はスーパーマーケットの前です」と言っているので，イが正解。in front of 〜「〜の前に」

(2)遊園地の場所を男性が説明している。turn right「右に曲がる」でウかエであることがわかるが，You'll see it on your right.「あなたの右側に見えます」とあるので，ウが正解。

♪ 音声内容
(1) A : Excuse me.　Where's the library?
　　B : Go straight and turn left.
　　　　The library is in front of the supermarket.
　　A : Thank you.
　　B : You're welcome.
(2) A : Where's the amusement park?
　　B : Go straight and turn right.
　　　　You'll see it on your right.
　　A : I see.　Thank you.

2 (1)「私の考えでは」は in my opinion。
(2)「同時に」は at the same time。
(3)「〜のような」は such as 〜。
(4)「全然〜ない」は not 〜 at all。

3 (1)「〜していた」は〈be 動詞の過去形(was, were)＋動詞の -ing 形〉で表す。
(2)「〜したとき」は when で表す。when が結びつける 2 つの文は，〈主語＋動詞 〜〉の形になる。
(3)選択肢にカンマがあるので，if を文のはじめに使う。if に続く文では，未来のことでも現在形で表すため，「もしエマが来たら」の部分は If Emma comes, となる。

4 (1) it は直前の a power outage(停電)のことを指す。〈be 動詞の過去形＋動詞の -ing 形〉は「〜していた」という意味になる。
(4)①ボブの 2 つめの発言で，I was helping my mom in the kitchen.「私は台所でお母さんを手伝っていました」とある。
②③アヤの最後の発言で，the newspaper says an accident happened at the power plant「新聞は発電所で事故が起きたと言っています」とある。

5 (1)「〜はどこですか」は Where's[Where is] 〜?。
(2)「〜していた」は〈be 動詞の過去形＋動詞の

-ing 形〉で表す。
(3) ミス注意 「もし〜ならば」と条件を表す文なので，if を使う。if に続く文では，未来のことでも現在形で表すことに注意。
(4)「〜したとき」は when で表す。

p.128〜129　第4回

1 ♪LISTENING (1)アスカ　(2)ユウト　(3)サオリ
2 (1) Thanks to　(2) think of
(3) by mistake　(4) Millions[Lots] of
3 (1) She likes to read newspapers.
(2) We don't have anything to eat.
(3) I went to the station to meet him.
(4) I'm going to talk about my hobby.
4 (1)つぼ[容器]
(2) use pots like this to carry water
(3) Women
(4) to get water
(5)(重い)つぼ[容器]を持って 10 キロ以上歩くこと。
5 (1) My cat's legs look short.
(2) He tried to speak English.
(3) I had no time to do my[the] homework yesterday.
(4) Aya visited the library to look for detective stories.
6 例 We have coffee and orange juice in the fridge.　Which do you prefer?

▶ 解説 ◀

1 ♪LISTENING (1)「私は自転車を持っています。私は毎日学校に行くためにそれ(自転車)を使います」
(2) ミス注意 「今日はとても寒いです。何か熱い飲み物がほしいです」
(3)「私は病気の人々を助けるために医者になりたいです。だから数学と理科を一生懸命に勉強します」

♪ 音声内容
(1) I have a bike.　I use it to go to school every day.
(2) It is very cold today.　I want something hot to drink.
(3) I want to be a doctor to help sick people. So I study math and science hard.

2 (1)「～のおかげで」は thanks to ～。

(2)「～のことを考える」は think of ～。

(3)「間違って」は by mistake。

(4)「多数の～」は millions of ～。

3 (1)「～することが好き」は〈like to＋動詞の原形〉で表す。

(2) ミス注意 「食べるもの」は「食べるための何か」と考え，〈to＋動詞の原形〉を使って anything を後ろから説明する形。

(3)「～するために」は〈to＋動詞の原形〉を文の後ろに置いて目的を表す。

(4)「～するつもりです」と未来の予定を述べるときは〈be going to＋動詞の原形〉の形を使う。

4 (2)「目的」を述べる不定詞〈to＋動詞の原形〉を使う。「このような」は like this。

(3) ミス注意 あとの動詞が carry なので，主語は複数になる。woman の複数形は women。

(4)「～するために」と目的を表す〈to＋動詞の原形〉を使う。

(5)伊藤先生の 2 つ目の発言を参照。

5 (1)「～に見える」は〈look＋形容詞〉。

(2) ミス注意 「～しようと（努力）する」は try to ～。

(3) ミス注意 「～する時間がない」は〈have no time＋to＋動詞の原形〉で表す。

6 「～のほうを好む」は prefer を使う。

p.130～131　第5回

1 LISTENING (1)ウ　(2)ア

2 (1) would like　(2) takes care　(3) used to

(4) At first

3 (1) Do you like speaking English?

(2) He is good at playing basketball.

(3) Working at a nursery school was a lot of fun.

4 (1)青木さんはこの町には昔 5 つの書店があったと私に話しました。

(2) that

(3) was surprised at

(4)④ Looking　⑤ choosing

(5)1. 書店　2. オンライン

5 (1) Did you finish cleaning the kitchen?

(2) My mother tells[teaches] me that cooking is fun.

(3) Do you tell him that this movie was interesting[funny]?

(4) Aya enjoyed talking with her friend(s).

(5) Do you know that Takeshi likes spaghetti?

解説

1 LISTENING (1) What do you like? 「あなたは何が好きですか」という質問。I like playing soccer. 「私はサッカーをするのが好きです」という答えなので，ウが正解。

(2) What did you do last Sunday? 「あなたはこの前の日曜日に何をしましたか」という質問。「私はギターを弾きました」と言っているのでアが正解。

♪ 音声内容

(1) A : What do you like?

　　B : I like playing soccer.

(2) A : What did you do last Sunday?

　　B : I played the guitar.　I'm good at playing it.

2 (1)「～したい」は解答欄の数から want to ～ではなく would like to ～。

(2) ミス注意 「～の世話をする，～の面倒を見る」は take care of ～。主語は he なので takes とする。

(3)「昔～があった」は there used to be ～。

(4)「最初」は at first。

3 (1)「英語を話すこと」は speaking English。

(2)「～することがじょうずだ」は be good at ～ing。「バスケットボールをすること」は動詞の -ing 形を使って playing basketball と表す。

(3)「保育園で働いたこと」が主語となる。

4 (1)〈tell＋人＋that ～〉で「（人）に～ということを伝える」。ここでは tell が過去形 told になっている。there used to be ～で「昔～があった」。

(2)「～ということ」の意味の接続詞 that が入る。

(3)「～に驚く」は be surprised at ～。主語が I で過去形なので be 動詞は was にする。

(4) ミス注意 どちらも「～を見ること」「～を選ぶこと」という意味で文の主語になる形（動詞の -ing 形）にかえる。chose の -ing 形は e を取って ing。

(5)本文 2～4 行目参照。

5 (1)「～し終える」は finish ～ing。

(2)「（人）に～ということを教える」は〈teach[tell]

（3）A : Oh, Mom.　Help me.　((♪)Please teach me how to make a cake.)
　　B : Sure.　Why do you want to learn?
　　A : My friend Liz will be fourteen next week.　I want to make one to celebrate her birthday.
　　B : Oh, that's a good idea.

2 ⑴「～を取り出す」は take out ～。

⑵「～を遠ざける」は keep ～ away。

⑶「～を切り取る」は cut out ～。

⑷ ミス注意! 「行われる，起こる」は take place。主語は３人称単数形なので takes とする。

3 ⑴「何を～すべきか［したらいいか］」は〈what to ＋動詞の原形〉で表す。

⑵「～とは異なっている，～とは違う」は be different from ～。

⑶「～することは…だ」は〈It is … to＋動詞の原形 ～.〉で表す。

⑷「（人）に～の仕方を教える」は〈teach＋（人）＋how to＋動詞の原形〉で表す。

4 ⑴「ボブは私にそのつくり方を教えてくれました」という文になる。

⑵「もっと」は more。

⑶前の文を受けて，あとの文でさらに話しているので，「いいですよ」と言ったと考えられる。

⑷ペドロの２つの目と３つ目の発言を参照。

⑸「ブラジルの死者の日はいつですか」という問い。ペドロの２つ目の発言を参照。

5 ⑴「わかった」は Got it.。

⑵ ミス注意! 〈when to ＋動詞の原形〉「いつ～すべきか」の形を使う。

⑶ ミス注意! 「昼食のあとで」は after lunch。

⑷「（人）にとって～することは…だ」は〈It is … (for＋人) to＋動詞の原形 ～.〉で表す。

---

p.134〜135　第7回

1 🎧LISTENING　⑴ウ　⑵イ　⑶ア

2 ⑴we are　⑵prefer, to
　⑶try, on　⑷interested in

3 ⑴My sister's room is larger than mine [my room].

⑵Mt. Fuji is the highest mountain in Japan.

⑶This picture is the most beautiful of

（左段）

＋人＋that ～〉。

⑶「（人）に～ということを伝える」は〈tell＋人＋that ～〉。

⑷「～するのを楽しむ」は動詞の -ing 形を使って enjoy ～ing で表す。

⑸「～ということを知っている」は know that ～で表す。that のあとには〈主語＋動詞〉を続ける。

p.132〜133　第6回

1 🎧LISTENING　⑴ウ　⑵イ　⑶ア

2 ⑴Take out　⑵keep, away
　⑶cut out　⑷takes place

3 ⑴I don't know what to say.

⑵My opinion is different from yours.

⑶It is important to sleep well.

⑷Tell him how to go there.

4 ⑴taught me how to make

⑵tell me more

⑶ウ

⑷死者，先祖，花

⑸November 2nd

5 ⑴Got it.

⑵Do you know when to start it?

⑶Let's play tennis after lunch.

⑷It's impossible for me to carry the box.

◆ 解説 ◆

1 🎧LISTENING　⑴次のトムの発言が「イトウ先生が体育館で待っている」なので，ウの「私はどこに行ったらいいかわからない」を選ぶ。

⑵次のメグの発言が「その手紙を見せて。私が確認するわ」なので，イの「でも私が英語でそれを書くのは難しい」を選ぶ。

⑶ ミス注意! 次のお母さんの発言が「いいわよ。なぜそれを習いたいの」なので，アの「私にケーキのつくり方を教えてください」を選ぶ。

🎵音声内容

⑴ A : Tom, is Mr. Ito looking for me?
　 B : Yes, Saori, I think he needs your help.
　 A : ((♪)I don't know where to go.)
　 B : Mr. Ito is waiting at the gym.

⑵ A : Hi, Ken.　What are you doing?
　 B : Hi, Meg.　I'm writing a letter in English to my friend in Canada.　((♪)But it's hard for me to write it in English.)
　 A : Show me the letter.　I'll check it.

42

all.

(4) Daisuke plays the guitar as well as Ayumi.

④ (1) as, as

(2)② With　④ If

(3)③ even more　⑥ because of

(4) I like this place the best

(5) 1. アンテロープ，写真家

　　2. アリゾナ州，セドナ

⑤ (1) The shoes are too expensive for me.

(2) Do you have any smaller ones?

(3) My father gets up the earliest in my family.

(4) This movie is more exciting than that one.

(5) I like fall better than spring.

▶ 解説 ◀

① 🎧LISTENING (1)ア「タケシはキョウコより年上です」

イ「ショウゴはユウスケより年上です」

ウ「ケンは3人の子どもの中でいちばん年上です」

(2)ア「ハルカのかばんはリカのより小さいです」

イ「リカのかばんはカオリのと同じくらい大きいです」

ウ「ハルカのかばんは3つの中でいちばん小さいです」

(3)ア「トムはボブより高く跳びます」

イ「ジャックはトムより高く跳びます」

ウ「ボブはみんなの中でいちばん高く跳びます」

♪音声内容

(1) ア Takeshi is older than Kyoko.

　イ Shogo is older than Yusuke.

　ウ Ken is the oldest of the three children.

(2) ア Haruka's bag is smaller than Rika's.

　イ Rika's bag is as big as Kaori's.

　ウ Haruka's bag is the smallest of the three.

(3) ア Tom jumps higher than Bob.

　イ Jack jumps higher than Tom.

　ウ Bob jumps the highest of all.

② (1)「さあ，着いた」は Here we are。

(2) ミス注意！「…より～が好きである」は prefer ～ to …。

(3)「～を試しに着る」は try ～ on。

(4)「～に興味がある」は be interested in ～。

③ (1)「～より大きい」は larger than ～ で表す。

(2) ミス注意！「いちばん高い」は the highest で，「日本で」は in Japan で表す。「ある集団，地域の中で」という場合は in を使う。

(3) ミス注意！ beautiful のように比較的長い形容詞や副詞は，前に most をつけて最上級にする。「複数のものの中で」という場合は of を使う。

(4)「～と同じくらい…だ」は〈as＋形容詞［副詞］＋as ～〉を使う。

④ (1) ミス注意！「～と同じくらい…だ」は〈as＋形容詞＋as ～〉を使う。

(2)②「～で（～を使って）」の意味となる with を入れる。

④「もし～なら」の意味の if を入れる。

(3)③「いっそう」は even more。

⑥「～のおかげで」は because of ～。

(4)「私はこの場所がいちばん好きです」という文にする。

(5) 1. 本文1～2行目参照。

2. 本文4行目参照。

⑤ (1)「～は私には…すぎます」は～ is too … for me. で表す。

(2)「（店に）～なものはありますか」は Do you have any ～ ones? で表す。

(3)「いちばん早く起きる」は get up the earliest で表す。early は y を i にかえて est をつける。

(4) ミス注意！「わくわくするような」という意味の exciting のように比較的長い形容詞は，前に more をつけて「より～だ」を表す。

(5) ミス注意！「B よりも A のほうが好きだ」は，than を使うので like A better than B で表す。

p.136～137　第8回

① 🎧LISTENING (1)エ　(2)オ　(3)ア　(4)イ　(5)ウ

② (1) each other　(2) end of

(3) only, but　(4) over, world

③ (1) This soup tastes as good as that one [soup].

(2) This bike was used by Kumi last week.

(3) Were any cookies made by him?

(4) The festival will be held (by them) next year.

④ (1) Was this photo taken in Osaka?

(2) 1. サンタ，衣装　2. 病院，子どもたち

3. 参加費，贈りもの

(3) bought

(4) Osaka Castle

⑤ (1) Mt. Fuji is 3,776 meters high.

(2) I feel much stronger than before.

(3) The pot is filled with water.

(4) A tall building will be built here.

━━━━━ 解説 ━━━━━

① 🎧LISTENING (1)「この車はフランスで約70年前につくられました」

(2)「この寺は約600年前に建てられました」

(3)「この絵は先週，サリーによって描かれました」

(4)「このケーキは昨日，ケンによってつくられました」

(5)「この写真はカナダでトムによって去年撮られました」

♪ 音声内容

(1) This car was made in France about seventy years ago.

(2) This temple was built about six hundred years ago.

(3) This picture was painted by Sally last week.

(4) This cake was made by Ken yesterday.

(5) This picture was taken in Canada by Tom last year.

② (1)「お互いに」は each other。

(2)「～の最後に」は at the end of ～。

(3) ミス注意! 「～だけでなく…も」は not only ～ but ...。

(4)「世界中で」は all over the world。

③ (1)「…と同じくらい～だ」は as ～ as ... で表す。

(2) ミス注意! 「この自転車はクミによって先週使われました」という受け身の文にする。〈be動詞＋動詞の過去分詞形〉の形。過去の文なので，be動詞は過去形にする。

(3)「彼はいくつかのクッキーをつくりましたか」を「いくつかのクッキーが彼によってつくられましたか」という受け身の疑問文にする。〈be動詞＋主語＋動詞の過去分詞形 ～?〉の形。

(4) ミス注意! 「その祭りは来年彼らによって開かれるでしょう」という受け身の文にする。助動詞 will があるので，〈助動詞＋be＋動詞の過去分詞形〉の形。

④ (1)受け身の疑問文になるので〈be＋主語＋動詞

の過去分詞形 ～?〉で表す。

(2) 1. アヤの2つ目の発言を参照。

2. アヤの最後の発言を参照。

3. アヤの最後の発言を参照。

(3) ミス注意! 「贈りものが買われます」という受け身の文になるので，〈be動詞＋動詞の過去分詞形〉の形。

(4)「ボブはその写真に何を見ましたか」という問い。ボブの2つ目の発言を参照。

⑤ (1)「～は…の高さである」は～ is ... high.。

(2) ミス注意! 「～と感じる」は〈feel＋形容詞〉で表す。「ずっと強い」なので stronger の前に比較を強める much を置く。

(3)「～を…で満たす」は fill ～with ...。

(4) ミス注意! 助動詞のある受け身の文になるので，〈助動詞＋be＋動詞の過去分詞形〉の形。

p.138～139 第9回

① 🎧LISTENING (1)イ (2)イ (3)ア

② (1) asked for (2) came out

(3) one, another (4) looking forward

③ (1) Our city is famous for its castle.

(2) Money should be saved

(3) When were these cards printed?

(4) There are many amazing pictures here.

④ (1) It is located between Shizuoka and Yamanashi.

(2) highest

(3) is, meters high

(4) 2013, 6, 22

⑤ (1) This hot spring is crowded throughout a year.

(2) Is English used in this country?

(3) These dishes were cooked[made] by my father.

(4) This book should be read by more people.

⑥ 例 I think I should study English. Because I want to go to America in the future.

━━━━━ 解説 ━━━━━

① 🎧LISTENING (1) ミス注意! 2つ目の発言で「サンドイッチは昨日つくられた」と言っているので，アにしないように注意。

(2)トムの応答に I didn't know that.「それは知ら

44

なかった」とある「それ」とは富士山が見えることを指す。

(3)ケンの発言の you can hear it at five o'clock every day. と，リズの最後の発言の I always remember my grandmother.... に注目。

🎵 音声内容

(1) A : When were these sandwiches made?
　　B : They were made yesterday.　Why?
　　A : They don't taste very good.　You should not eat them.
　　B : Oh, it was very hot yesterday.　All right.
(2) A : What are you doing, Kumi?
　　B : Ah, Tom.　I'm looking at Mt. Fuji.　It can be seen from this window.
　　A : Oh, I didn't know that.　Where is it?
　　B : It can be seen between that tall tree and the church.
(3) A : Ken, is this song loved by Japanese people?　I often hear it.
　　B : Ah, Liz, you can hear it at five o'clock every day.　It's a song for children. Its name is "Furusato."
　　A : What does it mean?
　　B : Well ... "Hometown."
　　A : Oh, I always remember my grandmother when I hear it.

② (1)「～を求める」は ask for ～。

(2)「出てくる」は come out。

(3) ミス注意! 「～を次々に」は one ～ after another。

(4)「～を楽しみにしている」は I'm looking forward to ～.。

③ (1)「～で有名な」は be famous for ～。

(2)〈助動詞＋be＋動詞の過去分詞形〉の形。

(3)疑問詞のある受け身の疑問文になる。〈疑問詞＋be動詞＋主語＋動詞の過去分詞形 ～?〉の形。

(4) ミス注意! 「…には～（不特定のもの）がある」は There is[are] ～. を使う。「～」が複数の場合は are を使う。

④ (1) ミス注意! 「それは静岡と山梨の間に位置しています」という文になる。「～に位置する」は be located ～。「～と…の間に」は between ～ and ...。

(2)前に the, 後ろに in Japan があるので「いちばん～だ」という形にする。

(3)「…は～メートルの高さです」は ... is ～ high で表す。

(4)　本文3行目参照。

⑤ (1)「1年中ずっと」は throughout a year で表す。「混雑した」は crowded。

(2)受け身の疑問文なので〈be動詞＋主語＋動詞の過去分詞形 ～?〉の形。

(3)受け身の過去の文なので〈was[were]＋動詞の過去分詞形〉の形。「～によって」は by ～。

(4) ミス注意! 〈助動詞＋be＋動詞の過去分詞形 ～〉の形。「もっとたくさんの」は many の比較級 more を使う。

⑥ 「あなたの自由時間はどのように使われるべきですか。あなたはどう思いますか」という質問。

<u>p.140～141</u> 第**10**回

① 🎧LISTENING (1)イ (2)ウ (3)イ
② (1)big hand (2)One day
(3)comes into (4)am into
③ (1)What a beautiful view!
(2)I wonder where Ken will go.
(3)I know how many books Yui has.
(4)Do you know who broke this window?
④ (1)最近
(2)most popular
(3)③ tell you what you should do
④ What an easy job!
(4)1. 衣服，囲い[かご]
　　2. 囲い[かご]，歩き回る
　　3. 野生，ショー
⑤ (1)You are from Canada, right?
(2)How wonderful!
(3)I don't know what I should do.
(4)Guess which team will win.

▶ 解 説 ◀

① 🎧LISTENING (1)トムは「風邪をひいたと思う」と言っているのでアではない。また，先生に話すのはマキなのでウも違う。

(2)ボブはひまなのでアではない。また，カレー用の野菜はあるのでイも違う。

(3)エミリーがおばを訪ねるのは今週末なのでアは間違い。また，エミリーはどこでケーキを買うべきかわからないと言っているのでウも違う。

🎵 音声内容

(1) A : Tom, are you OK?　You look sick.
　　B : Ah, Maki, I don't feel good.　I think I

　　caught a cold.

　　A : I'll tell our teacher.　You should go home early.

　　B : What a wonderful friend!　Thank you.

(2) A : Bob, are you free now?

　　B : Yes, mom.

　　A : Well, please help me.　I'm cooking curry and rice for dinner.　Cut these vegetables, please.

　　B : Wow!　I love curry and rice!　Sure, mom.　But I don't know how to cut them.

(3) A : Emily, you know we will visit your aunt this weekend, right?　Do you need anything?

　　B : Oh, Dad.　I want to buy some cakes to eat with her.

　　A : Well, I'll give you money to buy them. Can you buy them on your way to her house?

　　B : Sure.　But tell me where I should buy them.

② (1)「大きな拍手」は big hand。

(2)「ある日」は one day。

(3) ミス注意♪「～に入ってくる」は come into ～。主語が 3 人称単数であることに注意。

(4)「～にはまっている」は be into ～。

③ (1) ミス注意♪「なんて～な…だ！」は〈What＋(a[an]＋)形容詞＋名詞！〉で表す。

(2) ミス注意♪ I wonder「～だろうかと思う」のあとに〈疑問詞＋主語＋動詞 ～〉を続ける。

(3) ミス注意♪ 間接疑問の中の主語が Yuki であるため，have は has となることに注意。

(4) ミス注意♪ 疑問詞が主語の間接疑問は〈疑問詞＋動詞 ～〉の語順。

④ (2)前に the があるので「いちばん～だ」という形にする。popular のような比較的長い語は，前に most をつける。

(3)③ ミス注意♪「あなたが何をすべきかあなたに話す」という意味になる。tell「～に話す，知らせる」は〈tell＋人＋もの〉の形をとる。「もの」の部分にくる「あなたが何をすべきか」を〈疑問詞＋主語＋動詞 ～〉で表す。

④ ミス注意♪「なんて簡単な仕事なんだ！」という文になる。〈What＋(a[an]＋)形容詞＋名詞！〉

(4)1. 園長の 1 つ目の発言を参照。

2. 男の 1 つ目の発言を参照。

3. 本文 6～10 行目参照。

⑤ (1)「～ですよね」 ～, right?

(2) ミス注意♪「なんて～なんだ！」と驚きや感動を表す場合には〈How＋形容詞！〉で表す。

(3) ミス注意♪「何をすべきか」は〈to＋動詞の原形〉を使って what to do でも表せるが，「should を使って」と指示があるので間接疑問にする。

(4)「推測しなさい」という命令文にする。「どちらのチーム」は which team。これが文中の疑問文の主語なので，あとに助動詞 will を続ける。

---

p.142～143　第11回

① 🎧LISTENING (1)ウ　(2)イ　(3)ア

② (1) worry about　(2) from, to

(3) was born　(4) for himself

③ (1) I'm not a child anymore.

(2) The song makes me happy.

(3) I want you to read this letter.

(4) Jack helped me take pictures.

④ (1) between

(2) became interested in

(3) Let me show you an example.

(4) the other

(5) 1. 通訳　2. 手話　3. ありがとう

⑤ (1) What's[What is] new?

(2) Go away.

(3) We call this dog Momo.

(4) Let's ask her to play the piano.

(5) I will[I'll] help you cook lunch.

解説

① 🎧LISTENING (1) ミス注意♪ 自分のことを「どうぞタクと呼んでください」と言っているのでウの「私はサイトウタクヤです」が正解。

(2)「母が卵とパンを買いに行くよう私に頼んだ」のあとなので，イの「コンビニエンスストアに行く」が正解。

(3)「兄[弟]は，私がそれをするのを手伝ってくれました」の前なので，アの「ええ，昨日それをしました」が正解。

🎵音声内容

(1) A : Hi, (♪ I'm Saito Takuya.)　Please call me Taku.

　　B : Nice to meet you, Taku.　I'm Naomi Green.　Please call me Nao.

> *A* : Nice to meet you, too.
> (2) *A* : Hi, Ken.　Where are you going?
> 　　*B* : Hi, Meg.　My mother asked me to buy some eggs and bread.　(♪ I'm going to the convenience store.)
> 　　*A* : Oh, I'm going there, too.　Let's go together.
> (3) *A* : Hi, Maki.　Did you do your homework? It was very difficult.
> 　　*B* : Hi, Bob.　(♪ Yes, I did it yesterday.) My brother helped me do it.
> 　　*A* : Oh, I envy you!

② (1)「～のことを心配する」は worry about ～。

(2)「～から…まで」は from ～ to …。

(3)「生まれる」は be born。

(4)「独力で」は for oneself。

③ (1)「今ではもう～ではない」は not ～ anymore で表す。

(2)「人［もの］を～の気持ち［状態］にする」は〈make ＋人［もの］＋形容詞〉で表す。

(3)**ミス注意!**「（人）に～してほしい」は〈want＋人＋to＋動詞の原形〉で表す。

(4)**ミス注意!**「（人）が～するのを手伝う」は〈help＋人＋動詞の原形〉で表す。to がいらないことに注意。

④ (1)**ミス注意!**　あとに and があるので，「～と…の間に」を表す between ～ and … の連語。

(2)**ミス注意!**「～に興味がある」は be interested in ～で表す。「～になる」は become を使う。過去の文であることに注意する。

(3)「（人）が～するのを許す」という意味の〈let＋人＋動詞の原形〉の文になる。Let me のあとが「（人）に～を見せる」を表す〈show＋人＋～〉の形になる。

(4) 2つのうちの一方を one，もう一方を the other で表す。

(5)1. 本文 1 行目参照。

2. 本文 3 行目参照。

3. 本文 4～5 行目参照。

⑤ (1)「変わったことはない？」は What's new?。

(2)「あっちに行け」は go away。

(3)「人［もの］を～と呼ぶ」は〈call＋人［もの］＋名詞(呼び名)〉で表す。

(4)**ミス注意!**「（人）に～するように頼む」は〈ask＋人＋to＋動詞の原形〉で表す。「～しましょう」

なので Let's ～. を使う。

(5)「（人）が～するのを手伝う」は〈help＋人＋動詞の原形〉で表す。

p.144　第**12**回

① (1) tore
(2) **It was filled with candy.**
(3) **a little white card**
(4) **for the first time**
(5) 1. ハート，箱
　　 2. バレンタインデー，ファン

② (1) **I made a mistake yesterday.**
(2) **I stopped practicing soccer at six.**
(3) **Tell me how you found my dog.**

►　解　説　◄

① (1)過去の文で書かれているので，tear「引き裂く」の過去形 tore にする。

(2)**ミス注意!**「それはキャンディでいっぱいでした」という文にする。「～を…で満たす」は fill ～ with …。

(3)本文 3～4 行目参照。

(4)「初めて」は for the first time で表す。

(5)1. 本文 2～3 行目参照。
　　2. 本文 4～7 行目参照。

⑤ (1)「間違いをする」は make a mistake。

(2)**ミス注意!**「～することをやめる」は stop ～ing で表す。

(3)「7 語で」と指示があるので，tell を使い〈tell ＋人＋～〉の形にする。「～」の部分に間接疑問の形を使う。

定期テスト対策

スピード
チェック

教科書の重要語句&
重要文マスター

■英語音声について

こちらから英語音声
が聞けます。

♪ b01 …音声ファイル名

■記号について

否…(おもに)否定文で使う。

疑…(おもに)疑問文で使う。

名…名詞　　形…形容詞

副…副詞　　前…前置詞

助…助動詞　　接…接続詞

※最初に出てきたものと異なる品詞で出てき
た単語についています。

英語 2年

付属の赤シートを
使ってね！

教育出版版

「スピードチェック」は取りはずして使用できます。

Review Lesson ～ Tips 1 for Listening

重要語句 チェック

☑ second	２番目の	☑ effort	努力
☑ through	〜を通り抜けて	☑ however	しかし(ながら),けれども
☑ trip	旅行	☑ need	〜を必要とする
☑ view	景色	☑ over	〔数字の前で〕〜以上
☑ be famous for 〜	〜で有名である	☑ thousand	1000(の)
☑ guide	案内人，ガイド	☑ training	訓練
☑ stone	石	☑ at work	働いている
☑ message	メッセージ	☑ in the case of 〜	〜の場合は
☑ owner	所有者	☑ lead	〜を導く
☑ send	〜を送る	☑ man	男の人
☑ wear	〜を着る	☑ notice	〜に気づく

重要文 チェック

☑ We are going to ride down the Shimanami Kaido by bicycle.	私たちは自転車でしまなみ海道を走る予定です。
☑ We will ride through six islands.	私たちは６つの島を走り抜けるでしょう。
☑ There are so many islands in the sea.	海にはとてもたくさんの島があります。
☑ There is a castle and museum.	城と美術館があります。
☑ You have to write a haiku and put it in every day.	あなたは毎日,俳句を書いてそれを入れなければなりません。
☑ You must write a haiku and put it in every day.	あなたは毎日,俳句を書いてそれを入れなければなりません。
☑ How many tablets are there in this town?	この町にはいくつの碑がありますか。
☑ — There are about 600.	— だいたい600の碑があります。
☑ My father gave me this book.	父は私にこの本をくれました。
☑ I think (that) many blind people need guide dogs.	私は多くの目の不自由な人が盲導犬を必要としていると思います。
☑ I hope (that) it will be sunny tomorrow.	明日，晴れるといいなと思います。
☑ I'm sorry (that) I didn't write for some time.	しばらく手紙を書かないですみません。
☑ I was happy (that) you sent me a letter.	あなたが手紙を送ってくれてうれしかったです。

Lesson 2 〜 Useful Expressions 1 ①

重要語句 チェック ♪ b03

☑ source	源		☑ power plant	発電所
☑ around	〜ぐらい，およそ〜		☑ air	空気
☑ dad	お父さん		☑ coal	石炭
☑ fix	〜を修理する		☑ dependable	信頼できる
☑ flashlight	懐中電灯		☑ expensive	高価な
☑ hour	時間，1時間		☑ forever	永遠に
☑ kitchen	台所		☑ fossil fuel	化石燃料
☑ light	照明		☑ gas	ガス
☑ mom	お母さん		☑ if	もし〜なら
☑ not at all	全然〜ない		☑ in my opinion	私の考えでは
☑ power outage	停電		☑ last	（ある期間）もつ
☑ scared	おびえた		☑ less	より少なく
☑ accident	事故		☑ more	[動詞にかかって]もっと
☑ cause	〜を引き起こす		☑ most	大部分
☑ definitely	間違いなく		☑ opinion	意見
☑ electricity	電気		☑ pollute	〜を汚染する
☑ everyday	毎日の		☑ pollution	汚染
☑ exactly	まさにそのとおりです		☑ renewable	再生できる
☑ for sure	確実に[な]			

重要文 チェック ♪ b04

☑ We were making a cherry pie. 　私たちはチェリーパイをつくっていました。

☑ I was making a cherry pie. 　私はチェリーパイをつくっていました。

☑ When I came home, my father was watching TV. 　家に帰ったとき，父はテレビを見ていました。

☑ My father was watching TV when I came home. 　家に帰ったとき，父はテレビを見ていました。

Lesson 2 〜 Useful Expressions 1 ②

重要語句 チェック

b05

☑ renewable energy	再生可能エネルギー	☑ go down the stairs	階段を降りる
☑ such as 〜	〜のような	☑ go straight	まっすぐ進む
☑ sunlight	日光	☑ go up 〜	（階段を）のぼる
☑ too	あまりに	☑ in front of 〜	〜の前に
☑ weather	**天気，天候**	☑ near 〜	〜の近くに
☑ wind	**風**	☑ next to 〜	〜のとなりに

Useful Expressions 1

☑ around 〜	〜のあたりに	☑ nurse's office	保健室
☑ art room	美術室	☑ on your left[right]	あなたの左側[右側]に
☑ between A and B	A と B の間に	☑ principal's office	校長室
☑ direction	方向，方角	☑ stair	階段
☑ floor	（建物の）階	☑ turn left[right]	左[右]に曲がる
		☑ where's	where is の短縮形

重要文 チェック

 b06

☑ I like soccer **because it is very exciting.**	とてもワクワクするので私はサッカーが好きです。
☑ **Because it is very exciting,** I like soccer.	とてもワクワクするので私はサッカーが好きです。
☑ **If it is fine next Sunday,** I will play soccer.	もし次の日曜日晴れたら，私はサッカーをします。
☑ I will play soccer **if it is fine next Sunday.**	もし次の日曜日晴れたら，私はサッカーをします。
☑ **Where's** the teachers' room?	職員室はどこですか。
☑ — **It's on the** second floor.	— それは 2 階にあります。
☑ **Go up the stairs and turn** right.	階段をのぼって，右に曲がってください。

Lesson 3 ～ Reading 1 ①

重要語句 チェック b07

☑ design	デザイン	☑ kilometer	キロメートル
☑ goods	商品	☑ lift ～ up	～を持ち上げる
☑ well-designed	うまくデザインされた	☑ point	特徴(とくちょう)
☑ company	会社	☑ pot	容器，つぼ
☑ customer	客	☑ something	何か，あるもの
☑ grapefruit	グレープフルーツ	☑ type	型
☑ groove	溝(みぞ)	☑ woman	女性
☑ hold	～をしっかり持つ	☑ women	woman の複数形
☑ improve	～を向上させる	☑ as you know	ご存じのように
☑ part	部分	☑ beverage	飲み物
☑ plastic bottle	ペットボトル	☑ by mistake	誤って
☑ prefer	～を好む	☑ can	缶(かん)
☑ product	製品	☑ change ～ into ...	～を…にかえる
☑ thanks to ～	～のおかげで	☑ developing country	開発途上国(とじょう)
☑ think of ～	～のことを考える		
☑ African	アフリカの	☑ dirty	汚れた(よご)
☑ carry	～を運ぶ	☑ disposal	（ごみなどの）処理
☑ container	容器	☑ empty	空の
☑ heavy	重い	☑ exhibition	展示
☑ impossible	不可能な		

重要文 チェック b08

☑ I want to have green tea. 　私は緑茶が飲みたいです。

☑ Some African people use pots to carry water. 　アフリカにはつぼを使って水を運ぶ人がいます。

☑ I don't have time to watch TV today. 　今日，テレビを見る時間がありません。

☑ I want something cold to drink. 　私は冷たいものを飲みたいです。

Lesson 3 ～ Reading 1 ②

重要語句 チェック

☑ finger	指	
☑ million	100万	
☑ millions of ~	多数の～	
☑ mistake	誤り	
☑ needle	針	
☑ prick ~ with ...	～で…をちくりと刺す	
☑ special	特別な	
☑ useful	役立つ	

Project 1

☑ baker	パン職人
☑ be interested in -ing	～することに興味がある
☑ children	子どもたち
☑ do my best	全力を尽くす
☑ first	はじめに
☑ my own ~	私自身の～
☑ office	会社，職場
☑ second	次に
☑ take care of ~	～の世話をする
☑ work for ~	～に勤務する

Reading 1

☑ actually	実際は，実は
☑ almost	ほとんど，もう少しで
☑ ancient	古代の
☑ chick	ひな

☑ fast	絶食する
☑ fasting	断食
☑ feather	羽
☑ feet	foot の複数形
☑ figure	～と考える
☑ figure out ~	～を解き明かす
☑ five-foot-tall	5フィートの高さの
☑ for 90 to 120 days	90日から120日の間
☑ giant	巨大な
☑ gray	灰色の
☑ grow in	(なくなった毛にかわって新しい毛が)生える
☑ male	(動物の)オスの
☑ nothing	何も～ない
☑ once	かつて
☑ per	～につき
☑ protect	～を守る
☑ size	大きさ
☑ stay out of ~	～の外にいる
☑ surprising	驚くべき
☑ until	～まで
☑ upper	上の(方の)
☑ waterproof	防水性の
☑ while	～する間に
☑ yet	けれども

Lesson 4 〜 Tips 3 for Writing

重要語句 チェック 🎵 b10

☑ experience	経験，体験	☑ be surprised at 〜	〜に驚いて
☑ workplace	仕事場	☑ decrease	減る
☑ I'd like to 〜	〜したい	☑ even so	たとえそうでも
☑ in the future	将来(は)	☑ magazine	雑誌
☑ real	実在する	☑ necessary	必要な
☑ report	報告書，レポート	☑ number	数，数字
☑ shopkeeper	店主	☑ online	オンラインで
☑ store	店	☑ place	動 〜を置く
☑ at first	最初は	☑ shelf	棚
☑ care	世話	☑ shelves	shelf の複数形
☑ child	子ども	☑ speed	速さ
☑ children	child の複数形	☑ still	まだ，依然として
☑ jacket	(本の)カバー	☑ stockroom	商品倉庫
☑ nursery school	保育園	☑ taught	teach の過去形
☑ paper	紙	☑ there used to be 〜	昔〜があった
☑ require	〜を必要とする		
☑ take care of 〜	〜の面倒を見る，〜の世話をする	☑ tough	つらい，きつい
☑ wrap	〜を包む	☑ Go for it.	がんばって。

重要文 チェック 🎵 b11

☑ I enjoyed working at a bookstore. 　私は書店で働くのが楽しかったです。

☑ I like listening to music. 　私は音楽を聞くことが好きです。

☑ Playing tennis is a lot of fun. 　テニスをするのはとても楽しいです。

☑ Kenta's mother told me that Kenta was sick in bed. 　ケンタのお母さんは，ケンタが病気で寝ていると教えてくれました。

☑ Father taught me that getting up early is important. 　父は早起きの大切さを教えてくれました。

Lesson 5 〜 Tips 4 for Speaking

重要語句 チェック ♪ b12

☑ celebrate	〜を祝う	☑ New Year's Eve	大晦日（おおみそか）
☑ candle	ろうそく	☑ origin	起源
☑ carve	〜を刻む	☑ outside	外に[へ，で]
☑ cut out 〜	〜を切り取る	☑ spirit	霊（れい），精霊
☑ each	それぞれの	☑ take place	行われる，起こる
☑ hole	穴	☑ turnip	カブ
☑ lastly	最後に	☑ wore	wear の過去形
☑ pulp	果肉	☑ ancestor	先祖
☑ pumpkin	カボチャ	☑ be different from 〜	〜とは異なっている
☑ seed	種		
☑ take out 〜	〜を取り出す	☑ church	教会
☑ top	てっぺん，上	☑ custom	慣習
☑ costume	衣装	☑ remember	〜を思い出す,覚えている
☑ dead	死んでいる，[the をつけて]死者	☑ return	戻る，帰る（もど）
		☑ similar	同じような
☑ evil	邪悪な（じゃあく）	☑ welcome	〜を歓迎する（かんげい）
☑ keep 〜 away	〜を遠ざける	☑ Can you 〜?	〜してくれませんか。
☑ lantern	ちょうちん	☑ Got it?	わかった？

重要文 チェック ♪ b13

☑ I know how to make a jack-o'-lantern.
私はジャック・オ・ランタンのつくり方を知っています。

☑ I didn't know what to do next.
私は次に何をしたらいいのかわかりませんでした。

☑ It is interesting to learn about Halloween.
ハロウィーンについて学ぶことはおもしろいです。

☑ It is easy for me to get up early.
私にとって早起きをすることは簡単です。

☑ Bob taught me how to make a jack-o'-lantern.
ボブがジャック・オ・ランタンのつくり方を教えてくれました。

Lesson 6 〜 Useful Expressions 2

重要語句 チェック ♪ b14

canyon	峡谷	a beam of light	一筋の光
building	**建物**	**along**	**〜に沿って**
story	(建物の)階	because of 〜	〜のおかげで
than	**〜よりも**	**especially**	**特に**
among	**〜の間で**	even more	いっそう
be interested in 〜	〜に興味がある	fascinating	魅力的な
fan	**ファン**	**might**	**〜かもしれない**
hear	**耳にする**	mysterious	神秘的な
heard	hear の過去形	photographer	写真家
history	**歴史**	**rock**	**岩，石**
incredible	信じられない	scenery	景色，景観
powerful	**強力な**	sight	景色
prefer 〜 to …	…より〜が好きである	trail	小道
search	**探査，調査**	Here we are.	さあ，着いた。
sightseeing	観光		**Useful Ecpressions 2**
site	**（インターネットの）サイト**	dark	暗い
		light	明るい
		shirt	シャツ

重要文 チェック ♪ b15

The Great Buddha is taller than our school.	大仏は私たちの学校よりも高いです。
This is the tallest Great Buddha in Japan.	これは日本でいちばん高い大仏です。
This book is more interesting than that one.	この本はその本よりもおもしろいです。
Himeji Castle is the most popular in Japan.	姫路城は日本でいちばん人気があります。
Kyoto is as popular as Nara.	京都は奈良と同じくらい人気です。
I like summer the best.	私は夏がいちばん好きです。
It's too expensive for me.	それは私には高価すぎます。
Do you have any cheaper ones?	もっと安いものはありますか。

重要語句 チェック　♪ b16

☑ gift	贈りもの		☑ at the end of 〜	〜の最後に
☑ charity	慈善，チャリティー		☑ before	以前に
☑ in need	必要としている		☑ collect	〜を集める
☑ each other	お互いに		☑ disaster	災害
☑ in the middle of 〜	〜の中央に		☑ dollar	ドル
☑ print	〜を印刷する		☑ donate	〜を寄付する
☑ sent	send の過去分詞形		☑ done	do の過去分詞形
☑ all over the world	世界中で		☑ someone else	だれかほかの人
☑ deliver	〜を届ける		☑ experiment	実験
☑ fee	料金		☑ felt	feel の過去形
☑ held	hold の過去分詞形		☑ money	お金
☑ hold	（大会・祭り）を開く		☑ not only 〜 but ...	〜だけでなく…も
☑ participation	参加		☑ occur	起こる
☑ runner	ランナー，走者		☑ professor	教授
☑ support	〜を支援する		☑ result	結果
☑ taken	take の過去分詞形		☑ spend	（金）を使う
☑ anyone	だれでも		☑ spent	spend の過去形，過去分詞形

重要文 チェック　♪ b17

☑ This card was printed in 1843.　このカードは1843年に印刷されました。

☑ This card was sent by Henry Cole.　このカードはヘンリー・コールによって送られました。

☑ Was this photo taken in Osaka?　この写真は大阪で撮られたものですか。

☑ — Yes, it was. / No, it wasn't.　— はい，そうです。／いいえ，ちがいます。

☑ Where was this photo taken?　この写真はどこで撮られたものですか。

☑ Money should be spent wisely.　お金は賢く使われるべきです。

重要語句 チェック ♪ b18

☑ themselves	それら自身，彼ら自身，彼女ら自身	☐ fill ～ with ...	～を…で満たす
☐ throughout	～の間中ずっと	☐ found	find の過去形
☐ wisely	賢明に	☐ heat ～ up	～を加熱する, 温める
☐ shorts	短パン	☐ hid	hide の過去形
☐ surfing	サーフィン	☐ hide	～を隠す

Project 2

		☑ knew	know の過去形
☐ at the base of ～	～のふもとで	☑ large	大きな
☐ beauty	美しさ	☐ make ～ out of ...	…から～を作り上げる
☐ climb	～を登る	☑ midnight	夜の12時
☐ crowded	混雑した	☐ on their way home	帰る途中で
☐ someday	いつか	☐ one ～ after another	～を次々に
☑ It is famous for ～.	～で有名です。	☑ ourselves	私たち自身
☐ It is located ～.	～に位置します。	☐ pepper	こしょう
☐ I'm looking forward to ～.	～を楽しみにしています。	☑ salt	塩
☑ Let me introduce ～.	～を紹介します。	☐ sang	sing の過去形
☐ There is[are] ～.	～があります。	☐ soldier	兵士
☐ We can enjoy ～.	～を楽しむことができます。	☑ taste	～の味がする
		☑ together	いっしょに
		☑ tonight	今夜

Reading 2

☐ ask for ～	～を求める	☐ villager	村人
☐ call out	叫ぶ, 声をかける	☑ war	戦争
☐ come out	出てくる	☐ we'll	we will の短縮形
☐ drank	drink の過去形	☐ Many thanks.	本当にどうもありがとう。

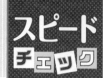

Lesson 8 〜 Tips 6 for Reading

重要語句 チェック ♪ b19

☑ be into 〜	〜にはまっている	☑ gentlemen	gentleman の複数形
☑ **perform**	**〜を演じる**	☑ ladies and	皆さま
☑ **wonder**	**〜だろうかと思う**	gentlemen	
☑ big hand	大きな拍手	☑ lady	女性，婦人
☑ **foreign**	**外国の**	☑ manager	経営者，園長
☑ **guest**	**ゲスト，客**	☑ MC(=master of	司会者，進行役
☑ **introduce**	**〜を紹介する**	ceremonies)	
☑ New York	ニューヨーク	☑ **present**	**〜を示す，紹介する**
	（アメリカの都市）	☑ put on 〜	〜を着る
☑ one-legged	一本脚の	☑ **recently**	**最近**
☑ **round**	**丸い**	☑ suit	（ある目的のための）
☑ **strange**	**奇妙な，不思議な**		衣服
☑ tightrope	綱渡りの綱	☑ walk around	歩き回る
☑ **attention**	**注目，注意**	☑ **wild**	**野生の**
☑ **fight**	**戦う**	☑ Attention,	〔場内放送などで〕
☑ **gather**	**集まる**	please.	お知らせいたします。
☑ gentleman	紳士，男性		

重要文 チェック ♪ b20

☑ I don't know when your birthday is.	あなたの誕生日がいつか知りません。
☑ I know who wrote this letter.	だれがこの手紙を書いたのか知っています。
☑ Kenta told me how difficult the test was.	ケンタはそのテストがどのくらい難しかったか教えてくれました。
☑ What an easy job!	なんて簡単な仕事なんでしょう。
☑ How nice!	なんてすてきなんでしょう。

Lesson 9 ～ Further Reading ①

重要語句 チェック　♪ b21

☑ gesture	身ぶり, ジェスチャー	☑ cultural	文化的な
☑ sign language	手話	☑ European	ヨーロッパの
☑ careful	注意深い, 気をつける	☑ express	～を表現する
☑ cousin	いとこ	☑ from country to country	国ごとに
☑ email	E メール		
☑ final	最後の, 最終の	☑ go away	あっちへ行け
☑ final match	決勝戦	☑ helpful	役立つ
☑ insulting	侮辱的な	☑ meaning	意味
☑ local	地元の	☑ ticket	チケット, 切符
☑ made	make の過去形	☑ tourist	観光客, 旅行者
☑ make	～を(…に)する	☑ wave	手を振る
☑ peace	平和	☑ expression	表現
☑ won	win の過去形	☑ interpreter	通訳
☑ abroad	外国に[で]	☑ myself	私自身
☑ communicate	コミュニケーションをとる	☑ sumo wrestler	力士
		☑ What's new?	変わったことはない?

重要文 チェック　♪ b22

☑ The news made me happy.　その知らせは私をうれしい気持ちにしました。

☑ My friends call me Kenta.　友達は私をケンタと呼びます。

☑ Mother asked me to open the door.　母は私にドアを開けてと頼みました。

☑ I want you to play the piano.　あなたにピアノを弾いてほしいです。

☑ Let me talk about my winter vacation.　私の冬休みについて話をさせてください。

☑ Bob helped me do my English homework.　ボブは英語の宿題を手伝ってくれました。

Lesson 9 ～ Further Reading ②

重要語句 チェック

	Project 3	
☐	art	芸術
☐	clam	ハマグリ
☐	doll	人形
☐	foreigner	外国人
☐	happiness	幸福
☐	information	情報
☐	joy	喜び
☐	pop culture	大衆文化
☐	sandal	サンダル
☐	shrimp	エビ
☐	someday	いつか
☐	traditional	伝統的な
☐	wish for ～	～を望む
☐	wooden	木製の
☐	written	write の過去分詞形

	Reading 3	
☐	admire	～を賞賛する
☑	age	年齢，年
☑	although	～だけれども
☐	animated	アニメの
☐	animation	アニメーション
☐	anymore	否 今ではもう～でない
☐	as many as ... like	…が好きなだけたくさんの～
☐	as well as ～	～と同様に

☐	at the age of ～	～歳で
☑	average	平均の
☐	be born	生まれる
☑	began	begin(～を始める)の過去形
☐	beginning	始まり
☐	bomb	爆弾
☐	bomber	爆撃機
☐	boom	ブーム
☑	born	bear(産む)の過去分詞形
☐	break out	突然起こる
☐	broke	break(～を壊す)の過去形
☐	cartoonist	マンガ家
☐	collection	収集
☑	connect	～をつなぐ
☑	continue	～を続ける
☐	cure	(人，病気)を治す
☑	decision	決断
☑	disease	病気
☐	dream of ～	～を夢見る
☑	end	終わる
☑	enter	～に入る，入学する
☐	episode	～の回，～の話
☑	fire	火，火災
☐	for himself	独力で

教育出版版　英語 2 年

Lesson 9 〜 Further Reading ③

重要語句 チェック ♪ b24

☑ from 〜 to …	〜から…まで	☑ World War Ⅱ	第2次世界大戦
☑ have an effect on 〜	〜に影響を及ぼす	☑ worry about 〜	〜のことを心配する
☑ hero	英雄，ヒーロー	☑ young	**若い**

Further Reading

☑ **influence**	**影響**	☑ address	住所
☑ injury	けが	☑ admirer	ファン
☑ make a decision	決断する	☑ announce	（大声で）知らせる
☑ media	マスメディア，媒体	☑ bake	（パン・ケーキなど を）オーブンで焼く
☑ medical school	医学部		
☑ military training	軍事訓練	☑ be filled with 〜	〜でいっぱいである
☑ night after night	毎晩	☑ block	街区，ブロック
☑ **past**	**過去**	☑ bow	（リボンなどの） ちょう結び
☑ positive	前向きな		
☑ **praise**	**〜をほめる**	☑ bright	まぶしい
☑ precious	貴重な	☑ bring 〜 back	〜を連れて帰る
☑ rating	（テレビの）視聴率	☑ cafeteria	（工場などの）食堂
☑ reader	読者	☑ ceiling	天井
☑ robot	ロボット	☑ cheese	チーズ
☑ setting	環境	☑ come around	ぶらっと訪れる
☑ shown	show の過去分詞形	☑ could	can の過去形
☑ skillful	熟練した	☑ couldn't	could not の短縮形
☑ **somehow**	**どうにか**	☑ daughter	娘
☑ **survive**	**生き延びる**	☑ exclaim	叫ぶ
☑ talent	才能	☑ fetch	取ってくる
☑ terror	恐怖	☑ go by	経過する
☑ viewer	視聴者	☑ grocer	食料雑貨商
☑ **without**	**〜なしに**	☑ grocery store	食料雑貨店

Lesson 9 〜 Further Reading ④

重要語句 チェック ♪b25

hand-painted	手描きの	secret	隠れた
harmonica	ハーモニカ	sharp	ちょうど
heart-shaped	ハート形の	shining	輝く
hold up	掲げる	shoelace	靴ひも
keep to himself	人付き合いをしない	sigh	ため息をつく
laugh	笑う	some time ago	しばらく前
laughter	笑い声	somebody	だれか
left	leave(〜を出る)の過去形	spoke	speak の過去形
lemonade	レモネード	stand	売店
lunchtime	昼食時	step onto 〜	〜に出る
make a mistake	間違いをする	stick up	突き出る
make two stops	2か所に寄り道する	stop 〜ing	〜することを止める
most of all	とりわけ	streamer	色テープ
neighborhood	近所	supper	夕食
newsstand	新聞・雑誌の売店	tear 〜 off	〜を引きはがす
nobody	だれも〜ない	thin	やせた
offer to 〜	〜を申し出る	tore	tear(引き裂く)の過去形
overall	つなぎ(服)	turkey	シチメンチョウ
package	小包	Valentine's Day	バレンタインデー
paper	新聞	watch	店番をする
pass out	配る	whisper	ささやく
poor	かわいそうな	why	そうか
postman	郵便集配人	wing	(食用の)手羽
prune	プルーン	wrong	間違った
recall	覚えている	yard	庭
routine	日課		